笔会文粹

慢镜头下的春天

文汇出版社

图书在版编目(CIP)数据

慢镜头下的春天：2008 笔会文粹/文汇报笔会编辑部编．—上海：文汇出版社，2008.5
ISBN 978-7-80741-567-1

Ⅰ．慢… Ⅱ．文… Ⅲ．① 散文—作品集—中国—当代 ② 杂文—作品集—中国—当代 Ⅳ．I267

中国版本图书馆 CIP 数据核字(2009)第 055171 号

慢镜头下的春天

2008"笔会"文粹

选　　编／文汇报"笔会"编辑部
责任编辑／何　璟
装帧设计／周夏萍

出版发行／文汇出版社
　　　　　上海市威海路 755 号
　　　　　（邮政编码 200041）
经　　销／全国新华书店
照　　排／南京展望文化发展有限公司
印刷装订／上海建工印刷厂
版　　次／2009 年 5 月第 1 版
印　　次／2009 年 5 月第 1 次印刷
开　　本／640×960　1/16
字　　数／220 千
印　　张／17.25
印　　数／1—6 000

ISBN 978-7-80741-567-1
定价：29.00 元

目录

奥林匹克之魂

肖复兴　重逢文国刚　/3
王　蒙　辉煌与辉煌以后　/6
杨燕迪　竞技的艺术性与艺术的竞技性　/8
王周生　谢谢你让我帮助你　/10

永恒的瞬间

刘汉俊　生死之间　/17
裘山山　从绝境中突围　/20
毕飞宇　救灾只是一个开始　/24
冯骥才　废墟里钻出的绿枝　/27

会思想的芦苇

钟叔河　好话不能讲过头　/33
周　天　"负且乘，致寇至"　/34
杨柳枝　什么也不用说　/36

宋志坚　让"幸福"及时 /37

曹明华　嫉妒心 /39

陈蓉霞　从动物性到人性 /43

孙祖平　主持,不能成为一门专业 /46

沈　坚　国籍与族裔 /51

詹克明　高架生存 /53

唐　韧　前进到……自行车时代? /57

沈致远　莫惊慌,一九二九不再 /60

过传忠　不想返回 不许返回 /62

人间烟火

李　娟　妹妹的恋爱 /69

朱正琳　慢镜头下的春天 /74

孙昕晨　突　然 /76

吴冠中　病　妻 /78

徐慧芬　此情已成追忆 /80

梁　琴　母亲的白条 /83

柳鸣九　一次越洋电话 /86

朱曾汶　我的咖啡缘 /89

施雁冰　银杏树记住他们 /92

吴晓颖　家有一年级生 /95

殷健灵　童年时代的故乡 /98

迟子建　西栅的梆声 /102

说文谈艺

舒　芜　　老残：第一个现代知识者　/109

傅益瑶　　我遇到了林散之　/111

吴东昆　　关于"死蛇挂树"　/115

李荫远　　打工女的诗　/117

商友敬　　老歌的歌词　/121

徐城北　　古诗优于唐诗　/125

刘庆邦　　月光记　/127

蒋星煜　　谈"袅晴丝"　/130

韩　羽　　戏曲二题　/131

陈乐民　　唐明皇与杨贵妃　/135

孙　洁　　《梅兰芳》者，梅兰芳乎？　/137

戴　冰　　怀念摇滚　/139

人与史

郑欣淼　　一个家庭与故宫的命运　/145

欧阳文彬　　张天翼与契萌的一段情缘　/147

王世襄　　和凌叔华先生一家的交往　/152

赵修慧　　志摩小曼纪念册今安在　/155

刘敬坤　　想起重庆的茶馆　/158

赵丽宏　　北半截胡同四十一号　/160

黄苗子　　不惜歌者苦，但伤知音稀　/164

任溶溶　吴元坎上当记　/167
李　伟　邵力子先生二三事　/169
王安忆　我的阿姨们　/171

读书及其他

邵燕祥　这才像读书人的样子　/181
辛丰年　丘吉尔的鼾声　/183
顾　农　"撒园荽"　/188
孙　郁　驳杂之文　/191
李国涛　爱伦堡与纪德所见略同　/195
郑　湧　哲学与阿Q　/197

伤　逝

曹　雷　闪回　/205
吴小如　远逝的风铃　/207
鲲　西　精诚所至的思想者　/210
陈思和　我心中的贾植芳先生　/213
叶文玲　天堂一定会有电影　/218

域　外　风

汪涌豪　日本的"间文化"　/225
张　弘　乡下阿姨斯黛拉　/229

任海杰　"魏玛实验"和"丝路计划"　/231
戴　平　精细化生活　/234
麦克·格林伯格（丁骏 译）　在曼哈顿听虫观鸟　/238

文汇七十年

陈祖芬　牛奶箱与梧桐树　/245
张煦棠　从风雨中过来　/250
袁　鹰　总要想起圆明园路　/255
文洁若　一生的情缘　/259
周小燕　生命在，情缘长在　/262
刘　翔　文汇报给我的三次感动　/264
朱　萍　是谁让我重归母语　/266

奥林匹克之魂
AOLINPIKEZHIHUN

选自良友版木刻连环画《我的忏悔》,麦绥莱勒作

重逢文国刚

2008.09.09

肖复兴

奥运会期间，我接到一个电话，竟然是文国刚打来的，我感到很突然。我和他已经十六年没有见了。彼此萍踪不定，地址和电话都早已变了，他居然找到了我。我问他现在在哪儿，怎么这么多年音讯渺无？他告诉我他 2001 年退休就去了美国，在哈佛大学的击剑俱乐部当教练，他教的一个学生参加了美国队，刚拿了女子花剑团体亚军。他是专程回国看奥运会的。

他又告诉我，昨天和体育界的老朋友一起吃饭，原国家体委击剑处的老处长，他的老领导，新中国击剑事业的创始人之一林厚儒对他说：有人替你鸣不平呢。然后送给他一张报纸，上面有我写的一篇文章《有的人不应该忘记》。我写了栾菊杰五十岁参加奥运会，最后打出"祖国好"的横幅，然后，是几乎国内所有报纸对其铺天盖地的报道，和几家电视台对她的专访节目。当然，这非常好，表达了她对祖国和体育的感情，和体育迷们怀旧的情感。只是有些稍稍的不满足，在如此多的报道中，没有一处提她的教练一个字。她的教练就是文国刚。是文国刚改变了栾菊杰的握剑方法，解决了她重心不稳、剑锋下塌和爆发力不足、方向不准的致命弱点。可以毫不夸张地讲，没有文国刚，就没有栾菊杰的声名鹊起。而悲惨的是那时仅仅因为家庭出身问题，文国刚在击剑队里还只是一个没有户口的临时工。在上个世纪七十年代末和八十年代初，我写过报告文学《剑之歌》，并出过一本书《天下第一剑》，对此情况很熟悉。不知道是栾菊杰没有说，还是年轻的记者对文国刚很陌生了。

文国刚看完这篇文章，千方百计地找到了我。那年采访他的时候，我在他的一个笔记本上看到他写的这样一句话：心近路就不会远。他是一个重情重义念旧的人，电话里，他的话让我感动。

奥运会结束之后，在他回美国之前，我找到了他，他的家门虚掩着，专门等我，这个小小的细节让我心里一动。他一定要请我吃饭，他说你看我们认识这么多年，我还没有请你吃过饭呢。如果你到波士顿，我请你吃那里的龙虾和蓝蟹。

饭间，他的妻子小计也在座，我和她也非常熟悉，这位武术高手，国际裁判，被邀请去了美国担任武术比赛的裁判长。于是，有了他们人生路上的又一次旅程。那是2001年，文国刚退休之后，他们来到美国，竟然开始了独闯天下的新旅程。那时，他已经六十一岁，不是年轻的小伙子了，而且在国内他早已经功成名就，培养过如栾菊杰的奥运会冠军，王会凤奥运会亚军，王海滨、董兆致等亚运会冠军，老本吃都吃不完，完全可以颐养天年，或当当指手画脚的老太爷，却偏偏还要仗剑长行，远渡重洋，在一个举目无亲的地方重新开始新生活，这得需要多大的勇气。

不过，这就是文国刚的性格，他对我说：你还不了解我，都是这样飘荡惯了。那年大学快毕业了，我不是说走就走，从长沙跑到了南京？我知道，他指的是1959年，那时他还是湖南体育学院三年级的学生，再有一年，毕业文凭就拿到手了。这时，我国第一支击剑队在南京成立了。文国刚和几个年富力强、血气方刚的伙伴，毅然决然放弃了大学文凭，告别了美丽的校园和依依挽留他的老师，提着一个简单的行李包，来到了南京，创建了我国历史上第一支击剑队。

范蠡乘舟，退隐江湖，功成名就之后，急流勇退，自然是一种人生的也是体育的态度；廉颇不老，执著疆场，花好月圆之后，激流勇进，同样也是一种人生和体育的态度，而且是更为值得尊敬的境界。因为长闲有酒，一溪风月共清明，固然是一种不错的诱惑；老去情怀,犹作天涯万里梦,却是更执意的追求。

他就这样去了美国,就像当年一个大学生一样,拼打生活,吃住行,包括语言,一切靠自己努力,动荡如同大海波浪中颠簸的一条船。但他喜欢过这样生活,他喜欢让自己的这条小船上扯满风帆,扑满风雨,兜满阳光,而不喜欢把这条小船做成精致的标本,摆放进客厅的橱柜,只作为过去时态的回忆。他愿意过这种现在进行时的富于挑战的生活,或许,这就是经年体育生涯给予他的馈赠吧,这也就是体育的精神对于人的性格的陶冶吧。他在选择挑战自我的时候,也选择了挑战命运。

他和小计一起,在美国白手起家,转战几个州,开办击剑俱乐部,一个主内,一个主外,你耕田来我挑水。这一对患难夫妻,又找到年轻时的那种感觉,时光倒流,往日重现。富于挑战意味的日子,艰苦,却也有难得的乐趣。有能力有才华的人,无论在哪里都会显现出来,越来越多的人知道他就是奥运会冠军的教练,当地的报纸也来专门采访,他的声名日隆。他再一次感受到一株树慢慢地长大,然后开满缤纷的花朵的那种感觉,那是一种青春的感觉。他很快便被哈佛大学的俱乐部看中。于是,他又像一条充满生机的小河,在流过了浅滩和险滩之后,流过了冰封和枯水季节之后,渐渐有了生机和力量,山随平野尽,江入大荒流。

他带领的哈佛大学男女花剑队年年获得常春藤大学比赛和全国比赛的冠军。他很有些骄傲地拿出那些获奖的照片给我看,然后对我说:在哈佛,谁拿到了冠军,运动员和教练员的照片都挂在体育馆的墙上,快一百年了,墙上挂满了照片。我对他说:等我去哈佛,你要带我看看你的照片。他笑着说:好呀,那也是咱们中国人的照片。说着,他从手指上取下一枚镶钻的金戒指给我看:每获得一次冠军,发一枚这样的戒指。然后,他把这几年获得的戒指都拿了出来。小计也把自己手指上的戒指摘下来给我看,虽然冠军没有任何奖金,但教练员的妻子也发给这样的一枚冠军戒指。

名誉比金钱重要，经历比头衔重要，过程比结果重要，扑满风雨的小船比精致的标本重要。文国刚和他的妻子都是这样的人。

哈佛大学给文国刚的工作签证到2013年。他说：我肯定干不到那一年，那一年，我都七十四岁了。我顶多再干三年。但我有些怀疑，他刹得住吗？车子已经在高速路上飞驰了，他告诉我连小计的车都开八十迈，相当一百多公里呢。难得他们找回了青春的感觉和速度。

2008年8月27日于北京

辉煌与辉煌以后
王 蒙

2008·08·21

　　已经可以断言，中国在北京奥运会上获得了巨大的成功！北京奥运会确实是中国的奥运会！

　　我们的鸟巢、水立方受到称赞，北京的蓝天白云得到了好评，绿色、人文、科技奥运的允诺得到了实现，张艺谋导的开幕式震撼了世界，运动员与观众的热情礼貌文明胸怀，大致符合期待，有很大进展。果然，北京是国际的大都市，中国是改革开放的中国，我们的崭新的面貌展现出来了。

　　我们的金牌拿得不少，一两个超级体育强国漏了空子的项目，我们全有准备，有力争、有超过预期的斩获。五星红旗一次次升起，《义勇军进行曲》一次次奏响，举国欢腾，民气大振！我爱你，中国！五星红旗我为你骄傲，我为你自豪！中国再不是一个积贫积弱、内乱频仍、面临"开除球籍"（语出毛泽东主席）危险的国家了。我们的文化焦虑与文化紧张正为文化弘扬与文化和谐的追求与信心所替代！

2008年同时还是党的十一届三中全会的三十周年，是中国改革开放的三十周年，北京奥运会的凯歌正是改革开放的交响乐的一个精彩的乐段！我们的改革开放同样是凯歌声声，欢呼一片。我们一定要沿着改革开放的路子走下去！

同时我们对于今后充满期待：

金牌好，以树作比喻，金牌是花朵，是绽放，是一片辉煌，但金牌并不是根基，也不是躯干。经济才是根基，国防与社会机制才是躯干，文化才是良种与长势。我希望在庆功之后将我们的工作往根基上做。往普及里做，往实里做。得金牌的项目能不能在群众中发芽生根，能不能有益于人民大众的体质？离真正的体育大国体育强国，更不要说政治上、经济上、国防上与文化上的富强、民主与文明国家了，究竟还有多少差距？有待于作怎么样的进一步努力？这是值得我们在欢呼声中深思的。

我们还有没有弱项？还有没有忧患？例如男子足球，这是极受注目与欢迎的项目，我们十几年来没有少在男足上面使劲，可以说吃奶的力气也使出来了。但是收效甚微。于是网上一片骂声。批评是可以的，辱骂则不可取，它反映了我们的急于求成，不理性也不成熟。包括男足运动员的某些不雅表现，也是这种急躁、情绪化、压力与缺少长期奋斗的思想准备的表现。建国近六十年了，我们吃够了急性病、非理性的亏。从男足的失利上我们应该得到不少的教益，男足也好，男排也好，田径、游泳也好，要打基础，要循序渐进，要舍得花费几代人的时间去抓基本功。

还有更深层的忧患，例如由于负担过重，中小学生体质的下降。由于过食而产生的低龄肥胖的危险。

我们的一些权宜的但也是坚决的措施，缓和了许多矛盾，例如环境与交通，如何将一时的权宜措施转化成经常的有效努力呢？不容易啊。

金牌大捷，能说明我们的成绩，却未必能说明我们的长远优势。能说明我们的拼劲，却未必能说明国民素质方面的实力。我们毕竟还是发展中国家，我们毕竟还只处于社会主义的初级阶段，我们不能忘乎所以，我们不能没有忧患意识，我们仍然须要艰苦奋斗、卧薪尝胆、戒骄戒躁、头脑清醒。与金牌相比，我们不能不更加重视强根固本方面的长期补课——还账。

请原谅：不，我不是在这里哪壶不开提哪壶，我不是外人，我为北京奥运会的成就而欢呼雀跃，热泪盈眶。爱之深念之深忧之深盼之巨，我祝福我们的伟大祖国，在庆祝奥运会的成功中，庆祝改革开放三十年的成功之际，从新的起跑线上出发，不但尽享面子上的荣耀，而且争取里子上的全面夯实，不但尽现红旗与歌声的汹涌，而且提供愈来愈令人羡慕的人民生活质量，政通人和，经济繁荣，文化发展，身心健康，后奥运的中国，加油啊！

竞技的艺术性与艺术的竞技性
杨燕迪

2008·09·07

北京奥运期间，我们充分感受到了竞技体育的观赏价值，以及这种观赏性中蕴含的艺术性。竞技当然不是艺术，但竞技中确实具有艺术性。这主要体现为，当运动员以近乎完美的方式完成某项竞技任务时，那种克服困难的征服感会给人以极大的享受，并带来强烈的美感。例如，本次奥运会中菲尔普斯多次打破游泳世界纪录的传奇，以及博尔特以不可思议的显著优势改写人类速度极限的时刻。

此中的关键，在于征服困难和完成任务时的"自如性"。

现在，残疾人奥运会又来临了。残疾运动员面对更大的困难时所表现出的惊人能力，无疑将给我们以更大的启迪。

所谓艺术，在特定条件下，就体现为解决问题、征服困难的可能与能力。在日常用语中，我们有时会听到"他（她）处理问题的方式很艺术"这样的说法，此处的"艺术"就是这个意思。也即，此人以非常自如乃至非常优雅的方式解决了问题。于是，自如和优雅的品质成就了艺术性的出现。

很容易在音乐艺术中找到同类例证。当我们听到，某演奏家以极为干净利落的运指完成极其困难的炫技片段时，这本身就具有艺术的美感——当然，针对这种情形的一般说法会是"技术过硬"。在音乐作品中，当莫扎特以轻松的笔法玩耍复杂的对位织体（如《C大调第四十一交响曲》末乐章），当理查·施特劳斯以令人目眩的特技让乐队在极快的速率中敏捷而流畅地运行（如音诗《唐璜》的开头），我们同样也能感受到一丝生理性的快意——这时的美感，正是出于艺术的竞技性。

但话说回来，如果竞技的艺术性（以及由此带来的美感）是竞技的至高境界，那么艺术的竞技性所带来的美感却是艺术追求中的副产品，而不是艺术追求的主流。个中原因看似简单，但其实却暗含竞技与艺术的根本不同：竞技的目标非常简单和确定（奥运会的宗旨说得非常明白——更快、更高、更强），而艺术的目标却极为复杂而多变。这也是为何观赏竞技无需刻意培训，而鉴赏艺术却需要长期熏陶的内在缘由。

从另一侧面看，观赏竞技需要知道某些人为的但并不难懂的规定与规则（诸如足球的越位限制，赛跑中的抢跑犯规，等等），而艺术的麻烦在于，我们甚至不知道规则和限制是什么——因为每一个具体的艺术作品（特别是卓越的艺术品）都只服从仅仅对它自身有效的规则和限制。康德曾说过，在艺术中，"天才就是制定规则的天然禀赋"。按照这里的语境解读这句话，那就意味着，天才是不断打破规则并重写规则的卓越艺术家。以此推演，在竞技体育中，天才就是那些服从规则而又能出色完成既定任务的伟大运动员，如菲尔普斯，如博尔特。

谢谢你让我帮助你

2008·09·07

王周生

二十多年前我去美国陪读，人生地不熟。一天，我从费城郊区到宾州大学图书馆借书回家，却找不到往火车站的路。我这人最缺的本事就是认路，东南西北老也分不清。好在我怕迷路却不怕问路，问路的英文句子烂熟于心，逮着老美客客气气问就是。

那天细雨蒙蒙。一个白人男子用报纸顶着头，步履匆匆朝我走来，我很抱歉地叫住他。他停下脚步，认真倾听我的问话，然后指给我看火车站的方向，告诉我到哪儿左转，再到哪儿右转，步行十分钟就到。我谢了，他走了，但我却愣在那里。他语速太快，除了抓住

"左"啊"右"啊几个单词,其他什么也没听懂。

一个黑人男子坐在公共汽车站的长椅上候车,我向他走去。他抬起头,满脸皱纹,细密蜷曲的头发有些花白,见我问路,脸上的皱纹里全是笑意,哦,火车站?他呵呵地说,不远,他指指前方,说唱似的讲了一通英语,继而打住。他注意到我频频点头却一脸茫然,于是站起来说,走,我领你去!我连连摆手说不,我怎么好意思麻烦一个老人,更别说下着小雨。这时,公共汽车来了,我示意他上去,他摆摆手,汽车随即开走了。面对这固执的热情,我只得顺从。

万万没想到,一旦迈开步子,发现他竟然是个残疾人!他走路摇摆的幅度很大,缓慢而用力。我心里既感动又难过,我怎么能让一个残疾人为我领路?不,我决绝地停下脚步。他回过头看着我挥挥手,得了,姑娘,我知道你为什么停下来,你难道不觉得我这样的人也可以帮助别人吗?为什么我只能让别人帮助呢?他说了一遍,怕我不懂,又说一遍。我百感交集,只得跟了上去。雨不知不觉停了,我们俩比划着一路说话。他知道我才来美国不久,就把说话速度放得很慢很慢,他说他今年五十七岁了,没有工作,由政府救济,不过,他每个星期两次在社区和教堂做志愿者,帮助募捐和义卖。奇怪的是,就因为这次谈话,"志愿者""募捐""义卖"这几个单词,从此我不曾忘记。我跟着他转了几个弯,火车站赫然出现在前方不远处。他不再坚持,让我自己走过去。我一再谢他,他握着我的手一字一句地说:我得谢谢你,谢谢你让我帮助你,瞧,我不是一个没用的人,对吗?我连连点头,他的头发湿漉漉的,转身离去,像是知道我在看他似的,突然回过头来,朝我使劲挥了挥手,大声地说:我姓鲍曼,我叫贝克·鲍曼!

这件事一直萦绕心间。后来在英文课上,我用《谢谢你让我帮助你》为题,记下这位鲍曼先生助人为乐的一幕。我的英文老师路易丝小姐在课堂上将文章读了出来。读完,教室里掌声一片,我也欣喜不已。可是,路易丝小姐问大家,你们不觉得这篇作文有问题吗?我们英语班的人大多数来自中南美洲，大家愣一下，说，没问题呀，很感动！　路易丝小姐说，你们注意到吗，文章写鲍曼先生的腿有问题，用了一个什么单词？"cripple（跛子）！"大家回答。

　　问题就在这里！　路易丝小姐严肃地说，我们描绘身体某些缺陷的词汇，有的已经过时，有的除了医疗诊断、保险业务等社会领域不得不使用外，平时不该滥用。

　　像是一盆凉水浇下，我吃惊地瞪大眼睛，举手说，"路易丝小姐，这个词我是在汉英字典里查出来的，字典里没有说这个词不好，我可不是故意滥用的呀！"别着急，路易丝小姐安慰我，要知道，字典的变化往往跟不上人认识的变化，这些年，我们渐渐认识到，有些词汇对妇女、少数民族、残疾人，总之对一些群体造成伤害，她在黑板上写下"attitudinal barrier"（看法障碍），她指着这个词告诉我们，社会上有许多无形的看法障碍，会成为某些弱势群体发展的极大阻力。王女士，她注视着我说，如果你当面对鲍曼先生用这个词，他一定不会高兴，因为，"跛子"这个词，虽然是事实，但只是他身体的局部，不能代表他这整个"人"，你看他为你所做的，证明他是一个能够帮助别人的有用的人，和你一样他首先是人。接着，路易丝小姐举出许多词汇——分析，告诉我们要用"people first"（人字当头的）的词描述残疾人。先称呼 person 或者 people，然后，用 has 或者 with 来说明这个人的残疾情况。我们不能说某人是 disabled person，而应当说 person with disability。也不要在形容词前面加定冠词"the"，这是归类，比如"the disabled"（那种残疾人），就让人感到歧视。

　　这是一堂我终身受益的英语课。路易丝小姐借我的一篇作文，不仅教英文，更重要的是教我们语言文明，教我们如何尊重人——尤其是社会上的弱势群体，教我们做一个有人类觉悟的人。这对于二十多年前刚刚从"文革"硝烟中走出不久的我，是何等的刻骨铭心！

　　去年，上海举办"特奥会"，当我一看到"特殊奥林匹克"几个字，就想起路易丝小姐那堂课。智力障碍者奥林匹克运动会，名称却叫做"特殊奥运会"。这样的名称，意味深长，充满善意，充满人性。那天，上海特奥会开幕式充满人性高度的艺术表演更让我回味无穷。二十多年来，我们国家发生了多大的变化啊，那次特奥会的宣传、组织和举行，改变了上海乃至全国对这一群体的称呼和看法。"傻瓜""戆大"渐渐被"智障"所代替，人们对这一特殊人群充满爱心和尊重。

　　此刻，我正以一种新的期待，欢迎残疾人奥运会的到来。我知道，这样的奥运会，属于我们人类全体。只是，有了路易丝小姐那堂课，我在译名上却有了一点也许过分的求全之想。在英文残奥会"Paralympics"这个单词里，我没有看见"残疾"的意思。这个在古希腊原本是为脊髓病患者举行的运动会，渐渐演变成残疾者运动会，组织者用"平行"和"奥林匹克"两个词拼成的一个新词，规定每四年一次与夏季奥运会同期在一个国家先后举行。我们把这个单词翻译成"残疾人奥运会"，与英文词义并不匹配。前几天也有懂中文的外国朋友对我说了相似的意见。翻译确实是件非常艰难的工作，可是既然"智障"用的是"特殊"，"残疾"能不能也找到相应的更好的字眼？若实在找不到，也可以用音译，"奥林匹克"几个字就是音译，她在每个人心里已经成为一个美好的字眼。这是我的一点充满善意的想法，希望能引起专家们的注意。

　　鲍曼先生如果健在，大约不记得我了，他一定帮助过许多人，不会记得一桩领路的小事；但路易丝小姐如果看到我这篇文章，也许会感到欣慰吧？

永恒的瞬间
YONGHENGDESHUNJIAN

选自良友版木刻连环画《我的忏悔》,麦绥莱勒作

生死之间
——北川废墟前的哀思
刘汉俊

　　从来没有觉得，三分钟是如此漫长。举国屏息的三分钟，让人感受到生命的沉重，感受到沉痛的压抑。在这三分钟里，我似乎默数了几万条鲜活灵动的生命，走向那遥远的寂冥世界。

　　其实，那个世界并不遥远。就在我的脚前。

　　我肃立在四川绵阳的北川县城，眼前一片废墟。整整七天前，源自汶川的那一阵震响和携带巨大滑坡的山体，把这座几万人的美丽山城掩埋了一半，另一半统统碎成瓦砾，像过了一遍筛子。

　　滚雷般的巨大山石，以不可阻挡之力，摧坚克刚，一路呼啸，令人毛骨悚然。来自地心的巨大破坏力，碎骨切肉般地解构着一切钢筋铁骨。汽车变成铁饼，高楼轰然坍塌，成片的楼宇和喧嚣的街道，顿时没了踪影。人成肉饼，生灵涂炭，一块水泥板下十几条生命倏然失去。活生生的惨状，让一切色彩皆涂黑，所有的惊恐，凝成黑色的眼泪，被蒸发。只有童车，还在用它那残缺的结构，呼唤着它的小主人；只有那一双双从石头板重压下挣扎出的血淋淋的手，徒劳地向这个世界作最后的挥别……十几秒，一万年。

　　来不及哭泣，近两万条生命停滞在谷底。

　　死亡人数最多的这一惊世记录，让世界对这个地图上连一个小点都标不上的城市睁大了眼睛。北川，死亡之谷。

　　吊桥依然，清水湖依然，茶马古道依然。震裂倾斜的楼台上，几株玫瑰花依旧灿灿灼灼。只是，肉糜骨齑，使这种美丽显得野性十足、腥味十足，令人痛苦万端。

生是暂时，而死是永恒。但生者对生活的热爱和对死亡的恐惧是本能的。

我在废墟里捧起几本已被乱石砸得残缺不全的课本。它们的主人分别是中学生汪婷婷、钟金萍，一本以"超级女声"为封面的笔记本上，没有写主人的名字，但那一笔一画工工整整的字体诉说着主人是一位充满幻想、天真可爱的小姑娘，她写道："有些愿望，只能用心实现，真正的幸福，只能在心中找到。"她的心愿，竟已被永远埋葬。一辆牌号为"川B39752"、几成铁饼的小轿车里，我看到散落的光盘，拾起一张，是《草原吉祥》，不知道那悠扬的长调，如何在刹那间变奏成悲怆的挽歌，但我分明体味到那来不及张扬的生命之痛。生命，就在倏忽间，无论是生，还是死。

生命的脆弱与渺小，在脚前这一片废墟上，显得如此的真切。一声轰响，顷刻间抹平了尊贵与卑贱、贫与富、爱恨情仇、功名利禄，这是死者留给生者最后的忠告。

受难者以对生的渴望，与死神进行着艰难的较量。一条又一条满是伤痕的、惊恐的生命，从废墟底下被挖掘出来。一位被压160小时以上的六十一岁妇女，经过56个小时的紧张救援后，绝处逢生，让我感受到生的伟大和生命的奇迹。当我穿行在乱石阵和废墟中，恰遇一位战士正全力从一幢垮塌的楼底挖掘着又一个一息尚存的生命，我抬腕看表，离地震发生正好七天，整整168个小时！紧张而艰难的挖掘，既令人兴奋，更让人揪心。不知道钢筋水泥重压下的我的同胞，能否死里逃生？还有多少条悬于一线的生命，仍在顽强抗争，在生命体征逐渐消失之前，作最后的残喘？人的生命，在灾难面前爆发出的力量，让一切的想象苍白无力，黯然失色！

创造生命奇迹的，不光是残存的生命本身，也有奋力拼搏的拯救者。冒着大雨和泥石流危险的部队官兵，从不同方向杀出一条条生命的通道；身穿各种制式服装的救援队携带各式器械在废墟中艰难掘进；忙碌的搜救犬和生命探测仪，拉网式地寻觅任何一点点生命的信号。所有的镜头都对准这里，全国的目光都聚焦这里，来自四面八方的救援物资源源不断，像血管连通起这个盆地山城与外面的世界。余震频仍，滚石和滑坡不断，危楼将倒，但北川成为七天之内共和国最高领导人亲临指挥救灾的小城市，生命之重，在这个世界上已找不出掂量的秤砣。

死亡者的人数在急剧攀升，幸存者的记录，也在艰难地刷新。在严酷的数字面前，让人感叹生命脆弱的同时，更感受到生命力的强大与不屈。伫立谷底，我突发奇想，将来某一天，能否来一场弥漫无边、延绵无期的大雨，积水成渊，风雨兴焉，汪洋一片，让废墟永远沉没水底，让呼号的生命在水中浸润、滋养，让自然来解决自然的一切问题。只留给人们一面抹去伤痕的平镜。我相信，那每一棵水草，都是生命的重生。

有一种存在，叫死亡。生与死，有同等的价值。举国哀悼，是一种隆重的国家行为，共和国的旗帜，为普通生灵的死去而降，哀思和祭奠，是对百姓苍生的敬重。

迅疾而漫长的寂寞三分钟和凄苦的汽笛声，是等待和呼唤，是生者与死者的应答，更是人对自身和自然的深刻认识。定格的是时间，是伤痛；但灵动鲜活的，是生命，是生的美好和美的生活。

默哀礼毕，我注目无边的废墟，北川，这座曾经美丽的山城已不复存在，但我脚前的一汪清水，生机依然。

2008年5月19夜，写于北川现场

从绝境中突围
裘山山

2008·05·30

　　炮团团长周洪许大概从来没想到自己也会陷入绝境。这位生于1971年的年轻团长，这位具有硕士学位的中校，这位成都军区老牌先进团队的主官，在2008年5月17日夜里，陷入了此生从未有过的绝境。

　　因为他不是一个人，他的身后还有二百多名官兵，二百多名需要疏散的群众。这就让他更加忧心如焚。

　　话要从头天晚上说起。5月16日晚，周洪许刚刚将他们从云湖森林公园救出的十五位老专家送上直升机，还来不及喘口气，就听到了一个让他心惊的消息：清平乡偏远处的两个自然村里，还有二百多名老弱病残没有撤离，而他们所处的位置已成孤岛，在他们的上方，有两个堰塞湖已成悬湖，随时可能决堤，所以必须将他们尽快解救出来。

　　此时已是晚上八点，且不说天黑路险，周洪许和官兵们也已经三天两夜连续作战、极度疲惫了。但他还是毫不犹豫地带领二百多名官兵出发。他预感到若再不抓紧时间进去，恐怕就进不去了。那里将成为死亡地带。

　　和他一起带队前去的，是团装备处处长赵岗和后勤处副处长张开顺，张开顺先遣，赵岗殿后，周洪许自然是总指挥。他们以急行军的速度冲进去，一路上的危险无暇细说。到达后，迅速将剩余地二百名群众组织起来。周洪许发现，这些落在后面的灾民，大多是伤病员、老人、孕妇、孩子，是最弱的群体。这使得护送任务变得更加艰巨。

5月17日早上六点,周洪许率战士们扶老携幼上路了。张开顺带八名战士作开路先锋,周洪许带其余二百名官兵和二百多名受灾群众紧随其后。沿途塌方滑坡险情不断,道路被乱石和倒掉的树木封得越发严实。队伍缓慢地前进着,抬头望去,山崖欲坠未坠,面目狰狞。

　　在离开清平乡两公里左右时,突然发现没路了:昨天夜里他们过来时还是浅浅的可以涉过的堰塞湖,此时已形成二百多米宽的一道堰塞湖,湖水大约深六十厘米,水流湍急,形势危急。

　　周洪许先考虑用废弃的汽车轮胎当小舟将人渡过,可是水很大,还在继续上涨,一旦轮胎倾翻,群众的安危,战士的安危,都让他不敢冒这个险。

　　作为先行官的张开顺,随即找来一条钢丝绳,让水性好的两名战士,将钢丝绳的两头分别固定在湖面两端的大石头上。然后,部分官兵手拉着钢丝绳下到水中手拉着手,组成一道人墙后,护送灾民一一走过。有位体弱的妇女走到一半,竟被水冲得漂了起来,幸好战士在身边护送,一把将她拽住拉了过去。

　　没想到走了两公里后,险情又出现了。又一道两三百米宽的堰塞湖出现在面前,不仅水流湍急,而且比前面那个堰塞湖深得多,昨天还冒头的树木都被淹没得看不见了,人下去必没过头顶。出山的必经之路中断了,周洪许只得命令队伍向另一处绕行,没想到那里竟是一道悬崖! 一时间官兵们进退两难。

　　沿途返回,等候救援! 周洪许下令。可是当张开顺带先遣队返回到先前的那道堰塞湖时,才发现水面已经上涨,就是用钢丝绳也无法再渡。就是说,他们不可能从原路返回了。

　　此时,他们与外界的通讯联络完全中断,想求援也已经不可能。

　　张开顺找来一根背带系在一名战士腰上,拉住,让他进入湖中试深浅。那位战士"扑通"一声进入水中后,竟然就没了踪影。张开顺一惊,赶紧抓住绳子把他拽上来。战士吐出一口水后告诉张开顺,湖水至少有两米多深了,不能涉过。

张开顺向周洪许报告了情况。周洪许一时无法前进又不能后退,他们陷入了绝境。跟随在后的灾民看到这一情形,都面色苍白惊悸不安。周洪许一边安抚灾民情绪,一边迅速地考虑突围方案。

身处绝境,周洪许一再告诫自己要冷静。他抬头看了一下身边的笔直绝壁,再看了一下手上的地图,看来,只有攀援绝壁这一条路可走了。

绝壁与水面的绝对高度为1 100米,其难度非同一般,他命令先遣队在前攀援探路,当队伍爬到一半时,前面探路的战士惊悚地向他报告,这座山已经断裂,两边分别出现了八十多厘米的裂缝,裂缝深不见底。周洪许简直无法相信,他亲自爬上去察看,果然看到一丈多宽的裂缝,两边是刀削一样的悬崖,中间只有六十来厘米宽的路。

这样的路,也得走,只能走了。这是惟一一条生路了!

张开顺带着八名战士在前面一边爬,一边用砍刀在爬过的道路上砍出一个个脚坑,好让后面的人踩稳。让人紧张的是,这一批营救出来的226位灾民中,有35人伤势严重不能行走,还有两名孕妇不能行走,还有早已累坏了的八名儿童不能行走,这45个人,都需要战士背负。"绝不能丢下任何一个群众!"周洪许下令,让战士们轮流背着这45人继续爬行。因为几天来很少吃东西,一名战士背负孕妇时,脚底打滑,眼看就要背着那名孕妇坠入山涧,跟在他后面的周洪许赶紧爬过去,一把将战士拽回。望着眼前的一切,灾民们都被吓得面色苍白,回不过神来。

这时,山腰传来轰鸣声,一架架直升机正在低空盘旋搜救。伴随着直升机掠过时发出的轰鸣声,山顶的巨石暴雨般往下坠。大家眼巴巴地看着搜救直升机在山下穿越,也只能屏住气息不敢呼叫。因为整座山体已经松动,稍稍的震动都可能出现新的塌方,一旦脚下的山再次滑坡,他们将全部丧生。

张开顺在前,赵岗殿后,周洪许带着整个队伍小心翼翼地在那条窄窄的山脊上一步步挪动,多数时候,他们需要四肢并用。又一架直升机飞来，随着轰鸣震动，山腰上"轰隆"一声巨响，扬起滚滚尘烟。周洪许满脸是汗，他往路两边看了一眼，心一下子提到了嗓子眼儿里——死亡正张大了嘴在下面等着他们。他就这么悬着一颗心，带领队伍走过了这段不过是1.5公里的山路，花了整整三个小时。

当他们惊魂未定，抵达白云庵附近一座大山上时，发现前面又没有路了。周洪许急速地思考着：此时若在山上停留，一旦大家体力耗尽，那谁也出不去了！必须马上想法离开。

张开顺带着八名战士手持砍刀，在密林内砍掉荆棘开出一条小路。后面的人扶老携幼依次前行，经过三个小时的艰难行走，前方出现了一条尚未完全断裂的村路。周洪许赶紧查看地图，发现这条路竟然直通天池乡。他感到一阵欣喜。晚上八时左右，一行人终于走到了天池乡。

但眼前又是让人心里发凉的情状：天池乡已被漫上来的湖水吞噬。现场除了天池中学的大门还露在水面外，就只剩下天池中学七十多岁的退休教师王老师了。堰塞湖上虽然有两个木排，但天黑不敢贸然使用。

周洪许只得下令就地宿营，等待天亮。

老天爷丝毫不眷顾他们的辛苦疲惫，电闪雷鸣，下起了大雨。他们从废墟中刨出一块篷布，搭了个简易帐篷，让伤员和孕妇躲避，其余人员在大雨中等待。

好不容易熬到天亮。周洪许和张开顺再次带领官兵突围。天池乡留下的唯一老人王老师，成了他们的向导。又经历了漫长一天的徒步行走后，18日晚七时左右，周洪许率领官兵和226名受灾群众，终于全部走出了险境，到达了相对安全可通汽车的马尾乡。

这个时候，距离他们17日早上七点出发，时间已过去了36个小时，这36个小时，就是后来网上炒得沸沸扬扬的"乌蒙铁军"失踪事件。

我想，那些喜欢炒作的人永远都不会明白，这支队伍在断食三天三夜，在危机四伏的死亡之路上，是怎样凭着坚强的意志，将226名群众营救出来的；而周洪许这个年轻的团长，又是怎样在绝境中沉着冷静，指挥队伍突围的。

周洪许给我讲述这段经历时，感觉语言已无法表达，就拿起桌子上的录音笔和本子当模型，摆来摆去，告诉我他们当时处在一个什么样的境地：前面是堰塞湖，左边是悬崖，后退又是堰塞湖。而我，无论他怎么比划怎么讲述，也无法身临其境。我知道，灾难是无法靠想象抵达的。

我只是问他，那个时候你感到恐惧了吗？

他说，没有，只感到压力很大。那么多的群众，那么多的官兵。我必须把他们安全地带出去。如果是我一个人，反而无所谓了。

合上本子，我企图从紧张中解脱出来，于是跟周洪许开了个玩笑。我说周团长，那个时候，你是不是觉得你的眼镜儿很碍事啊？

周洪许一下乐了，说是啊是啊，汗水雨水把镜片搞得很模糊，我真恨不能扔了它。

这位了不起的团长，戴着一副眼镜儿。

2008 年 5 月 24 日急就

救灾只是一个开始
毕飞宇

2008·05·28

我的太太自幼丧父，在灾难面前，她一次又一次流泪。可是，我的太太告诉我,对于失去了父亲和母亲的孩子来说,现在还不是最为痛苦的时候。我问她,什么时候最痛苦? 她说,在青春期,主要是黄昏,她会在放学的路上突然产生幻觉——爸爸回来了,就在巷口,就在电线杆子的旁边。她清清楚楚地知道这是不可能的事情,但是,她会在那里等,直到华灯初上。

多年之前,太太曾经告诉我类似的话,我听了当然很心酸,可是,当我在电视里看到那些孤儿的时候,太太的话让我欲哭无泪。我决定把我太太的话写下来,目的只有一个,我想告诉千千万万的朋友们,救灾的路真的还很长很长。

灾难来了,大家在救灾,大家在捐款,大家在献血,每一个人都激情饱满,每一个人都在做自己力所能及的事,这是必须的,可歌可泣。但我们必须清楚地知道,这只是一个开始。

我敬畏激情。可激情自有它脆弱的一面,它至刚至猛,注定了不可长久。可以长久的是什么? 是理性和爱。

我想我们可以慢慢地理性起来了,理性起来做什么? 重建家园。这个重建家园可不是再建"房子"那么简单。老实说,以我们现在的经济实力,再建几个县城,再建一些乡镇,再建几十所、上百所学校,难不难? 难,也不难。真正困难的是,得有人爱孩子。一直在爱,永远在爱。

这个"有人"的"人"是谁? 不是一个人,两个人;不是一百个人,一万个人。是我们这些活着的人,是我们所有的幸存者。我们得为孩子提供一个更好的社会——只有好社会才能从根本上救灾,好社会才是我们重建的家园。

好社会的重要标志是每个人都敬业。我们每一个人都把我们手上的事情做好。做官的把事情办好,开车的把方向盘把好,写作的把文章写好,检验员把关口把好,建筑工人把每一块砖头砌好。人尽其才,物尽其用,这是可以做到的——这就是好社会。好社会的钢筋水泥在地震来临的时候也许还会倒塌,却不会在刹那间变成废墟。好社会一定还会有灾难,好社会的人一样有悲伤。但是,悲伤和悲伤是不一样的。好社会的悲伤里没有彻骨的遗憾,没有说不出口的苍凉,没有无处申诉的冤屈。

好社会的重要标志是人与人的互助。这个互助不只是危难时刻的剑胆琴心,它要家常得多,普通得多,仅仅是每个人的习惯。是日复一日的举手投足。是我们内心的储藏和必备。好社会的人在灾难来临之际即使没有一分钱的捐款也会得到人们的尊重——他/她每天都在奉献,他/她为这个社会已经奉献了全部。

好社会的重要标志是我们的每一个人都不要那么贪婪。你已经得到一百万的不义之财了,你就拿着吧,慢慢花。千万不要再想着如何再去捞一千万,一个亿。回头吧,兄弟们,姐妹们。不义之财是要不得的。尤其是那些善款,千万不能动。我们的眼里贮满了泪水,可我们的泪眼始终会盯着一些人的手。要记住,泪眼里不只有绵软的爱,也有力拔千钧的力量。

如果我们每一个人都意识到自己是幸存者,那么,十年以后,二十年以后,在好社会的黄昏,在某一个巷口,你会给一个迷茫的少女送去一份温和的笑容。

你知道会发生什么? 她在心里会喊你父亲。

在此之前,我们惟一要做的事情就是问一问自己,我像不像一个父亲,我像不像一个母亲。

好社会的父亲都像一个父亲,好社会的母亲都像一个母亲。这需要时间。

不像也没关系。无论如何,那时候你不能是一个罪人——你必须没有发过一个孤儿的财。

废墟里钻出的绿枝

冯骥才

2008·07·21

　　车子驶入绵竹，这里好像刚经历过一场惨烈的战争。零星的炮声——余震还时有发生。到处残垣断壁，瓦砾成堆，大楼的残骸狰狞万状；多么强烈的地动山摇，能够把一座座钢筋水泥建筑摇得如此粉碎？由车窗透进来的一种气味极其古怪，灭菌剂刺鼻的气息中还混着酒香。一问才知，剑南春酒厂的老酒缸全碎了。存藏了上百年、价值几亿元的陈年老酒全部化成气体无形地飘散在震后犹然紧张的空气里。

　　这使我想起五年前来考察绵竹年画时，参观过剑南春酒厂。那次，我是先在云南大理为那里的木版甲马召开专家普查工作的启动会，旋即来到绵竹。绵竹不愧是西部年画的魁首。它于浑朴和儒雅中彰显出一种辣性，此风惟其独有。绵竹人颇爱自己的乡土艺术。那时已拥有一座专门的年画博物馆了，珍藏着许多古版年画的珍品。其中一幅《骑车仕女》和一对"填水脚"的《副扬鞭》令我倾倒。前一幅画着一位模样清秀、身穿旗袍、头戴瓜皮帽的民国时期的女子，骑一辆时髦的自行车，车把竟是一条金龙。此画所表达的既追求时尚又执著于传统的精神，显示出那个变革的时代绵竹人的文化立场。后一幅是"填水脚"的《副扬鞭》，"副扬鞭"是指一对门神；"填水脚"是绵竹年画特有的画法。每逢春节将至，画工们做完作坊的活计，利用残纸剩色，草草涂抹几对门神，拿到市场换些小钱，好回家过年。谁料无意中却将绵竹画工高超的技艺表现出来。简练粗犷，泼辣豪放，生动传神。这一来,"填水脚"反倒成了绵竹年画特有的名品。那时我曾连连赞美画这幅清代老画《副扬鞭》的是"民间的八大"呢!

那次在绵竹还做了几件挺重要的事:去探望年画老艺人,召开绵竹年画普查专家论证会;这样,对绵竹地区年画遗产地毯式的普查便开始了。普查做得周密又认真,成果被列入国家级文化工程《中国木版年画集成·绵竹卷》。其间,中国民协还将绵竹评为"中国木版年画之乡"。这来来回回就与绵竹的关系愈扯愈近了。

大地震发生时,我人在斯洛文尼亚,听说震中在汶川,立即想到了绵竹,赶紧打电话询问年画博物馆和老艺人有没有问题,并叫基金会设法送些钱去。那期间,震区如战场,联系很困难,各种好消息坏消息都有,说不上哪个更可靠。回国后,便从四川省民协那里得知年画博物馆震成危楼,没有垮塌,两位最重要的老艺人都幸免于难。但一个画乡棚花村已被夷为平地。更具体和更确凿的情况到底怎样呢?

这次奔赴灾区,首先是到遵道镇的棚花村。站在村子中央,环顾四方,心中一片冰冷。整个村庄看不到一堵完整的墙。只有遍地的废墟和瓦砾,一些印着"救灾"二字的深蓝色小帐篷夹杂其间。村中百户人家,罹难十人。震后已有些天,村民心情渐渐平静下来,开始忙着从废墟里寻找有用的家当,但没人提年画的事。人活着,衣食住行是首要的,画画的事还远着呢。

茫然中想到,最要紧的是要去看另外两个地方:一是年画博物馆,看看历史是否保存完好。二是看看两位重要的年画传承人——老艺人现况到底如何?

年画博物馆白色的大楼已经震损。楼上的一角垮落下来,外墙布满裂缝。馆长胡光葵看着我惊愕的表情说:"里面的画基本上都是好好的,没震坏。"他这句话是安慰我。我问他:"可以进去看看吗?"眼见为实,只有看到真的没事才会放心。

打开楼门,里边好像被炸弹炸过,满地是大片的墙皮、砖块和碎玻璃,可怕的裂缝随处可见,有的墙壁明显已经震酥了。但墙上的画,尤其五年前看过而记忆犹新的那些画,都像老朋友贴着墙排成一排,一幅幅上来亲切地欢迎我。又见到《骑车仕女》和那对"填水脚"的《副扬鞭》了,只是玻璃镜面蒙上些灰土,其他一切,完好如昨。我高兴地和这些老相识一一"合影留念",然后随胡馆长去看"古画版库"。打开仓库厚厚的铁门,里边两百多块古画版整齐地立在木架上,毫发未损。看到这些在大难中奇迹般地完好无缺的遗存,我的心熠熠地透出光来。

当我走进老艺人居住的孝德镇的射箭台村,心中的光愈来愈亮。当今绵竹最具代表性的两位老艺人,一位是李芳福,今年八十五岁。上次来绵竹还在他家听他唱关于年画《二十四孝》的歌呢。他的画风古朴深厚、刚劲有力,在绵竹享有北派宗师的盛名。地震时他在五福乡的老宅子被震垮了,现在给儿子接到湖南避灾,人是肯定没事的,灾后一准回来。另一位是南派大师陈兴才,年岁更长些,人近九十,身体却很硬朗。我见到老人便问:"怕吗?"他很精神地一挺腰板说:"怕什么,不怕。"大家笑了。他的画风儒雅醇厚,色彩秀丽,多画小幅,鲜活喜人。这几年,当地重视民间艺术,老人搬进一座新建的四合院。青瓦红柱,油漆彩画,当然都是自家画的。房子很结实,陈氏一家现在还住在房内。北房左间是陈兴才的画室;右间里儿子陈云禄正在印画;东厢房也是作画的作坊,陈兴才的孙子和邻家的女孩子都在紧张地施彩设色。这些天,全国各地来救灾或采访的,离开绵竹时都要带上两三幅年画作为纪念,需求量很大,在绵竹市大街上还有人支设帐篷卖年画呢。绵竹年画反变得更有名气。

如今陈家已是四世同堂。两岁的重孙儿在画坊里跑来跑去,时不时也去伸手抓画案上的毛笔,他将来也一定是绵竹年画的传人吧。

我说:"只要历史遗存还在——根还在,杰出的艺人和传人还在——传承在继续,绵竹年画的未来应该没有问题。"

民间艺术生在民间。民间是民间文化生命的土地。只要大地不灭,艺术生命一定会顽强地复兴的。

在受灾最重的汉旺镇那几条完全倾覆的大街上考察时，我端着相机不断把发现的细节摄入镜头。比如挂在树顶上的裤子，死角中一辆侥幸完好的汽车，齐刷刷被什么利器切断的一双运动鞋，带血的布娃娃，一盘被砸碎的《结婚进行曲》的录音磁带和绕在一团钢筋中的大红色胸罩，时间正好定格在下午两点二十八分的挂钟……忽然我看到从废墟一堆沉重又粗硬的建筑碎块中钻出来一根枝条，上边又生出许多新叶新芽，新芽方吐之时隐隐发红，好似带血，渐而变绿，生意盈盈，继之油亮光鲜，茁壮和旺盛起来。它忽地唤起我刚刚在射箭台村陈家画坊中的那种感受，心中激情随之涌起，不自禁一按快门，咔嚓一声，记录下这一倔强而动人的生命景象。

2008.6.28

会思想的芦苇

HUISIXIANGDELUWEI

选自良友版木刻连环画《光明的追求》,麦绥莱勒作

好话不能讲过头

钟叔河

杨振宁先生新著《曙光集》中，写到1957年、1960年与1962年间，其父三次到日内瓦劝他回国的事（可参见《文汇报》3月31日"新书摘"栏）。1957年给他写了两句话："每饭勿忘亲爱永，有生应感国恩宏。"1962年对他说道："新中国使中国人真正站起来了，从前不会做一根针，今天可以制造汽车和飞机……从前常常有水灾旱灾，动辄死去几百万人，今天完全没有了……"

杨氏父子都是科学家，科学家受到普遍的尊重，是因为科学家本身最尊重科学，最尊重事实；他们父子又都是很爱国的科学家，所以才会将"有生应感国恩宏"铭诸座右，时时处处不忘讲国家的好话，原来那样说，如今这样写，都是明证。

可是，好话也不能讲过头，也必须尊重事实，尊重科学，不能不顾事实，悖于常理。杨先生说中国从前"不会做一根针"，但我读《礼记》，见其中便有"纫针请缝"之语，《左传》成公二年，又有以"执针"（缝匠）百人向楚请盟的记载，那时的针难道是从外洋进口的么？ 我虽比杨小几岁，也生于"从前"，儿时见家庭妇女所用机制钢针，也都是汉口或长沙本地"做"出来的，并非舶来。

水旱天灾是任何时代任何国家都难避免的事，"从前"中国因灾死几百万人，史书上确有记载，却未必"动辄"如此，古时全国人口基数少，如果"动辄"一死几百万，又怎能留下那么多人一下子"站起来"呢？ 尤其是文中所说的"今天"乃是1962年，那时刚刚经过

"三年自然灾害"，在这三年中非正常死亡的人数虽未能确知，但也不会"完全没有了"吧。

由此可见，好心说好话，也要顾事实，合常理，这才是科学家应有的态度，才能够得到大家的尊重。我平生不喜指摘争辩，此次却如鲠在喉，不吐不快，遂草此数语，维读者察焉。

"负且乘，致寇至"

周 天

2008·12·09

现在的人们都知道了"官商不可合流"的道理。这里的商，包括工商业，在这个行当中，不管是国有工商业，还是私有工商业，总是要最大限度地追求利润的，这就难免会同民众的利益发生冲突。本来，国家政权对于这类民间冲突，应该处在调解人的地位，公正处理，并适当向弱势群体倾斜。而一旦官商合流，权力机构站到商人一边，就不免要出问题了。这一认识，在中国，乃是极其古老的智慧。

《周易·解卦》中的"负且乘，致寇至"，讲的就是这个道理。"负"是背着东西；"乘"，是乘车。这句话从字面上解释，就是：又乘车，背上又背着东西，就会引来盗贼。《周易·系辞》中，孔子解释说，乘车是官僚的行为，背着东西走路是民众的行为，官僚而兼行民众之事，就会引发盗贼的出现。

为什么官僚而兼行民众之事，就会出现盗贼？西汉的大儒董仲舒,对此做了引申的解释。他说:"官僚们身宠而居高位,家温而食厚禄,乘着富贵的资财之力,而与民众争利于市,民众怎么能争得过他们呢?所以,当着一批官僚们,众其奴婢,多其牛羊,广其田宅,博其产业,蓄其积累,追求这类富裕的资产,没有止境,以此迫促民众,民众的日子就会一天不如一天,渐渐走向大穷。富者奢侈羡溢,贫者穷急愁苦,穷急愁苦而在上者不去救助他们,则民不乐生;民不乐生,就会连死都不怕,怎么会不去犯罪呢?这就是用刑越重而奸邪越是无法控制的道理啊!"(《汉书·董仲舒传》)

《史记·儒林列传》说:董仲舒至死不置产业。看来,他是言行一致的。

董仲舒所说的,实际上就是:任何社会都可能存在的贫富分化问题。而官、商合流,则为贫富分化的最根本的原因。官商合流有多种形式,官吏兼营商业,是一种形式,早先的"官倒"之害已是人所共知。另一种形式是官与商通过行贿、收贿的办法,结合在一起了。上海的陈良宇案就十分典型。国有企业的垄断经营,也可能出现垄断经营者自定较高的价格,管理者甚至全行业从中获利而使民众受损,这也正是今后的改革所要解决的问题之一。不过,最隐晦而且又是最普遍的则是,某些官员为了追求政绩,在企业与民众的纠纷中,将屁股自觉或不自觉地坐到了企业的一边,不管是产权纠纷、环境污染纠纷、劳资纠纷、土地纠纷、拆迁纠纷,一旦政府屁股坐歪了,民众的合理诉求就有可能被权力一时地压下去,这样往往会积累更大、更复杂的矛盾。这类教训已经不少,应该引起我们的警觉和思考。

至为关键的,可能还是一个认识问题。《史记·周本纪》中说,周厉王"好专利",重用大臣荣夷公,将民众的利益垄断到自己手里。有一位大臣芮良夫,引用了《诗经》中的两段诗句,谏劝周厉王。一段是《诗·周颂·思文》:"思文后稷,克配彼天,立我烝民,莫匪尔极。"(大意是说,思念祖先后稷教民种植粮食的功德,和天一样高,使我广大的民众,无不得到最大的关怀。)另一段是《诗经·大雅·文王》中的"陈锡载周"（意思是说，广布利益，以成周道）。《诗经》原是中国历史上的官员必读书，现在由于长期的反传统，即使是文化人，对于《诗经》恐怕也已很隔膜了。不过，在这里，《诗经》确实是在教人研究如何广布利益，这正是国家权力的一项最重要的任务。远古的先人的这些智慧，今人是无论如何不该丢弃的啊！

什么也不用说

2008.12.19

杨柳枝

　　写文章不能只是引文，总要说些自己的话。但我现在要抄的话非常特别，读者诸君一看就知道我的用意，也猜得出我要批评的究竟是什么。真的，什么也不用我说。也许要交代一下背景：这是林语堂先生《语言学论丛》前言中的话，写于1933年4月。此书当年由开明书店出版，是这位大散文家唯一的"学术论集"。文中"民十二三年"指1923到1924年。下面开始抄了——

　　　　这些论文，有几篇是民十二三年初回国时所作，脱离不了哈佛架子，俗气十足，文也不好，看了十分讨厌。其时文调每每太高，这是一切留学生刚回国时之通病。后来受《语丝》诸子的影响，才渐渐知书识礼，受了教育，脱离哈佛腐儒的俗气。所以现在看见哈佛留学生，专家架子十足，开口评人短长，以为非哈佛藏书楼之书不是书，非读过哈佛之人不是人,知有世俗之俗,而不知有读书人之俗,也只莞尔而笑,笑我从前像他。这几篇中能删改的字句,已被我删改了。

让"幸福"及时

2008·05·07

宋志坚

　　如果要给"幸福"二字下个定义,那么,我会毫不犹豫地说:及时行乐。当然,这是现在,以前不敢这样说。以前这样说了,会被人批判为宣扬资产阶级享乐主义。不仅不敢,而且不会,即使我自己,也会认为这是宣扬资产阶级享乐主义的。那时候幸福与奋斗之间是划等号的,所谓"与天奋斗,其乐无穷;与地奋斗,其乐无穷;与人奋斗,其乐无穷"。经过了一个花甲的体悟,方才觉得以"及时行乐"注释幸福之精妙。

　　常常想起青少年时代,大热天把那一捆一百五六十斤的青柴驮下山来,将它搁在树荫下山沟边的岩石上时的感觉,那时候,累得上气不接下气的我,被汗水浸透了内外衣衫,人已渴得嗓子冒烟,看到山沟中汩汩流动的清水,扑下身去就咕咚咕咚地喝将起来,真是舒坦极了。可以说,这是我这一辈子喝到的最好的饮料,好就好在"及时"。汩汩而流的清水,及时解我之渴,使我感受到无比的快乐。

　　《老学庵笔记》中有一段话:"范寥言,鲁直至宜州,州无亭驿,又无民居可僦,止一僧舍可寓,而适为崇宁万寿寺,法所不许,乃居一城楼上，亦极湫隘，秋暑方炽，几不可过。一日忽小雨，鲁直饮薄醉，坐胡床，自栏楯间伸足出外以受雨，顾为寥曰：'信中，吾平生无此快也。'未几而卒。"因为有上面所说之经历，当我读到鲁直（即黄庭坚）与他的老友范寥（即信中）说"吾平生无此快也"，不由得会心一笑。

及时行乐贵在及时。乐而行得不及时，也就乐将不乐。冬天需要温暖，淋雨无异自虐；夏天需要凉爽，谁还喜欢骄阳？同样是一碗白米饭，有饥饿感时去吃，一定会特别香甜。打饱嗝时吃不下，饿过了头再去吃，也未必还有那种感觉。古今中外之人，境遇或有不同，在这一点上，感受却是一样的。人的一世，会有诸多欲望（或称需求），人生各个阶段的欲望又都有所不同，正当的欲望能够得到及时的满足，就会感受到无比的快乐。我以"及时行乐"作为"幸福"的定义，就是这个意思。

以"及时行乐"定义幸福，并不排斥"奋斗"。其一，创造"及时行乐"的条件需要"奋斗"，"奋斗"的目标，说到底还是要使人能够"及时行乐"，因为奋斗的过程也可以说是一种"乐"；其二，"奋斗"本身能够产生需求或欲望，那种需求与欲望得到满足时的快感，是未经"奋斗"的人无法感受到的。然而，一味地强调"奋斗"不讲"行乐"，或使"行乐"变得不太及时以至很不及时，却是大有本末倒置之嫌。奋斗或许可以创造"行乐"的条件，毕竟不能等同于"行乐"。

与不少同辈人一样，我这一辈子很难说得上有多幸福，许多的"乐"行得并不"及时"。物质的匮乏，思想的禁锢，都使正当的欲望或需求未能得到及时的满足。如今，物质的匮乏已成过去，精神的禁锢正在破除，却是已到花甲之年，这倒是应了我老家的一句方言："晓得了迟了，有得吃了不会吃了。"

这不是卖"后悔药"。我只是想说，对于经过自己的努力而能够及时行乐的年轻人，我们没有理由说三道四，倒是应该为他们活得比我们幸福而感到欣慰。

嫉妒心
曹明华

2008·04·14

  曾有"东方式嫉妒"和"西方式嫉妒"之争,我曾在《世纪末在美国》一书中写过自己的观察。其实,人类的嫉妒心只有一种。
  因为本质相同,无论东方人还是西方人,放在同一环境下,表露便基本一致。
  黑猩猩也有嫉妒心。
  对于嫉妒心的批判和声讨,或者道德规劝性的开导已所见不少,它们都有一定道理。
  这里,我只想看一看进化学家眼中的嫉妒——关于嫉妒心的起源和功效——在漫长的人类进化史上,嫉妒心是如何对人类生存和种的繁衍作出某些贡献的。

  首先,"嫉妒"这两个古老的汉字带有"女"字旁,这倒与当代西方进化学家有关嫉妒的第一个注释不谋而合,即:
  最最强烈的嫉妒心与女人有关,或与男女关系有关。
  它像一道刺耳的警铃!维护着基因那黑暗一面的逻辑……
  当你看到你心爱的人与别人调情,因嫉妒而生的强烈的绞痛感会促使你有所行动。

因为直到不久以前,人类祖先们的生命都是冒险般地短促。我们的祖先往往都未曾获得过第二次机会向他们的配偶求爱。

那些高度警惕地维护住了他们配偶的关系(防范了现实中的和想象中的"性入侵者"),他们才最终得以成为我们的祖先。

而那些疏忽大度的,也许逐渐被一代又一代的遗传基因库所淘汰,时至今日,他们很可能已不再是我们中任何人的祖先。

于是他们不嫉妒的良好品性并没有能够被完好地遗传下来。

反而是嫉妒,作为对"不忠"的敏感探测系统,在一代又一代的生存竞争中,被深深地筑入了我们的遗传密码……

进化学家认为,有两种极其深刻的嫉妒: 丈夫对妻子肉体不忠的嫉妒和妻子对丈夫情感不忠的嫉妒。

因为一个肉体不忠的妻子,可能会导致她丈夫的基因就此无法延续。而一个肉体不忠的丈夫,还不至于对女人造成如此深重的威胁。

又因为远古以来,男人担当着使生命赖以存活的生存资源的提供:打猎,野外的劳作,等等。男人对于真正投入情感的女人,可能会转移走相当大一部分生存资源,这对妻子来说,威胁可能要高于丈夫对她单纯的肉体不忠。

当时间跨入现代,我们的躯体我们的头脑,仍承袭了千万代生存下来的强悍者和觅偶的成功者的遗产。当然,人类的生存和进化史绝不是一首诗。

嫉妒心,它的运作,往往在潜意识层面进行。

假如一个人认为,他/她将再也找不到比目前的心上人更好的异性了,那他/她的嫉妒心会格外强烈。

假如一个人心存自卑,具有严重的不安全感,那他/她会因嫉妒而深受伤害……

而适度的妒忌,可以是对亲密关系的一种不乏激情的关怀。它将不会随着人类生存和繁衍境况的改善,和人类道德水准的提升而消失——进化学家这样预测。

进化学家关于嫉妒的第二个注释是:
嫉妒心还与维护公正有关。
它演化于远古时期,我们祖先的生存环境中一个合乎情理的动机:对于"公正"监督的冲动,是作为自我保护的一种方式。
这种最原始的嫉妒心令你产生不舒服感,它的功能之一是:探测那些"搭免费公车"的人,或那些贡献比你少、攫取却比你多的人。
因为在我们祖先的环境中,是不存在对其中每一个成员都有像我们今天这样明确的工作职称和职务定义的。
每个人能力的不同、自觉自愿付出的程度不同,以及酬劳获取时模糊不清的规则,所可能引起的不平之心,这并不是一个单纯的心理问题。它直接关系到我们祖先在那苛刻的生存环境中,是否增加或减低他/她的生存几率。这是一个严酷的命题。
进化学家认为,在我们祖先"打猎、采集"的原始时代,对于食物份额的分配,在这样一个最基本的、攸关存活的问题上,也许提供了我们人类社会道德原则发展和进化的最初操练场。
在背后窃窃私语(这种不太良好的习惯),谁得多少、谁没有得到应有的份额,和谁值得领受什么样的份额……这些夹杂着个人的不平和嫉妒心的闲言碎语,也许恰恰催助了"公正"这一抽象概念在人类历史上的诞生,并从此唤醒了一个属于人类这一社会性动物的、极为复杂的分配机制和体系的演化、再演化……
多少年过去了,人类社会的规模、形式、距离等都发生了翻天覆地的变化,但史前的"基因情结"却还或多或少地占据着我们本能的位置。
在我们祖先的生存环境中所演绎出来的、让基因具有生存优势的规则,最适用于一个小规模的封闭式的群体生存。这种于"公平"维护的企图心往往来自比较。那么,这就取决于他/她将眼界设在什么样的比较范围。眼界愈窄,他/她的嫉妒心便愈容易强。于是,愈是没有见过世面,或没见过什么大的世面的人,他/她愈承袭了我们祖先小范围内比较的"基因情结",愈容易为一些琐事而心生嫉妒。而对人类社会生活和人类历史看得愈多,愈印证了著名的美国律师 Clarence Darrow 的那句名言:"其实,并不存在'公正'这样一件东西——无论在法庭内还是在法庭外。"当然,他指的是绝对意义上的公正,在这个世界上是不存在的。

伊丽莎白·泰勒和玛丽莲·梦露是二十世纪好莱坞最红的两位女星。最近一次偶然的机会,我才第一次观赏了两位巨星的影片:泰勒的《青楼艳妓》和梦露的《如何嫁给一个百万富翁》。我不由得惊讶地发现,人是最怕比较的:她俩的天资或表演,明显地逊色于同台的女角。那么从理论上推断,天资或表演要优于这两位名声大噪的巨星的,应该是最可能对她们产生嫉妒心的。一般来说,人们对身边可比较的、天资或努力并不及自己的人,却获得了大大超于自己的社会性奖励,是最易心生嫉妒的。因为,这违反了"公正"的法则。

但是,还有一种"基因情结",将我们祖先对"公正"的朴素追求发挥到一个极端的水平。他们可以对整个宇宙的绝对秩序表示不满——怨恨上帝的不公平:为什么他们生来没有别人富有,没有别人聪明,没有别人漂亮,没有别人有"机会"?

于是他们嫉妒。

在现代生活中,嫉妒心的功用有时候很像机体的众多免疫功能中的一种:它会发炎,发炎时会很令人不快,会肿痛、会流脓……但完全不会发炎的机体,又往往缺乏了自我防御的机制。当然,有时候机体会不恰如其分地"过敏"性发炎。

一个规律是:当主体愈健康,这种"免疫"功能的行使和表现也往往愈健康有效。

不然,为什么会有那么多失调的免疫功能——如"自身免疫疾病"等。这也有如嫉妒心的褊狭使用。

但是，假如大众都完全没有嫉妒心，都一心一意地忠诚和奉献，那么骗子会更猖狂，私欲膨胀者会更攫取，病态而又掌控权力者会更如鱼得水。

其实，现代管理，不也是在某种程度上利用了这种人与人之间在一定范围内的嫉妒心的互相牵制吗？小到一个公司、团体，大到一个地区、一个国家的管理。

从动物性到人性

陈蓉霞

2008·08·17

美国有一位自闭症患者写了一本书：《我们为什么不说话》。在她看来，自闭症患者的大脑更接近动物。这是很能启发思路的。说起来，大脑由三部分构成：最低等的爬行动物大脑，掌管基本的生理需求；哺乳动物大脑掌管基本的情感；最后就是大脑新皮质，尤其是其中的额叶，掌管各路信息的整合。不用说，灵长类，尤其是人类，具有发达的大脑新皮质，它能对基本情感进行加工整理，使人类的情感世界以丰富多变的面目出现，如多愁善感、爱恨交加。自闭症患者的问题就在于，他们的额叶功能有所障碍，因而他们的情感世界更显单纯。由于动物天生额叶就不够发达，就此而言，自闭症患者似乎更接近于动物。儿童由于额叶功能尚未发育完善，因而他们也更接近于动物。比如，一条狗对主人的感情往往很单纯，很少有变心之说。我们以赤子之心来形容儿童，说的也正是儿童情感的单纯透明。记得丰子恺曾在文中记述，当他在外奔波回家后给孩子分糖果时，小的孩子往往表现出单纯的喜悦，但大女儿却已知道父亲谋生的不易，反而无法流露同样的喜悦，丰子恺不由得为女儿长大后的懂事感到些许悲凉，也许他更愿孩子永葆赤子之心。但若从神经生理学的角度来看，儿童时期那份不加掩饰的纯真倒是额叶功能尚未健全的表现。

  关于情感，研究人员概括出的四种基本类型——愤怒、恐惧、追逐猎物的冲动以及好奇心，在人类和动物身上都存在。说起恐惧，那可是一种古老的情感，缺乏恐惧感的无畏者在自然界必将被淘汰，因为动物，尤其是被食动物，生存于一个危机四伏的环境之中。但人类与动物不同，我们还多了一种情感：焦虑。大脑中的杏仁核与恐惧有关；而焦虑却源于新皮质中的额叶，难怪焦虑更多属于人类。两者的区别在于：恐惧来自外部对象；焦虑来自内心体验。如果你不小心踩到一条蛇，你会有恐惧感；但若你想到踩蛇这件事，就会感觉到焦虑。就此而言，焦虑更难摆脱。这一区分不由得让人想到存在主义哲学家海德格尔曾经论述过的两种基本情绪：怕和畏。怕源于某种具体对象；畏却是弥漫于心灵深处的一种情绪。也许在海德格尔看来，畏正是人之存在的具体表现，它与我们有限的生命如影相随。用孟子的话来说，人生于忧患，死于安乐。可是如今的世界，到处都有恐惧，却少畏惧和忧虑。我们也许会害怕一种具体现象，比如，害怕肥胖，害怕水质不好，但我们却忘了这一切正是因我们现代生活方式而起。莫非人性果真在向动物性退化？

  还有一种情感值得一提，这就是好奇心。动物天生就具有好奇心，因为所有的动物都必须在变化的环境中寻找食物和配偶，因此，它不得不对外界环境始终保持敏锐的警觉。曾有研究表明，大脑释放的多巴胺与快乐有关，比如吸毒上瘾者的多巴胺含量会上升。但最新的研究表明，多巴胺刺激的是大脑中的搜寻系统而非快乐中心。当动物感觉到周围有食物时，大脑的相应部分会表现活跃从而进入搜寻过程；一旦食物就在眼前，这一过程即停止。也就是说，真正使得动物感到兴奋的是搜寻的过程，而非食物本身。这似乎令人吃惊，但仔细想来却能解释动物和人的许多行为特征。猫捉老鼠，有时就是为了过瘾，享受捕猎过程而非真为果腹。人类的许多行为又何尝不是如此，我们出去探险旅行，所愿享受的就是人在路上的那份新奇和刺激。难怪叔本华有这样的名言：世界上的痛苦有两种：得不到的痛苦以及得到后的痛苦。就此而言，所有动物——人更是如此——本质上都具喜新厌旧性。儿童对此可谓表现得淋漓尽致，他们的兴奋点始终落在新鲜玩具、新鲜环境上。倒是驯化动物，因为过着安稳的生活，猎奇心理有所退化。好奇心还是学习的最大动力，但如今的教育却处处遵循驯化原则，由此更有可能磨灭学生与生俱来的好奇心。

休谟曾把联想看作是人类思维中与生俱来的能力，如今的动物行为学研究表明，动物和人类都天生具有这一能力，亦即我们生来就相信，如果两件事情接连发生，那么这一定不是偶然，而是有着某种因果关系。正是凭借这一能力，我们学会许多事情，在人类中，它更是成了一种推理习惯。事实上，要我们相信，两件接连发生的事情是巧合而非必然，倒是需要经过专门训练。比如统计学上就要强调，大量相关现象之间仅具统计意义而非因果联系。在这一方面，最突出的误解，或许就是相信"天生我材必有用"，相信世界是为我、为人类而存在。但要人类抛弃这类联想，谈何容易？

生活中我们常常为这样的问题而困惑：情感重要还是理智重要？也许是多年文明熏陶的结果，我们大多会倾向于认为，理智比情感更重要，动物也有情感，但惟有人类才有理智。记得休谟曾有这样的说法：理智受情感奴役。对此，我曾经怎么也想不明白，作为哲学家而不是诗人，休谟怎能把情感放于理智之先？但如今的实证科学却给出了合理的解释，相比于理智，情感更古老，情感的要义就是帮助动物生存下去，因而正常的情感系统要比认知系统更重要。其实当大脑工作时，情感与理智本是两个浑然难分的过程。有这样一种病人，他们的认知能力或智商完全正常，但生活却无法自理。问题出在哪儿？经过费力寻找才发现,原来这些病人缺少适当的情感反应,他们确是处于一种无忧无虑、与世无争的境界,同时却也失去了预测未来并据此做出决策的能力。原来正是情感,令我们从心动到行动。

谁都知道莎士比亚的经典台词:"生还是死?"这是一种理性的算计或较量,此时若不投入情感,哈姆雷特就会徘徊在两者之间,一事无成。欧洲中世纪曾有"布里丹的驴子"一说,源出于当时一位神学家布里丹的设想:当一头驴子面对两个同等距离、完全相同的干草堆时,它或许会因拿不定主意吃哪一堆而活活饿死。布里丹的原意是要证明自由意志的存在。但此中确有深意。以今天大脑生理学的研究成果来看,哲学家钟爱的"自由意志"或许就蕴藏于我们的情感之中。正是情感令我们摆脱因果律的束缚,自由地采取行动。人类的情感更为丰富发达,人类享有的自由也就比动物更多。

对于人性,哲学家曾经说过不少精辟的见解。而现在,随着神经生理学、动物行为学及其心理学的进步,哲学家的见解正在受到检验,我们已比过去的哲学家们掌握了更多的材料和资源,我们理应作出更深入的探讨。

主持,不能成为一门专业
孙祖平

2008·10·14

作为一个工种、一种职业,电视节目主持人起源于美国。然而,在主持人的故乡美国，根本没有培养电视节目主持人的专业教育，而且世界上所有传媒大国都没有这个专业。当我了解了这个事实后，真有些瞠目结舌。

在我国，现在已有将近两百所高等院校开设了主持人教育专业或专业方向，在校学生有数万之众；有关主持人的理论专著和教材超过一百种，平均每年出版十部以上；有关主持人的理论文章不计其数，文字量多达几千万字。

而在美国，在世界上其他的国家，上述这几项的数字，均为〇。

为什么除了我国，包括首先发明电视节目主持人的美国在内的其他国家，都没有专门培养主持人的专业教育，都没有关于节目主持的理论研究呢？

在我国电视节目整体水准较为低下的当下，能培养出上岗主持人的院校屈指可数。即使如此，每年仍有新的主持专业开张招生，且规模相当巨大，如西北某高校一届就招收主持专业学生200名，这是相当惊人的数字。与此相应的是，许多院校主持专业毕业生的就业率近乎于〇。这究竟是为什么呢？

原因很简单：主持不是一门独立的专业。

播音是一门专业，播音者运用有声语言，通过广播电视传播信息——解决的是有声语言如何表达的问题；而节目主持不仅要播音，还要创造被有声语言传播的内涵——解决运用有声语言说什么的问题。就电视节目自身的规定性来说，内涵或内容是节目构成的核心因素，离开了节目的本质属性，所谓"主持"只是一个动词——一个指代状态的抽象词汇。

从表面上看，"节目主持"似有两个概念组成：节目和主持。其实不然，"节目主持"是一个密不可分的一体化概念，"节目主持"≠节目+主持，而是一个节目和主持浑然融合的一体单元，如新闻主持、文艺主持、教育主持和服务主持等，都是节目的内涵和节目的呈现方式融汇一体的单位概念，"主持"不可能从节目主持中剥离出来，分割为新闻＋主持、文艺＋主持、教育＋主持和服务＋主持，新闻主持、文艺主持、教育主持和服务主持都是节目主持，却又是完全不同的节目主持，根本不存在一种能离开节目特定内容和形式而独立存在的一统"主持"。而我们现行的主持人专业教育却把"节目主持"看作是一种"节目＋主持"的二元组合，认为有一种"主持"能力的独立存在，只要学习掌握了这种能力，就能主持各种各样的电视节目，在"节目主持"这个二元概念中，"节目"可由任何形态、类型的内容和形式填塞，"主持"则永远一成不变。殊不知割裂了与节目的血肉联系，"主持"必定沦落为子虚乌有的存在。凡以"主持"定义的诸如"主持意识"、"主持思维"、"主持状态"、"主持功力"、"主持口才"、"主持语言"等特定概念，其实都是经不住深究的空幻之词。现行的主持教育正是建筑在这一实际并不存在的虚有基础之上。

打个比方，正如医生的概念是各种科目医生的抽象，医学专业是涵盖各种专门科目医生培养的上位概念；教师的概念是各种学科教师的抽象，师范专业是涵盖各种专门学科师资培养的上位概念；运动员的概念是各种项目运动员的抽象，运动专业是涵盖各种专门项目运动员培养的上位概念；那么，主持人的概念也是各种形态节目主持人的抽象，主持专业也应是一种能涵盖各种专门形态节目主持人的上位概念，可是在现行的主持教育体制中，下位的专门学业门类一片空白。正如我们不能在医生的概念层面设置一个不分科目、专门培养医生的学业门类，不能在教师的概念层面设置一个不分学科、专门培养教师的学业门类，不能在运动员的概念层面设置一个不分项目、专门培养运动员的学业门类，同样，我们也不能在主持人的概念层面设置一个不分类别、专门培养主持人的"主持"专业。

主持人的主持活动受制于节目的存在，有多少种节目就有多少种主持人。现已形成四大种类体系的电视节目：新闻节目、文艺节目、教育节目和服务节目，这四大类型节目担负着完全不同的传播任务。所谓电视节目主持人，其实是一群以电视为媒介和手段、从事着不同职业的专业人士：演艺人员、新闻记者和各种专门领域的工作者。节目主持人不是一种纯粹统一的职业，我们根本不可能用同一种"主持"专业的教学来完成这四大类完全不同的节目主持人的培养。

就总体而言，电视节目主持的外延包罗万象，主持人所面对的世界远比医生、教师、运动员面对的世界更为广阔、丰富、复杂，我们可以设置一个专门培养医生的医科大学，设置一个专门培养教师的师范大学，设置一个专门培养运动员的体育大学，还可以设置诸如政法大学、财经大学、建筑大学、艺术大学等专门学校，却无法设置一个专门培养主持人的主持大学。

就个体而言，电视节目主持的内涵具体驳杂，新闻节目、文艺节目、教育节目、服务节目等，每一类节目都是一个特征鲜明、范围广泛的节目系统，这就要求主持某一类节目的主持人具备既专又杂的学养素质，而这种庞杂繁博的专业需求远非大学期间通过某一门类学识的学习即可获得。主持人应是一档节目中具备了与节目内涵相关学养的最高专业水平者中的一员，是一个成熟的专业工作者，造就这样的人才需有前期的职业化打造和锤炼。也就是说，电视节目主持人必须具备来自电视之外的职业背景：从优秀的新闻记者中挑选思考力强、口才出众者出任新闻节目主持人，挑选聪慧机敏、善于造势的演艺人员出任综艺娱乐节目主持人，其他类型的节目主持人也应由这样的途径选拔，而不是把学习某种专业的学生直接输送至电视机构担纲一线主持人。从这个意义上讲，节目主持人的培养无须由所谓主持专业培养，那更是一种自然态的二级选拔机制。

我国现行的主持专业，在"主持"的名分下所实施的其实是有关播音、戏剧台词、口才、肢体语言等方面的课程教育，是一种以说好普通话和用普通话说好话为主的口语应用训练。在国外，这些都属于演讲、口才、访谈类的课程。节目主持离不开口语应用能力，但口语应用不等同于节目主持，决定主持人生存本质的是与节目形态相匹配的学养素质和文化才情，而非只是技能操练。更为荒谬的是，因为这一专业大面积地仓促上马，诸多一目了然的常识性错认和误识，被煞有介事地夸饰为既有理论基础又有应用技巧的知识灌输给学生，诸如此类的教学乱象如放在其他学科领域，绝对是匪夷所思的事情。

　　主持不成其为一门学科专业，我们这二百所院校的主持专业怎么办？作为权宜之计，可对其进行"戴帽加冕"的改造——给主持人以一个身份的确认，让学习"主持"的学生再习得一门除口语传播以外的专业主课，予以分门别类的培养：新闻主持人、文艺主持人、体育主持人、财经主持人……与其说新闻主持、文艺主持、体育主持、财经主持等是"主持"麾下的一个专业，还不如说是新闻、文艺、体育、财经诸专业的一个培养方向。目前能培养出一些主持人的屈指可数的学校，其实也是因为拥有较为优质的教学资源和办学传统，且有着潜在的专业培养方向。如中国传媒大学播音主持专业以多种文化学科群支撑的"广播电视语言传播"作定位，培养的是播报型主持人；上海戏剧学院主持专业的"表演"课程成为事实上的专业主干课程，培养的是综艺娱乐类主持人。所以，把新闻、文艺、体育、财经等作为主专业，和口语传播放在一起施教，兴许才是当下培养主持人的可行之路。

　　主持不是一门独立的专业。那么多院校的还在日趋膨胀的主持专业，再也不能这样办下去了。

二〇〇八年九月二十六日

国籍与族裔

沈 坚

2008·11·10

今年诺贝尔化学奖得主之一的钱永健，日前骤然成为吸引中国公众眼球的学术明星，很大程度上大约还在于他的华裔背景以及同钱学森的亲戚关系。有中国媒体记者在采访时贸然提问："您是中国人吗？您会说中文吗？"钱先生用英语答称："不太会说。"尔后又被问到："先生的成就对于一个中国科学家来说意味着什么？"钱先生对此则坦然应道："我在美国长大，并一直在这里生活，我不是中国科学家……"

他说得一点不错，提问者倒显得颇不得体，更不礼貌。不过，话说回来，提问的记者恐怕亦非始作俑者，不过沿袭了国内某种传统的思维定式而已。若干年前中美关系甫露解冻迹象时，我们的某些媒体就制作并一再重复过某些似是而非的说辞，所谓"美籍中国物理学家"云云。说多了，说久了，习惯成自然，似乎就成了一种言说和思维惯性。

作为一个1952年出生在美国纽约，从小就在美国氛围下接受教育，饱受英语文化熏陶而汉语知识确颇有限的知识分子，难道仅仅因为钱先生的祖籍地是中国，父辈或祖辈源自中国，就完全忽视他的总体背景而认定他是中国人吗？这种一厢情愿其实并不合乎法理，至少也是极不严肃的。

"中国"有时是一个国家概念、政治与法律概念，不完全是文化的或血缘的概念。所谓"中国人"，这时是跟具有中国法律身份的人联系在一起的,即指具有中国国籍的公民,岂能给已经或始终持有他国护照、认同并效忠其他国家的人随意套一顶"中国人"的帽子?英语中的 Chinese 一词,既有"中国人"之意,也可表达为"华人""华裔",前者具有法律角色的意涵,后者则更多地代表了民族身份、族裔身份,实际运用时自当视具体对象和情况而定,切忌胡乱混用。所以,对钱永健身份的准确表述,应该是华裔美国人或美籍华人、华裔美国科学家。这既遵循了基本事实,又体现了对其本人意愿的尊重。

此次同时分享诺贝尔物理学奖的几位日本裔科学家中,南部阳一郎是生活在美国的日裔居民,应称作日裔美国科学家,而小林诚、益川敏英则是地地道道的日本科学家,这里的身份特征显而易见,其间是各有区别的。美国原本就是一个以移民为主的国家,其人口的绝大多数,是由五百年来世界其他大洲迁入的移民或其后裔构成的,大多数美国人都有自己各不相同的祖居地,五花八门的族裔背景,只是共同的国家认同意识,才将他们连接到了一起。若是过分凸显他们各自的族裔背景,依某些国人想象的"美籍中国××"逻辑,称谓上必会造成紊乱,闹出许多笑话。那样一来,南部阳一郎将会被称作"美籍日本科学家"。而出自爱尔兰移民家庭的美国前总统肯尼迪、尼克松,则成了"美籍爱尔兰政治家";基辛格、布热津斯基也将变作"美籍德国或犹太政治家"、"美籍波兰政治家",而更多的来自英国的移民后裔,又该被称作什么呢? 华盛顿不是该叫"美籍英国政治家"了吗?

由于历史的原因,华人广布世界各地,许多人早已加入所在国国籍,有的还成为当地国家的主体国民之一,例如新加坡。以法律身份而言,那里占人口大多数的华裔居民实际上就是新加坡公民,如果我们罔顾需要得到尊重的这一事实,而杜撰出什么"新籍中国××"之类的衔称,那就很不合适了。我们既然要融入世界,就得学会如何正确看待自己,看待他人。

高架生存

詹克明

2008·05·05

　　原始森林遮天蔽日难见蓝天。参天大树拔地而起直指苍穹。为了争夺头顶上那孔阳光，每一棵树都在奋力往高里长。

　　这是一场比速度、争高度的竞争，它绝对地向优势者倾斜。如同普里高津耗散结构理论中的"正反馈"机制，它让强者更强，弱者更弱。在争夺阳光的残酷比拼中，淘汰了那些不成材的荏弱之辈，留下的都是强者。这些比肩而立的"强木"并非彼此不存争雄之心，只是大家力气都已用足，再无余力压倒对手，只好互相承认各自的存在，分享头顶上的阳光。这就是"森林"。

　　从空中俯瞰森林，那林冠看起来真跟大草原或灌木林没什么两样。如此看来，整个森林不过是一座用亿万根"木柱"架高了的空中大草原罢了。就像"高架公路"，无非是用水泥柱子把公路撑在空中而已，对开车人而言在高架路上驾车的感觉与地面公路没什么异样。所不同的是，高架公路的修建是缘于地面交通紧张，只好路上叠路，把它架高。而对森林而言，林冠被架高占的是这块地，降下来占的还是这块地，并没有因"架高"而提高林地的使用效率，纯粹是因为彼此间的激烈竞争，才把大家都逼成这样一种"高架"生存方式！

　　望着光溜溜的挺直树干，我总觉得林木痴长到这般高度有点冤枉。对林冠而言，树干长成十米它得这点阳光，长成三十米也得这点阳光，但是按照物理学原理，水柱每增高十米，其底部所受压力就要增加一个大气压（约合每平方厘米多承受一公斤压力）。须知，在树冠上进行光合作用，其所需的水分和营养物质全都要从根部吸收，并通过树干中的"维管束"向上输送，三十米高的输运显然比十米要花三倍力气才行。资料表明，一棵大树每天通过树冠可以蒸腾掉1 000升的水分，架高树冠相当于此树每天要把一吨水和营养物额外地多提高二十米，这将会徒耗多少能量！（如果让你试试，每天提一吨水爬到八层楼，想必也会累得够呛。）何苦这样呢，大家一齐降它二十米不好吗？不仅阳光一点没少得，还只需花费三分之一的输送力气，享百利而无一害，何乐而不为呢？再者，这多出来的二十米干茎要白白消耗多少宝贵的生物材料啊。生物学家研究表明，森林里的云杉树，其树茎所占的"生物量"竟然达到全树的42%，远比根系或树冠为多。好端端的生物材料仅仅因为同类之间的互相比拼就将其半数积压在干茎上，而且平时还得花大力气高程输送，以维持这等无谓的"架高"，真是愚不可及。要知道，用同样这点材料足可以打造两座森林。

"争"也许是生命的本性，它无需思考，连木头木脑的大树都能做到。但它到底如何感知到周围树冠侵占了自己的阳光，而让自己奋起直追的呢？也许万物皆有"觉"，连一块石头抛上天，它都能知觉地球"引力"而朝下落。吾等非树焉知树之无觉。

其实人之相争远远甚于树之竞存。而且若究其源，这人世之争也并非全因物质匮乏所致，有时物质产品丰富了，生活水平提高了，人的社会竞争压力非但没有减轻，反而还会日益加重。以上海为例，六十年代的大学毕业生，人人都是60元工资，大米一角六分一斤，肉则不满一元，书不过几角钱一本。看病只需出一角钱挂号，其他费用，诸如配药、检验、拍片、手术、住院，都不需要交钱。虽然住房紧张，生活不富裕，没有任何家用电器，但对相当一部分人来说，生存压力并不大，（只要不搞人为"斗争"）日常生活自会如履平地般的踏实。如今小康了、富裕了，生存压力反而加重了，人们不由自主地被推拥到一种高架生存方式。刚刚参加工作存款无多，便贷款买房购车，先自扛"枷"，当它几十年"房奴"，更兼"车奴"；国人小富即奢，争相耀富，一时多少"商奴"。如今并不富裕的中国已然成为世界顶极名牌奢侈品的第三消费大国，即将超过日本名列第二。呜呼，奢人炫富富外国，国外富富炫人奢。

  这三十年来，教育大大地普及了；但与此同时，教育也被架高了。为了考上一个名牌高校，千军万马过独木桥的那最后一搏，就是必须考入重点高中，为此就必须能考上最好的初中，又为此小学期间就必须彰显优异，除学习成绩好，还要有其他等级证书、竞赛名次，如奥数、作文、陶艺、钢琴、英语（有的小学生竟然达到英语四级水平，让大学生都为之咋舌）。小学生本该有着充满欢乐的幸福童年，如今却让这些幼小"学奴"背负着如此沉重的负担。小学被极大地架高了，初中又被全力以赴地架高了，高中更是被拼命地架高了，等到进入大学这一最高的"林冠"层次，倒反而稀松了。如此被层层架高，却未见根深叶茂。现在一年所培养的大学生人数远远超过建国前所有时代的大学毕业生总和，我们十年培养的大学生人数足可相当一个中等国家的总人口数（诸如匈牙利、瑞典、捷克、比利时、葡萄牙、希腊、古巴），但我们又培养出多少世界一流的最具创造力的大学生？ 教育把全民搞得这样累，让青少年饱受着当今世界最为沉重的学习之苦，却又培养不出世界学界最高等级的拔尖人才，这种被层层架高了的应试教育，正亟待新一轮的改革。

  我们的医疗被架高了。由于药厂之间的无序竞争导致了医药界各种各样的违规操作，如向医院派驻"医药代表"，付给购药"回扣"，再加之医院收入与药品价格挂钩，使百姓看病越来越难越来越贵。有时一个普通的感冒就得花费数百元。据报载："一盒'华蟾素'注射液每盒原价三元，为了让这些药品得奖，能挤进医保药品行列，要去打通关键部位人物，后来成功了，结果同样的药品卖到288元一盒（经招标降价为266.8元），据说，现在一盒回扣是50元。"老百姓在这种"高架医疗"环境中不仅看不起病，还缺少安全感，谁知道你开的贵药是否真正符合病情之需，是否是最为合理的"对症下药"。只要医院收入与药价挂钩就很难做到处方准确客观，也无法根除药价诱动。最近医疗和医保的改革，不正是出于对这种攀高现象的警觉？

我们的电影被架高了。好电影不是靠钱堆出来的！国外一些堪称经典的电影，如《简·爱》《罗马假日》《音乐之声》，按如今的标准都算不上是什么"大制作"，但却有着永恒的魅力。而国内一些耗资数亿的大片倒反而有如"泥足巨人"（实为"艺术侏儒"）站不起来。尽管耗费巨资、场景豪华，聚集了阵容强势的大牌明星、外籍演员，不惜重金地借助各种媒体进行狂轰滥炸式的宣传，再加上导演明星组成强大的招摇团队一个城市接一个城市地游走推销，但等到观众花了高价看过这些亿元滥片之后无不高呼上当，气愤之下甚至恶搞连连。这等巨资滥作不仅艺术价值极低，其艺术寿命更远不及那些经典电影的百分之一。电影被架高，一个最直接的后果是——电影票价抬高了。

我们的话语被架高了，习惯于套话连篇，空洞无物。看似大块文章，滔滔不绝，然而其信息量却几近于零。因为按照信息论的通俗表达，"信息"就是消除"不确定性"！如果某人一脸庄重，在大庭广众面前"负责任地"宣布"太阳明天将会从东—方—升—起"（全场鼓掌），其实他这话等于没说，因为他所讲述的乃是一个完全确定的事实，在他这种故作郑重的言谈中并没有消除任何的不确定性。也常见一些基层管事的领导，在庄严的会场上语气铿锵地讲完一通尽人皆知的大道理后，该结合本地实际情况着重谈其具体打算了，他倒反而没词了。自然界哪里会有这种不长树冠的"森林"！但在熙熙攘攘"社会土壤"上，此种风景倒是绝非罕见。

"高架生存"真正的受益者倒未必是生存者本身，得便宜的往往都是他人。

树与树的竞争使森林成为"高架草原"，那超高的树干都给人类砍去做栋梁之材了。树自身并未从这种"架高"中得到好处。

"高架生存"也常导致人们的愚型消费,不仅偏离了脚踏实地的正常生活,偏离了和谐有序的生存状态,而且还人为地凸显了贫富差距,彰显了社会不公。这样的社会必然要为自己的虚妄浮华付出代价。

人的精神和物质生活需要总是在不断地发展;但作为一种生存方式,能不架高就尽量不要去人为架高。就像修建公路,地面交通不紧张时就没必要硬是把公路架在空中。平实自在的生活才是最惬意的生活,最符合人们本来意愿的生活。有幸享受平实,不仅完全不会失去其本真自我,还能安舒于生活中最稳定的"基态"!

前进到……自行车时代?

2008·10·29

唐 韧

中国从自行车时代进入摩托车时代再进入汽车时代,有十几二十几年的过程。现在正在把"有车"当作"成功人士"的标志。这是跟在发达国家后面的前进和发展。在电视剧中,高速路和立交桥上的钢铁甲虫群经常作为插入画面标志现代化社会的背景。单车,只属于十七岁打工仔的理想。

私家车普及之后,再进化呢? 我们的思路一般是向着更快更高科技更值钱更豪华……升级的。

那么,私家飞机吧? 不大现实,发达国家好像还没有这个迹象。

若仅从目前看有两种可能：

有私家车人士越来越多；

私家车数量到一定程度便逐渐下降。

过去没有想过第二种可能，因为那好像是逆现代化潮流而动。但是一位最近到过荷兰的朋友说，荷兰的私家车已经明显少于美国了，现在他们那里是"满大街自行车"。人们主要靠自行车和公交车代步。也就是说，第二种可能如今不只是"可能"了——发达国家已经出现了这个迹象。问题是，我们跟不跟？

最近读了一本《聚焦——来自一个正在变暖的世界的讯息》（华东师范大学出版社2008年版），美国资深气候专家马克·利纳斯全球旅行，到处寻找地球气候恶化的证据，以数字、文字和照片展示给世人看，因为这些信息是"以一种几乎让人无法觉察的方式降临到地球上的"。

英国洪水，美国飓风，这是新闻常常报道的。在阿拉斯加，冻土融化，已造成大量建在冻土层上的房屋歪斜，门窗不能打开，不少房屋因下沉得无法居住而废弃。即使勉强住着，人们也自嘲"小腿肌肉得到了锻炼"，因为家里的地板是倾斜的，"你总是在山坡上"。以前由冻土支持的柏油路，路边的防护栏"扭曲成奇怪的形状，巨大的裂缝使得黑色的柏油路面四分五裂"，森林因为失去冻土层的支持，云杉东倒西歪，变成了"醉森林"。而开采石油的企业和工人与绿色组织发生冲突，认为后者阻止油田开采是不让他们过好日子。作家找到父亲年轻时在秘鲁利马附近拍摄的常年不化的巨大冰川原址，从原来角度拍下了一座基本裸露的山岩——冰川没有了。作家在南太平洋上采访了已经开始被海水淹没的26平方公里的小岛国图卢瓦，那里的机场和一些官方建筑已经泡在水洼里，虽然每天还在郑重举行升降国旗的庄严仪式，但人们已经忙着移民新西兰。本来每年允许的移民配额是300人，但总共一万人口的国家，一下走掉这么多人会使全岛人烟全无，社会支离破碎，所以降为每年75人，退休的老首相托里皮曾经在促成《京都议定书》的会议上演讲，现在该国的九个岛中的一个已完全淹没，没有了任何活的植物，只有岛的基部，只有石头和沙子了。托里皮悲壮地宣称，他的孩子们应该离开，但是他决不走，他会与图卢瓦"共进退"。作家还到了中国甘肃的武威，只拍一张沙尘暴照片的功夫，沙尘已经侵入嘴里、耳朵里、头发里和肺里，沙暴已能穿透房屋，沙暴来时屋里弥漫着烟一样的灰尘……

获得了这样全球视野的人，才可能获得不是"表演环保意识"的沉痛焦虑。

他的一段话与本文开头时提出的问题有关：

交通仍是造成全球变暖的祸害中增速最快的一个。……解决的方法很简单：减少汽车使用的频率，短途的话就步行或骑自行车，长途的话则乘公共汽车和火车。

对大多数城市居民而言，汽车是个不必要的奢侈品。妨碍了公共交通的发展和运行。……（如果要搬重物和匆忙要去什么地方）便宜的做法是采取拼车的方法，让多数人分摊使用汽车的费用。

有理由相信，再现代化下去，必定会有更多人支持这样的生活方式。尽管目前很多人不愿意不相信有那一天（其中的一部分，是与小汽车的制造和销售有直接经济利益关系的）。

在荷兰，到处可以租到自行车，租自行车的企业已经形成大规模的托拉斯，如果从城里上郊区，可以租车骑过去，到达地方后，把车交还到郊区的同一租车企业，自己坐公交车回来。人们不需要自己拥有、保管和保养私人自行车，也就不用担心车被偷了。中国有的城市也已经开始出现这样的企业了，祝愿它前途无量——

那里空气质量应该在好转中。

那里人们的体质也应该在提高中。

当然，那里的自行车制造业也该在不断改进中。

还有，那里的城市交通管理该会比今天少伤脑筋。

归根结底，现代化是让人生活质量提高的生活方式，呼吸质量、体能状态和适宜的气温无疑是生活质量中首要的指标。到那时，成功人士的标志，可能是肺的颜色和腰腿肌肉的结实程度，而不是养没养一辆豪华车。

莫惊慌，一九二九不再

沈致远

2008.12.22

约翰是麻省理工学院（MIT）毕业的工程专家，在跨国大公司历任高职。我们是多年好友，推心置腹无话不谈。最近他问我："你知道大萧条吗？"我说："听说过一点，愿闻其详。"约翰说："生产过剩，工厂关门，工人失业，失业率一度竟高达25%！银行被挤兑而纷纷倒闭，个人存款顷刻化为乌有。我老家所在的宾州小镇，许多人家缺吃的，只好在寒风细雨中排队领救济餐。"我说："罗斯福总统实行新政（New Deal）……"约翰接下去说："杯水车薪成效甚微，你知道吗？直到第二次世界大战爆发，美国经济才逐渐复苏。今日之事不亚于1929年大萧条，会不会再来一次？"我说："莫惊慌！没那么严重。"

这样说是有根据的。对于这次金融危机爆发，我曾在《十年教训耳边风》一文（载10月27日"笔会"）中说，西方社会没有真正吸取近十年来金融危机的教训,但这只是一方面;还应该看到,1929年大萧条的惨痛教训却是被吸取了的。这表现在以下三方面——

美国在当年大萧条中失业率高达25%。失去工作没有收入,一家老小就要挨饿;有四分之一的家庭陷入困境,这是非常可怕的。这几年来固然有不少公司大量裁员,如今美国的失业率在6%左右,经济继续衰退,预计失业率会上升,但决不会到达25%。原因在于,美国确实吸取了大萧条的教训,失业者有社会保障,可领取失业救济金,还帮助他们学习新技能,增加另行就业机会。更重要的是,经过二十世纪科学技术的飞速发展,生产力已今非昔比。随着全民教育水准的提高,电脑及网络等信息手段的普及,如今美国自行创业者大为增加。被裁员时"山重水复疑无路",却说不定因祸得福,胜过为人作嫁。

大萧条经济之所以失控,一个极为重要的因素是民众失去信心。1929年美国银行大量倒闭,广大存户的存款血本无归,这是对民众信心的致命一击。任何银行无论大小,都经受不起群起挤兑。美国吸取了教训,建立起联邦储蓄保险公司(FDIC),由各银行付出少量资金作为小额存款保险基金。如有银行倒闭,FDIC对存款额少于25万美金的每个存户偿付全额本金,这在金融动荡时期起到安定民心的作用。这次金融危机袭来,华尔街大投资银行倒闭者有之,被低价并购者有之,亏损连连无一幸免。但储蓄银行除加州一家外,未闻有发生挤兑者。别小看了FDIC的作用,此举可能是2008年金融危机不同于1929年大萧条的关键一招。道理很简单:金融业务的本质是借贷关系,借贷双方系于信用,信用的基础是对偿付能力具有信心,一旦丧失信心,金融大厦就轰然倾倒。有FDIC保险,广大民众对银行存款安全具有信心,1929年银行倒闭存款血本无归惨剧就不会重演。这次金融危机开始后,英国很快也建立了相似的保险基金,有效地防止了挤兑的发生。其实中国也可参考这样的方式。

1929年大萧条时,危局由美国独力支撑,大厦之将倾一木难支,当政的罗斯福总统虽使出浑身解数,推行新政成效不彰。如今世界形势与当年大不相同，美国是全世界最大的经济实体，与各国之间有千丝万缕的经济联系，牵一发而动全身。美国金融危机如不及时化解，祸延全球，国无大小难以幸免。为化解金融危机，欧美和亚洲各国全力以赴救市，就是认识到"一荣俱荣，一损俱损"，同舟共济是唯一出路。

基于上述三项因素，这次金融危机虽然规模远甚于1929年大萧条，相信不须等待十年，就会看到复苏。

痛定思痛，这次金融危机揭露出，现行金融制度存在重大缺失涉及根本问题，亟需整顿。有人对之丧失信心，我亦不苟同。金融制度犹如人，哪有不犯错的？ 关键在于是否具有自我调整功能。经历二十世纪经历大萧条和两次世界大战而终于能活过来，这也证明了人类社会具有浴火重生的顽强生命力。所以，我的结论是：莫惊慌，1929不再！

不想返回 不许返回
—— 朗诵两首诗有感
过传忠

2008·07·25

作协近日举办了一次"城市，让生活更美好"的全国征诗活动，并出版了一本佳作选集《城市之光》。我有幸在上海图书馆和电视荧屏上朗诵了其中的一等奖作品《让我们一起向前》（作者陈元喜），出乎意料地获得了听众们强烈的共鸣与反响，于是，引起了一些思索。

　　说实在的，对一些多少带点"抽象派"味道的新诗，我们这些上了些年纪的人往往不大敢领教。就拿这首来说吧，一上来就是——

　　　　如果让汽车返回
　　　　就是一堆铁
　　　　让铁返回就是石头

　　什么话呢？ 稀奇古怪的。还说，高楼"返回"是钢筋水泥，再"返回"也是石头。那么，石头呢？

　　　　如果返回就是火焰
　　　　让火焰返回
　　　　就是冰冷和沉默

　　有点意思了。原来诗人是在回顾一个过程：从"冰冷和沉默"的混沌一片的苍茫宇宙，到火焰的熔岩冷却为矿石，再由矿石炼成钢铁，直到变成当今社会的象征高楼和汽车，人类文明发展进化的轨迹原来是这样的。只是诗人在倒着推算，在"返回"，在让我们清晰地看到并相信，高楼和汽车的源头实际上是"冰冷和沉默"。思考的广度和深度都非同一般。

　　于是，我们的思路跟着诗人插上了"返回"的翅膀：繁华的南京路，往昔是"黑暗"；高耸的明珠塔，起源于"荒凉"；所有的"水"来自"梅雨"，并曾陪伴人们"流浪"；兄弟和姐妹的过去则是"哀叹"的"汗"和"心痛"的"泪"；就连如火的"青春"，不久前也曾纠缠在"饥饿和迷茫"之中。

　　由此，一个让无数读者和听众共鸣的结论理直气壮地得了出来——

所以，我们不想返回

是啊，别小看了如今的"工地"和"玉兰花"，别低估了"陆家嘴"和"超速电梯"，这些同"微笑"、"爱情"和"阳光"紧紧连在一起的形象，组合成一条通向理想的"康庄大道"，如果"返回"，走回头路，将会是什么呢？

不由得想起了另一首诗：流沙河写于1984年的《不再怕》。那年国庆游行的队伍中，北大学子打出了"小平，您好！"的横幅，诗人以此为触机，一口气写了四段二十四句"不再怕"，写到了中国的知识分子、农民、学生、干部们，不再害怕过去所害怕的种种，其中也写到了张志新，而每段结束，都喊出了一句："小平，您好！"

二十多年来，在各种场合，这首诗我朗诵了多少遍已记不清了。每当读到这段的后两句时，我都会语气哽咽，泪充眼眶，因为，活生生的张志新同志的形象似乎又站到了我的眼前，她勾起了我太多的回忆和联想。那浓重的梦魇一般的黑暗岁月，那些岁月里一桩桩一件件如今已令人难以置信的事情，当真逝去了吗？是的，历史的这一页确实翻过去了，而且，永远不许它再回潮了。仅就这一点而言，难道还不应当发自肺腑地高呼一声"小平，您好！"吗？难怪每朗诵到这里时，台下都以热烈的掌声来表示认同和响应。

这两首诗的作者估计互不相识，写作的时间也隔了多年，但作品却是一脉相承的。《让我们一起向前》中所"返回"的，正是《不再怕》里当年人们所"怕"的内容；而如今之所以对这一切能"不再怕"了，也正因为人们不仅有了"不再怕"的愿望和决心，而且有了将它变为现实的有力保证。诗是高度凝炼的艺术，为读者提供了充分的思索和想象的空间。如果说，前首诗所提到的不想"返回"的"荒凉"、"黑暗"、"饥饿"和"迷茫"，或许还比较抽象的话，那么，当这些词语一旦在后一首诗里具体化为"穿小鞋"、"戴高帽"、"花瞎锄"、"书乱烧"，一直到"爱人民"会"被诬为右倾"、"国法"会平白无故地"被谁撕掉"时,"返回"就不只是"不想",而且绝对应当是"不许"了。不许走回头路,返回是没有希望的! 诗人用深沉的思考和赤诚的良知扣动了人们的心。该告别的日子,已逝去三十年了。当事者有的已经开始淡忘,更不用说那些未经历者,更是会把往事当作天方夜谭。但诗人,以诗的语言,抽象也好,具象也罢,把这一幕幕的景象又推到我们眼前,而且用坚实的哲理把它"包装"起来之后,你能不打从心眼里接受吗?

"不景气"也好,"边缘化"也罢,诗歌,只要同时代,同人民,情感在一起交融,脉搏在一起跳动,生命力还是能旺盛地勃发的。"让我们一起向前",倒退没有出路,诗歌也是一样的。

人间烟火
RENJIANYANHUO

选自良友版木刻连环画《我的忏悔》,麦绥莱勒作

妹妹的恋爱

李 娟

2008·02·15

在阿克哈拉,追求我妹妹的小伙子太多了! 一轮又一轮的,真是让人眼红。为什么我十八岁的时候就没这么热门呢? 心理不平衡。

我妹妹刚满十八,已经发育得鼓鼓囊囊,头发由原先的柔软稀薄一下子变得又黑又亮,攥在手中满满一大把。但是由于从没出过远门,也没上过什么学,显得有些傻乎乎的,整天就知道抿着嘴笑,就知道热火朝天地劳动,心思单纯得根本就是十岁左右的小孩子,看到有彩虹都会跑去追一追。

就这样的孩子,时间一到,也要开始恋爱啦。卢家的小伙子天天骑着摩托车来接她去掰苞谷啊收葵花什么的,晚上又给送回来。哎,这样劳动,干出来的活还不够换那点汽油钱的。

卢家的小伙子比我妹妹大两岁,刚满二十。黑黑瘦瘦的,个子不高,蛮精神,说起话来头头是道。我妈看在眼里,乐在心里。据说这孩子是所有追逐者中条件最好的啦,家里有二百只羊、十几头牛、十几匹马、一个大院子,在下游一个村子里还有磨面粉的店铺,还有两台小四轮,另外播种机啊,收割机啊,这机那机样样俱全,再另外还有天大的一片地,今年收了天大的几车草料,院子里垛得满满当当,啧啧! 这个冬天可是有得赚了! 而且小伙子还有些焊工的技术,冬天也不闲着,还去县上的选矿厂打点零工什么的,又勤快又踏实……听得我眼馋坏了,简直想顶掉妹妹自己嫁过去算了。

不过这些都是卢家老爷子自己说的,说完就撂下一条羊腿很谦虚地走了。我妈悄悄跟上去侦察了一番，回来撇嘴："什么两百只羊啊，我数了半天，顶多也就一百二三十……"

尽管这样，这孩子家条件仍是没得说的。当卢家撂下第二条羊腿以后，这事就定了十之八九啦。

我妹妹个子不高，胖乎乎的。和卢家小伙子确定关系之前一直在附近一处建筑工地上打工，整天筛沙子啊，和水泥啊，码砖凿石头打地基什么的。天刚亮就得上工，直到什么都看不见了才回家，一天拿三十块钱。整天蓬头垢面的，球鞋上一边顶出三个洞来，头发都成了花白的了，一拍就窜出一蓬土，一直拍到第十下，土的规模才会渐渐小下去。

后来就不在那种地方干了，直接到卢家去打工，帮着剥苞谷壳子什么的，一面培养感情，一面抵我们去年欠下卢家的麸皮和苞谷碴子债。

当然了，她自己这个当事人根本还蒙在鼓里呢，什么都不知道。我们哪里敢告诉她啊！ 去年的这个时候，也有人跑来提亲，我们想着她也大了，该知道些事了，就原原本本同她商量。结果，可把她吓得不轻，半年不敢出门，一出门就裹上大头巾，一溜小跑。

所以今年一切都得暗地进行了——先把上门提过的人筛选一遍，品行啊年龄啊家庭条件啊，细细琢磨了，留下几个万无一失的孩子，然后一一安排种种巧合，让他们自个儿去揉巴，看谁能和谁揉到一起去。

所有小伙子中，就卢家小伙子追得最紧，出现频率最高，脸皮最厚，而且摩托车擦得最亮。于是到了最后我们全家人的重心就都往他那儿倾斜啦，天天轮流当着我妹的面唉声叹气：要是还不清卢家的麸皮债，这个冬天可怎么过啊？ ……于是我妹深明大义，为了家庭着想，就天天起早摸黑往卢家跑，干起活来一个顶俩，可把卢家老小乐坏了——虽然都知道我妹妹是方圆百里出了名的老实勤快人，但没想到竟然老实勤快成这样。真是捡了天大的便宜啊！

在我们这里，小伙子找媳妇可难了，就是有钱也难找到。因为当地的女孩子都不愿意呆在这么偏远穷困的地方,一门心思尽想着往外嫁。而外面的姑娘谁又愿意嫁进来呢? 咸碱水、风沙、蚊虫、荒凉寂寞,酷暑严寒交加凌迫,夏天动辄零上三四十度,冬天动辄零下三四十度,出门放眼看去全是戈壁和成片的沙漠。哪个女孩子愿意一辈子就这样了呢?

我妹恰恰相反,死也不肯出去,挪一步都跟要老命似的。今年春天的时候,我们给她在恰库图小镇找了个事情做,恰库图在一百多公里以外的国道线边上,算是我们乌河这一带最繁华的地方了,谁知道人家干了没两天,就悄悄溜了回来,嫌那儿人多,吵得很。

而且我妹又那么能干,夏天喂鸡的草全是她一个人拔回来的。总是在下午最晒的时候顶着烈日出门,赶着傍晚凉快的时候才回来。那一百多只鸡,比猪还能吃,但光靠吃草,硬是给拉扯大了。另外,家里的两米深的厕所和三四米深的地窖全是她一个人挖出来的。家里一天三顿饭也是她做。一闲着了就拎条口袋沿着公路上上下下地走,把别人扔弃的矿泉水瓶子啊易拉罐啊什么的统统捡回家。在我们这里,一只矿泉水瓶子可以卖八分钱,一只易拉罐一毛二分钱。

春播秋收时节,附近谁家地里人手若是不够,第一个想到的就是我妹妹。不过今年秋天不行了,找上门来要人的人,一个个失望得下巴都快拉掉了。

十七岁、十八岁,虽然只相差一年,但差别太大了。去年还是一个倔犟敏感的少女,现在一下就开窍了似的。虽然这件事上我们都瞒得很紧,但她自己肯定感觉出了什么,并且……还有所回应呢! ——第二天赶在卢家小伙子过来接她之前,我就看到她把各破了三个洞的球鞋脱了,换成压箱底的新皮鞋,还欲盖弥彰地解释:"呃,昨天汗出多了……那双打湿了……呃,湿透了……"

——到了第三天,又把灰蒙蒙的运动衣换成了天蓝色的新外套。——干活穿什么新衣服啊? 但我闭了嘴,什么也没说。她自己都舍得我还多什么嘴啊?

——一拍一蓬土的头发也细细洗净了，从此做饭倒煤灰时，头上都小心地包着头巾，下地干活也不忘包着。

　　她的头发长得非常快，夏天怕热，就经常自己随便剪一剪，喀嚓喀嚓，毫不心疼，弄得跟狗啃过似的。现在呢，专门跑来要我给她修一修。

　　唉，怎么说呢？只能说明卢家小伙子太太太太太太太厉害了！

　　我们这里没电，晚上早早地吃完饭，就吹了蜡烛顶门睡觉了。可是自从小卢展开行动之后，我们全家奉陪，每天很晚才能把他送走。这使我外婆非常生气，埋怨个不休，因为太耗蜡烛了。

　　关于妹妹的事，外婆也什么都不知道，因为老人家嘴恁快，大家瞒妹妹的时候顺便把她也给瞒了。

　　可我外婆何等聪明啊，虽然九十多岁了，清醒着呢。所以当小卢连着三个晚上按时拜访后，便冷静下来，按兵不动了。当小卢告辞时，也开始装模作样地挽留一番。人走后，边洗脚，边拿眼睛斜瞅我妹，说："哪么白天家不来？白天家来呷了，老子也好看个清楚……"

　　到目前为止，我们家里仍然还在坚决反对这事的就剩下琼瑶了。琼瑶是我们家养的大狗，也是阿克哈拉唯一咬人的一条狗，凶悍异常，害得小卢天天都走后门。可是走后门也瞒不过琼瑶，只要小卢一进门，就趴在窗台，狗脸紧贴着玻璃，愤怒地龇着白牙，喷得满玻璃都是唾沫。还不停地用狗爪子猛烈拍击窗户，用狗头去撞，铁链子都快给挣断了。而外面窗台边刚粉好的墙壁上也给狗爪子划出了一大片深深的平行四边形格子。

　　小狗赛虎则欺软怕硬，整天就知道咬小朋友。眼看着小卢进门，远远地狂吠几声便夹着尾巴飞快地闪进隔壁屋里躲着。

　　偏偏小卢就不肯放过人家（也可能因为他觉得就这样啥理由也没有地呆呆坐在我家面对一屋子人守着蜡烛等它燃完实在是……太蠢了点……），一到我家就满屋寻着赛虎玩，强迫人家呆在自己脚边。吓得赛虎大气都不敢出，低耷着脖子，埋着脸，夹着尾巴，身子战战兢竞，四条腿却笔直地撑着。小卢向上揪它的耳朵，它的耳朵就向上高高地支起；向左揪，耳朵就跟着齐齐地往左倒；向后揪的话，手松开好久了，耳朵仍不敢搭拉回前面来，真是累死了。就算小卢不理它了，走开好久后，仍不轻易敢离开小卢坐过的凳子，耳朵仍旧向后歪着，四条腿站得又直又坚固。

我们一家子围着烛火，笑眯眯地看着赛虎木雕似的，任人宰割。也没什么有趣的话题，但就是高兴。

当我妈他们都不在的时候，我妹就随意多了，还主动和小卢搭话呢。两个人各拾一根小板凳，面对面坐在房间正中央，话越说越多，声音越来越小……非常可疑。真是从来也没见我妹这么投入过，太好奇了，忍不住装作收拾泡菜坛子的样子，跑到跟前偷听了几句……结果，他们窃窃私语的内容竟是：

"今年一亩地收多少麦子？……收割机一小时费多少升汽油？……老陈家的老母猪生了吗？有几窝？……马吃得多还是驴吃得多？养马划得来还是养驴划得来？……"

唉，真是和我年轻时一模一样。

在阿克哈拉恋爱多好啊！尤其是秋天，一年的事情差不多已经忙完，漫长而悠闲的冬天无比诱惑地缓缓前来了……于是追求的追求，期待的期待。呃，劳动的四肢如此年轻健康，这样的身子与身子靠在一起，靠在蓝天下，蓝天高处的风和云迅速奔走。身外大地辽阔寂静，大地上的树一棵远离一棵，遥遥相望。夕阳横扫过来，每一棵树都迎身而立，说出一切，说完后树上的乌鸦全部乍起，满天都是……在遥远的阿克哈拉，乌伦古河只经过半个小时就走了，人过几十年就死了，一切似乎那么无望，再没有任何其他的可能性了。世界寂静地喘息，深深封闭着眼睛和心灵……但是，只要种子还在大地里就必定会发芽，只要人进入青春中就必定会孤独，必定会有欲望。什么原因也没有，什么目的也没有，我妹妹就那样恋爱了。趁又年轻又空空如也的时候，找个人赶紧和他（她）在一起——哎，真是幸福！

呵呵，再说说我吧，虽然我都这把年纪的老姑娘了，还是常常会有修路的工程队职工借补裤子的名义跑来搭讪呢！ 走在公路上，开过的汽车都会停下来问我要不要一起去下游沼泽地里抓鱼。这就是在阿克哈拉啊……

慢镜头下的春天

朱正琳

2008·03·31

  与妻子每天早上到圆明园散步健身，已经有三年多了。圆明园的好处，除了离我们家很近以外，还有两点。第一是地广人稀，本来就很少的游客还都往"遗址"一地挤，其他几个宽广得多的景区倒成了"老圆明园"的专用区了。例如福海景区，那可是当年那个圆明园的"本土"（现在扩展兼并了绮春园和长春园）。常常地，开阔的"海"（湖）面平静如镜，岸边却只坐着老妻和我。于是顾盼自雄，觉得我俩就是退休了的（也许应该说是离休了的？）老皇帝与老皇后。既不再承担治国平天下的责任，又还享受着最高规格的皇家待遇，真是洪福齐天哪！ 第二点是，圆明园尽管是一个标准的皇家园林，但也许是由于废置的时间过长，那些当年人工堆成的小土山上却形成了近似野生的生态。树林子显然不完全是人工培植出来的，土坡上还杂草丛生（没有草坪）。所以，在这样的园子里散步，便有到了野地里的感觉。对于长年穿行在"水泥森林"和人造"绿地"之间的城里人来说，能天天在野地里行走一回，也算得现代贵族了吧？

一年四季在这样的园子里走，四季的分明就不完全是从气候来感觉了。有比我们敏感的植物和动物在提示着哩！又由于是天天都在与这些植物、动物打照面，季节的变换就不再像是那种快切的镜头变换——哈！桃花开了，春天又来了！不，春天不是这样来临的。她的来临，更像是慢镜头下的脚步，连续地、缓缓地、一步分成好几个动作地。

眼下是三月上旬。杏花还未上枝头，春意其实早已"闹"开了。她已经悄悄地走了好几步。先是湖水还没有完全解冻，柳条就开始慢慢慢慢地绿，一天绿似一天。终于有一天，湖岸边有了如烟的感觉，可柳叶还只是米粒般大小裹着的芽呢。与此同步，常青的松树树干也在慢慢慢慢地泛青，冬日的瑟缩渐渐褪去，明显是一天比一天更滋润。到柳如烟时，松树也好似换完了装，一棵棵都精神了许多。活到这把年纪才知道，所谓"常青"，指的仅仅是树叶啊。

高高的白杨树树枝上很早就打了"苞"。我们还以为那是裹着的叶芽，暗自惊奇这白杨树叶竟然早于柳叶。待到那些"苞"舒展开来，却见是千条万条"穗带"挂满枝头，光秃了一冬的树枝于是又初现遮天的茂密。接着就是往地上落，拾到手上看时，发觉那茸茸的"穗"里还含有"籽"。这该是白杨树的花吧？这时候，迎春花才刚刚开始零零星星地开放哩！

迎春花确实不是一下子全都开了的。有点像傍晚星星的出现，先是这里一颗那里一颗地闪亮着，而后才变成繁星密布灿烂一片。最先灿烂一片的是坡顶向阳的那一蓬，想来是阳光比别处更充足的缘故。

梅花此刻含苞欲放了。花骨朵陆陆续续都绽出了红色，那一树的清纯俏丽自成一景，丝毫不亚于繁花似锦的时候。至于争春的桃花，正紧随其后追赶着。

不知名的小草三三两两从土里冒了出来，逐渐成丛。有人开始在地里采摘一种叫"地米菜"的野菜，而那种你不仔细寻觅就几乎看不见的小草有些已经开花了。芝麻粒大小的小白花层层叠叠，捧在手上方见出它的妖娆。采摘者会把已经开花的丢弃在一边，说是"太老了，不能吃了"。

只有绿藻来得突然，一夜之间便把靠岸的水给染绿了。

离蛙鸣还有一段时日，离布谷鸟啼叫就更远一些。倒是喜鹊占了先，开会一般几十只集中到一棵树上，唧唧喳喳地格外欢腾。

燕子还没有来。野鸭是一个冬天就没走，因有引来的活水流动，有一小块湖面始终没结冰。到这会儿湖冻全开了，野鸭的身影反倒少了许多。也不知是不是有些又飞往北方（西伯利亚？）去了。

这时候却有几位贵宾——三只黑天鹅从天而降，惊得满园春光四射。

……

来踏青的一位少年郎却好像有些不满足，只听他对同伴们喊道："呵！只有那边有一点绿色！"

妻子和我都笑了。很想走过去附在他耳边悄声说："小伙子，告诉你一个秘密，春天是一点、一点、一点地来的。"

突 然
2008.10.19
孙昕晨

夜深躺下，没能像往常一样在睡眠中迅速沉没。辗转之间，一句话从心里突然涌出，而且盘旋不去——

"要是睡着了，今天不就没有了吗？"

这真是个奇怪的问题，我自己都感到吃惊。

"要是睡着了，今天不就没有了吗？"想着想着，屋外的夜就变得格外寂静、空旷。

起身，开灯，拿出日记补写了一行字：你怎么忍心让今天就这么过去？

写完，睡不着。我还是问自己：怎么会想出这样的话？

辗转之间总算想起有点沾边的事：昨天收到一封信。这年头，信是稀罕之物，所以心里有些激荡吧。

寄信人是二十年前旅途中结识的一位姓蔡的老教授，老先生密匝匝写了三页。读信如晤，纸上的声音有一种弥漫的力量，让我在宁静中忽然觉得时光倏尔，恍兮惚兮。

"今年底我将退休，朋友鼓励的'说法'是，进入含饴弄孙的日子；我安慰自己的说法是，总算到了'补读平生未读书'的时候。……你还那么年轻，令我羡慕。……我这个年纪不仅羡慕年轻人，也羡慕五十岁、六十岁的人……现在，我才明白作家高晓声生前对我说过的那句话：'真想用已经得到的一切再换几十年啊。'……"

我把信找出来，又读了一遍。

合上，折叠，我的夜也就更黑了。

霜送晓寒侵人，枣实垂红惊心。突然而至的况味，总会唤起一个人的岁时之感，让我们在某个瞬间醒来。

我忽然想起了歌德，智慧如他，用整整六十年时间写《浮士德》，也曾借剧中人物发出呼喊："时间啊，你停一停！"

"西风凉，换人世间。"

只一阵风来，这旷世就凉了，这人间就已经被修剪得疏朗。难怪我们的祖先声声叹曰："槐花黄，举子忙；促织鸣，懒妇惊。"正是正是，蟋蟀声声，寒之将至，在野，在宇，在户，一年又快完了。人，总是在某一刻突然领悟到自己之外的一个强大的存在，在日渐迫近的自然之手面前，我们才会看清自己的荒芜。

不能入眠的我，今夜，只能用这一点文字送走又一天。

病　妻

2008.02.04

吴冠中

"夜阑人静，是相对温习的时候了"，子君和涓生爱情温度在下降，他们想以怀旧来温暖"家"之寒意。

夜，他和她并坐或对坐，在两个半旧的沙发上，两个白头人，相对无语。非泥塑木雕，他和她似两个不说话的菩萨，怀有菩萨心肠。她年轻时代就无颦笑惑人的情趣，如今更呆板了。只静听时日悄悄逝去，等待末日早来。

她三次脑血栓，第二次曾经昏迷七天，人们以为她已走在西天途中。不意奇迹般又醒来，罪没有受够，上帝让她活着。而今脑萎缩，她对世事全不知晓，对自己也不明白，耳机总戴错，不肯戴，什么也不想听。他高声对她说：明天小曲来看你，她问：小曲是谁？阿姨在厨房听了忍不住笑：是你孙女呀。

他出门，她便伏在窗口等他返回，回来了，又像他并未出去过，他和她无法对话。她不需对话，只需看到他的存在，有了一个泥菩萨就是庙了。他习惯于当她的泥菩萨，但他的性格从来是要砸烂泥木菩萨的，他苦熬着活下去，为了她的活。

他们家东南向，阳光很好。她躺在沙发上，阳光照着她闪亮的白发，她戴着黑边眼镜，睡着了，打鼾，一个温良恭俭让的祖母。他作画，难改旧时生涯。她醒了，他拉她的手去看画，她说好看，又说不好看，他明知她语言没准，仍认真地听，这是他惟一、也是第一个观众呵。相隔不过半小时，她经过画室去餐桌，又见那幅画，惊异地问，这是什么时候画的？ 山中方七日，世上已千年。她超脱了宇宙的运行轨道。

以往，他的衣着之类什物都由她管理，如今，春夏秋冬的衣履，不分男女地混杂在箱里、柜里、椅上、桌上，阿姨也无法代理，家的凌乱，已是冰冻三尺。而儿孙们、亲友们送来的衣着越来越多，说是名牌。他们不识货，拉到一件穿上便不再换，内衣经常是穿反的。从前她忙孩子们的衣服，井井有条，如今只老两口，反乱成了垃圾一堆。儿媳和学生们想来助理，无从下手。她伸手摸到暖气，吃惊有了暖气，其时正是一月中旬，她享用了两个月的暖气而不自知。他们只过一天算一天了。

一件非同小可的事： 她每天夜晚八九点钟要进厨房检查煤气灶、电门。说是检查，实际她要动手摸煤气灶和电门开关。他无奈地陪她进厨房，一一检查后，拉她出来，但没过几分钟，她又要进去检查，一个晚上甚至要看七八次，还不得安宁。她弄不清开、关，偏乐于在人命关天处开了关，关了开。

千遍百遍同她讲煤气的严重性，如泄漏，起火，我们自己烧死，隔壁起火，倾家荡产也赔不完，我们不死也得坐牢。她听了真有些害怕了，说晚上不进厨房了，但到了晚上，她被魔幻，变了一个人，不进去不得安宁。

后来，禁止她进厨房，不得已每晚锁住厨房，她闹着要钥匙，非进厨房不可，哭，骂，像疯了，完全成了一个恶婆，原先的她消失了，毫不温良恭俭让了：我不管谁管！

她管了五十年的煤球、煤饼,如今脑萎缩了,但这个印记不萎缩,且因脑萎缩偏偏加深了这个火的印记,结成一个攻不破的顽固病魔头颅。

　　偶然,她发觉自己是废人了,废人无妨,废人别操心呵,操心会害人,她不承认害人。

　　老年人大都有病,这脑之萎缩,抽去了人之心魂,不知自己干了什么。

　　寂寞呵寂寞,孤独呵孤独。

　　人必老,没有追求和思考者,更易老,老了更是无边的苦恼,上帝撒下拯救苦恼的种子吧,比方艺术!

此情已成追忆
徐慧芬

2008.09.24

　　我出世的时候,外公已是须眉皆白的老人了。外公五十岁才有了我母亲,母亲在家招亲,生下我这个长女,自然,外公的晚年生活多了欢喜。

　　记忆中,我童年的欢乐,也多与外公有关。父母上班去了,我和外公这一老一小成了最好的伴。常常,春暖花开时,外公会带我出去走走,顺便会会他的一些老友。夏秋收割时节,我会跟外公一起到离家不远的菜园里,摘些毛豆、蚕豆,或掰几只珍珠米,拔几根甜芦粟带回来。到了外面,小孩的眼里满是新奇,会不停地问:这是什么?那是什么? 为什么呀? 外公从来不嫌烦,他总是极有耐心地一样样告诉我。有时候走在路上,我问了一路,外公也说了一路。

冬天孵太阳的时候,外公常常戴着老花镜,手里捧本书。有时听见外公念书的声音像唱歌似的很古怪,一边玩耍的我,会停止玩耍愣愣地瞧着他,这时外公,便会回望我一眼,点点头,眼睛里全是笑。

外公对我的疼爱,对小孩子心思的体贴,有时会被家里上下称作"老听小",其中两件事被认为最严重。一次,天井里的阴沟准备改道,这样倒水时可少走路,方便些。重新排阴沟,要挖掉一棵挺大的栀子花树,香气袭人的栀子花是我顶喜欢的,眼看要保不住,我抱着栀子花不撒手,外公最后竟也依了我,回掉了请来的工匠。

另一件事是,"大跃进"时,村里办了托儿所,要求每家送孩子去,算是支持新生事物。我进去呆了半天,大大小小的孩子关在一间屋里,又哭又叫的,我觉得实在无趣,就偷偷溜了出来,闲逛在外玩。母亲下班去接我,不见人影,急得一家子四处转,总算在菜园里找到我。母亲要责罚我的出逃,最后还是外公为我说情,问我为啥要跑出来,要我讲讲理由看,我说了不喜欢去的理由,外公就劝母亲依了我,说小囡觉得不开心就算了吧。这样,我只进了半天托儿所,就留在了家里。后来,外公开始教我识字。先教识,后教写,每天四个字。外公用毛笔正楷写在他不用的名片背面,做识字卡。我可以装在口袋里,随时拿出来看。

外公在我们这一带,是被公认为有见识有学问的老先生。他青年出仕,在京执事几十年,世事变更后,回到故乡以教书为生计。中年时,外公痛失长子——一个学有所成,通晓多国文字的有为青年,死于肺结核。之后,外公开始研习中医术。多年后,研制出一种称之为"肺风散"的方药,虽不能根治肺结核,但能缓解其症状,尤其对治疗小儿肺炎,极有灵验。我看到的是,一坨坨,黑黢黢的,像文旦大小的药团,放在石灰瓮里。母亲告诉过我,从每一味药材的采觅、加工,到熬制成药,外公样样亲力亲为,是真正的千辛万苦。制成药后,还要放些时日,让毒性散掉点,都是有讲究的。等到可以用时,外公把药坨放到小石臼里磨成药粉,按照剂量,一份一份用纸包好,以备人用。方圆几十里,甚至更远些,常有病家找上门来求医问药。外公诊断后,再按量赠送,从来分文不取。

  外公渐渐老了。有一天他为自己把脉,手上脚上搭了好一会儿,对一旁的保姆说:看样子快了。等我听到并明白过来这"快了",竟是指快离开人世的意思后,我害怕了,神色变得黯然。外公便有些后悔失言,安慰我后,对我讲了一点人老了总归要走的道理。可是我毕竟年幼,对于人"向死而生"的道理,是不太容易接受的。小孩的心灵上,总以为世上一切美好的,都会永远存在着。

  终于,外公在八十二岁时走了。

  几年后,在我思念外公的心渐渐趋于平静时,外公的名字再次被村人说来道去。一支抄家队伍,深夜闯进来,说外公旧社会当过官,他们要抄官印、黄金、变天账……翻箱倒柜、撬了地板、掘了花岗岩地砖,也没找到这些,就把外公留下来的一屋子书搬到天井里用火烧。那些纸色泛了黄的线装书大多是医药典籍,点火的人说,这是黄色书,统统要烧掉。有个小青年,翻开几只瓮,看到几坨"肺风散",问这是不是炸弹,母亲说:你小时候还吃过它!抄家队伍走后,母亲对躲在角落里身体一直在发抖的我说,你外公早走了几年,还是有福的。

  抄家后不久,有天晚上,有个村人偷偷跑来告诉我们,葬外公的那片坟场,公社要破四旧,马上要用拖拉机铲平,接到通知的人家,都已去做了处理。父母一听急了,第二天一早,带上我,扛着撬棒、铁锹等工具,还有天井里盛水用的一只铁皮桶(事情紧急,只有用它来安置外公的遗骨了)赶到了坟场。

  那天风特别大,天特别冷,周围除了我们没有别人。不少墓穴裸露着,棺材板东一块西一块,小水沟里还有人的骨头。父亲开始刨坟，棺盖撬开的一瞬间，我真的又见到了外公。白胡子，长袍马褂，还有手杖，一切都清晰。可是，一眨眼，一切面目全非了。父亲告诉我，这就是风化。又说，因为外公坟墓地势高，棺木好，防腐做得好，所以刚才那么清晰。母亲见到这一幕，人软了下来。接下来的事情是我和父亲一起做的。我们把外公的遗骨全部捡出来，一点也不剩。我心中没有一丝胆怯，只有一个念头，就是尽量要把这件事做好。最后，我们找地势最低处挖坑重葬，把外公的墓碑也一起放进去，只有低处才能防止拖拉机平整时被刨出来。

逝水年华几十载过去了，关于外公的一切，于我，就像宣纸上落了墨，钤了印，永难消退。恨会随着时间的冲洗一点点变淡；惟有爱的记忆，不会。

母亲的白条

梁　琴

2008·11·26

不知是不是从孔子提出"有教无类"时开始的，多少年来，多少中国的家庭和孩子，都怀着这样一个梦想：免费上学，人人都有书读。直至公元两千零八年，才圆了这个梦。

从今年起，政府决定免除城市义务教育学杂费。乍一听到这个消息，惊喜之余，让我百感交集。许多成长岁月的往事，如旋风般涌上来又翻下去，眼睛渐渐起了雾，母亲愁苦的面容和一张白条隐约在眼前晃动。那是儿时每逢开学,我都会见到的场面啊。

我出生于江南一户平民之家,排行老七。作为独子的父亲,大约小时候孤独怕了,他报复性地生了八个孩子,好让我们在一大群孩子中热热闹闹长大。然而,热闹是需要付出代价的,饥饿像一团阴影一直笼罩着我的童年。

我三岁时,父亲从省邮电局下放去了垦殖场,母亲领着七个相差一两岁的孩子(二姐送给了姑妈),靠着父亲微薄的工资,苦熬岁月。家里穷归穷,我们兄妹几个却人人发愤读书,个个成绩优异,学校惟一一名全市"三好学生"奖,也被我捧回了家。每次考试,三哥一交卷,老师总是第一个批改他的试卷,数学100分,附加题100分,三哥的试卷张贴在布告栏里,作为标准答案供同学们参照。得了"200分"的三哥,悄悄躲在一旁,看着布告栏前拥挤的人群,不免踌躇满志。

满墙大大小小用饭粒黏着的各色奖状,是贫寒之家最美丽的装饰,也是我们对辛劳的父母最好的回馈。书包买不起,练习簿、铅笔总是不够用,我们很难开口向母亲讨钱,怕看见母亲翻遍口袋掏不出一分钱的窘迫。

儿时,最苦涩的记忆就是交学费。新学年开学,是我们最难过的日子。一大堆孩子,需要一大笔钱。书费是咬牙也得交的,否则没有书怎么上课? 交过书费,母亲再也拿不出一文钱来为我们交学费了。情急之下,母亲只好给我们每个人写一张缓交学费的白条,盘算着每个月从伙食费里挤出两个孩子的学费补上。我们团团围住母亲争吵着,都想尽早交学费,哪怕早一个月也好,免得被老师点名。

每次,我都背朝着母亲赌气,不肯接那张白条子。

记得二年级开学报名,老师接过白条,没说什么,只是皱了皱眉。不久,老师当着全班的面,在课堂上无情地宣布:"没交学费的同学请站起来。"我是班长,刚刚叫完"起立"回到座位上,又被老师点名站起来,我低着头,拼命咬住嘴唇,眼泪一下子涌上来……

那些年，类似尴尬的场面，几乎每个学期我们都得面对，兄妹们各自咀嚼自己难言的那一份苦涩。

2003年，在鲁迅文学院第二届高研班学习的我，曾应邀到温州师范大学讲课，说起"苦恼的童年"与"母亲的白条"。我对师大的同学们说：温州"人杰地灵"，是中国改革开放的前沿重镇，经济非常发达，温州人"敢为天下先"，属于先富一族，"含金量"很高。但是，温州也有许多贫困家庭，还有许多外来的农民工。在座的同学，将来都是做教师的，以后你们当了老师，千万不要对农民工的孩子说"没交学费的同学请站起来"，永远不要伤害一个穷人家孩子的自尊，拜托了。我真挚的托付，得到了同学们长久而热烈的回应。

现在念书不用交钱了。那些天，喜不自禁的我整天煲电话，天南地北地骚扰家人，还特地打长途到上海，问大哥是否还记得母亲的白条。电话那头，大哥嘿嘿一笑："怎么不记得，当年因为交不起学费，总是被老师叫起来。"大哥"站"的时间最长，为了让我们先交学费，他总是从开学一直站到学期快结束。每每想到大哥代我们"受罚"，总感到一丝内疚。

时光消减了不快的记忆，大哥的声音听起来很平和。他说：开始叫起来的时候并不怎么难过，那时穷人家的孩子多，一站就站一排。后来慢慢人就少了，最后只剩下两三个人，就有点难过。不过心里想，站就站，家里穷也不是我的过错。幸好我成绩拔尖，虽然站着，内心却仍有一份骄傲……

如今，大哥的女儿跨学科考上了上海东华大学研究生，青春靓丽的她，新学年报到时，能想象当年她的父亲，她的姑姑，一个个愁眉苦脸，只能捏着奶奶写的那张白条么？

一次越洋电话（外一篇）

柳鸣九

2008.10.27

儿子在美国英年早逝，撇下了他年轻的妻子与幼小的女儿。

有一段时间，亲人之间没有像往常一样有越洋电话来往。大家都需要缓解与沉静。在北京的老父亲稍微缓过一口气后，终于一天拨通了美国儿子家的电话，那远隔重洋的小孙女实在让他牵肠挂肚，他一直担心一个仅四岁多的小女孩在心理上如何承受这次沉痛的打击。

往常，他与小孙女的对话很是简单，他最高兴的是听她用银铃般的童音叫一声"爷爷"，接着就是互致问候。他总要夸她的中文讲得好，她就大声地说声"谢谢"，然后，就是一两句意思再简单不过的小孩话了。如此简单的交流，就足以使他高兴，使他满足了。

这一次是悲痛事件后第一次与小孙女通话，他想小心翼翼地避开事件本身却又对小孙女能起到一点安慰的作用，他想，也许最能安慰她的是对她说爷爷、奶奶等所有的亲人都特别爱她，疼她，这样可以多少在语言上弥补一点她失去父爱的不幸。他用小孩能懂的最直白的语言对小孙女说："你是爷爷最疼爱的小孙女，在这个世界上，爷爷最疼爱的人就是你。""你最疼爱的是我爸。"小孙女的回答使老祖父心里不禁一揪。他有意识离开悲伤的事远一些，没有想到这个四岁刚出头的小女孩却主动地直触伤痛。她这一认定是来自她自己的观察？从小远在美国，她实在没有见过几次老祖父与自己父亲相处的情况；是曾经偶尔听她的父亲母亲讲过这个话题？那她的记忆力与人生理解力可就有点使人惊奇了；是她自己为了要讲一句安慰自己那可怜的父亲亡灵的话？怀念他的话？不论怎样，她需要主动地跟电话里的这个老人谈一谈她自己的父亲，因此，她主动触及伤痛，或者是因为，她仍无法摆脱伤痛的阴影……

她停顿了一下继续说，有些伤感，有些无奈，有些想要为自己找到一点慰藉：

"……他不在了，我见不着他了，他去了天堂……"

老祖父觉得这是可怜的小孙女在大洋彼岸在怀念、在追思可怜的父亲，是她在向他这个老人倾诉，是在他面前自己安慰她自己……

话语很简单，但其中的意蕴、内涵、感情以至哲理（虽然她自己并不懂，甚至浑然不知）却向一大股水波向他猛然扑来，使他应接不暇，招架不了，一时语塞，竟不知道如何答话才好，他迟疑一会，好不容易才答上一句：

"他在天堂里会保佑你……"

这是年已古稀的他，生平第一次用非无神论的语言说话……

小孙女的家信

老夫人从美国探亲回京，交给老先生一个纸封，说："这是小孙女要我带给爷爷的一封信。"

小孙女还很幼稚，不大懂事，竟然给远隔重洋的老祖父写了一封信！这本身就是令人激动的亲情之举，要知道，她还只有五岁，此举在疼爱小孙女到了发傻程度的老祖父看来，岂非可与五岁就能作曲的莫扎特比美?!

但老祖父对小孙女给亲人写信的自主创意多少有点没有把握："是你们要她给爷爷写信的吗？"他问，"你们"是指小孙女的奶奶与妈妈。

没有谁要求她写信，她听说奶奶要回北京了，自己事先写好了这封信后交给了奶奶。老夫人所能提供的解释就是如此。

老祖父赶快把手头的事都放在一边，急不可待地想打开纸封看看信里是什么内容。那纸封是用一张稍为厚实点的绛色纸折叠而成的，马马虎虎呈一荷包形，一看就是一双笨拙小手折出来的。可是，要打开它可很不容易，折叠处贴了胶条，胶条也是胡乱剪切出来的，很不整齐，粘得更是歪歪斜斜，操作的那双小手显然是生平第一次做这样的手工活，但在折叠处的下方却用另一种颜色笔署了一个名字"EMMA"，字母大大的，清晰突出，特别醒目，那是发信者的芳名。

老祖父唯恐把纸封撕坏，只能细心地去拆除那封口的胶条，但它偏偏粘得特别严实，愈难拆开，老祖父好奇心愈加急切："粘这么牢，小丫头写了些什么？""谁也不知道她写了些什么，她没有告诉我们。"老夫人解释说。老祖父不知道小孙女的葫芦里究竟是什么药，面对难拆的信封不禁陡生感慨："小小美国公民，年方五岁，就这么讲究个人信件的保密性。真是两种文化的差异！"他庆幸自己还算有足够的理解力理解美国小孙女迥异于中国小女童的行为方式。

他终于把胶条拆除，打开了纸封，里面果然有一张小纸片，看来，这便是小孙女给老祖父的重要信函了。然而没有想到的是，小纸片又是折叠着并用胶条粘贴在绛色的封纸上，虽然又是歪歪斜斜的，但可以看得出来，那位五岁的发信者是极其郑重其事的，老祖父只得又耐心拆胶条……

最后，终于大功告成，老祖父打开了折叠着的那个小纸片，那上面有拙拙的笔迹，写着这样一句英文：WE LOVE GOD（我们爱主）。而且，取下那张纸片，发现那张绛色封纸的内面，也写着同样的这句话，这就是小孙女给老祖父的家信的全部内容。

老祖父本来猜测这封信是小孙女玩的捉迷藏的游戏，没有想到是这样的内容，一时把老祖父又震撼得半天也平静不下来。眼前这封很特别的信函，正是悲痛事件后母女特定精神历程的一个投影，它清楚地显示出这个精神历程是深沉的，而且似乎将是悠悠的，无尽期的……

老祖父把信函的内容告诉老伴，老太太也没有想到是这么一句话。她回忆起在美国所见到的小孙女的生活：在其母的带领下，她养成了饭前祷告的习惯：对着桌上食物，她两只胖乎乎的小手合掌，眼睛认真地闭上，嘴里念念有词；遇上她童心轻快的时候，还补充一句："正好我现在饿了。"

老唯物主义者闻此讯后，久久难以平静……

我的咖啡缘

2008·07·15

朱曾汶

我之爱喝咖啡，在我的一些作家朋友中是小有名气的。李君维兄在他的一篇随笔中也写道："老友朱曾汶年轻时写过不少评介好莱坞电影的文章，芳草美人，银粉织梦，晚年孜孜不倦地翻译似乎枯燥的西方学术名著。这次我不计路远，不计年迈，毅然去南市他家造访，除叙旧外，也是为了喝上一杯他亲手调制的香喷喷的电磨咖啡。"

说真的，我今年八十四岁，和咖啡倒已有了八十年的不解缘。我父亲是美国留学生、土木工程师，杭州西湖一带的许多公路就是他负责建造的。他生前有三大爱好：下围棋（包括独自一人摆棋谱）、喝咖啡、吃鱿鱼干（生鱿鱼夹在铁丝架里搁火上烘热）。他和棋友对弈的时候，幼小的我就在他膝前绕来绕去，逢到他棋势好，会得意地摸摸我的头，端起咖啡杯让我抿上一口，而逢到棋势不妙，他会很凶地呵责我，叫我走开。因此，三四岁的我就学会了鉴貌辨色，见他脸色不好就开溜,脸色好就凑到他跟前,以期喝上一口那黑乎乎、其实并不好喝的神秘液体。

  我十一岁时,父亲因脑溢血去世,母亲带领我们兄弟姐妹五人从杭州来到上海,寄居在姑母家里。这里无形中便成了亲友的聚会之地。亲友中不乏留学欧美嗜咖啡如命的,这烧咖啡的任务自然而然地落到了我这个十多岁的毛孩子头上,而借烧咖啡之便先喝上一杯(不是一口),那更是不在话下了。我喝咖啡的癖好,就是在那个时候养成的。

  待到我大学毕业,进了华纳电影公司,咖啡就此正式列入我的生活日程,咖啡的规格也随之上升。那时我常喝的有三种:"S·W"、"麦斯威尔"和"希尔斯兄弟"。三种咖啡中,前者最淡,后者最浓,"麦斯威尔"居中。有一天,我忽发奇想,将三种咖啡混在一起烧,烧出来的味道居然好极了,以后我就一直这样做。时下流行"混合咖啡",例如将香味浓郁的法国咖啡和味道最纯的哥伦比亚咖啡按不同比例混合,我却于六十年前就无意中得之。

  咖啡档次上去了,喝咖啡的杯具自然也跟着上去。上世纪四十年代,南京东路中央商场有许多摊贩专售进口(主要是英国的)咖啡杯,有细瓷杯、粗瓷杯、陶器杯、马克杯……高雅精美,人见人爱。我经常从那儿把看中意的捧回家,数年工夫积聚了十多套,把两个大玻璃橱塞得满满的,暇时取出招待宾客或把它们当古玩般欣赏,别有一番乐趣。

  上世纪四十年代南京西路有一家沙利文咖啡店,是当时上海最著名的,我经常光顾,尤其是夏天,影片公司只上半天班,我几乎每天下午都泡在里面。咖啡店面积不大,陈设简单(和今天的豪华装修比起来简直是小家子气),客人说话都轻声轻气,是一个极适宜休闲的场所。因为熟了,店主给我在角落里留出一个位子,算是我的专座,而且给我一再续杯的优待,我在那里以咖啡会友、看风景、谈工作、构思影片宣传计划、琢磨影片中文译名,或者写稿子,我以"麦黛玲"笔名发表的电影文章有许多就是在那里完成的。

进入上世纪五十年代,时代变了,沙利文咖啡店变成了绸布店,进口咖啡又开始从货架上消失。不过我那时通过各种渠道,仍可以喝上一些上好的咖啡。待到"文革"开始,那才是真正的灾难,喝咖啡竟成了"资产阶级糜烂生活方式"。在一群红卫兵娃娃的胁迫下,我辛辛苦苦搜集起来的咖啡杯一部分被我忍痛亲手砸烂,其余统统论斤(一毛五一斤!)卖给收旧货的,我也从此失去了收藏咖啡杯的兴趣,除亲友馈赠外,自己再也没有购买过。

没有咖啡杯还可以对付,没有好咖啡喝那才是真正难熬。在物质严重匮乏的情况下我喝过八分钱一包的鹅牌咖啡,四四方方一块,外面裹着薄薄一层糖粉,味道苦苦的,我总疑心那不是咖啡,而是炒焦了的大麦粒。另外,四川北路德大饭店把煮过的咖啡渣晒干出售,每斤八毛钱,居然要排队买,我也去买过两回。俗话说"别人嚼过的馍馍不香",我是"别人喝过的咖啡也香",足见坏的环境和生活条件能使一个人的尊严降到什么地步。再有,家里也曾以高价买来出口转内销的CPC听头咖啡,不是为了咖啡,而是为了附送的两斤糖票——今天的青年朋友一定会以为这是天方夜谭。"文革"后期,形势稍为松动,亲戚从香港寄来了雀巢速溶咖啡(速溶咖啡发明于1960年,七十年代初在国内尚鲜为人知),乍饮之下,一股浓香直刺心脾,只觉得两腋生风,遍体舒畅,有一种久旱逢甘霖的感觉,今天的人也许已不把速溶咖啡当一回事,但当年它确实救过我的命,给过我极大的满足。

改革开放以后,物资极大丰富,咖啡消费进入了无比繁荣的天地。蓝山、摩卡、星巴克、圣多斯、曼特宁……过去闻所未闻的品牌一下子全都涌现在货架上。煮咖啡的器具也层出不穷,虹吸式、滤纸式、蒸汽压力式、卡布奇诺式……令人惊叹同一种咖啡竟还有那么多不同的喝法,而大街小巷星罗棋布的咖啡馆更是夺人眼球,吸引你一个劲儿地往里跑。如果说,旧社会以及建国后相当长一个时期,咖啡的天地并不大,仅限于文化界一个小圈子,那么,改革开放以后,咖啡饮料才是真正大普及,进入了千家万户。

  我喝了那么多年咖啡,可以说咖啡已融入我的血脉,成为我生命不可或缺的一部分。尽管如此,我喝咖啡的功力并不深,经验并不老到。我只是爱所有咖啡都有的那种香味,那一丁点苦涩,舌尖上那一团氤氲之气,大而言之,爱咖啡那种文化,那种情调,那种以咖啡会友的氛围。喝咖啡本是各人的喜爱,无章可循,价格昂贵的蓝山、康那固妙,大众化的速溶未必不佳,至今它仍是千家万户的首选。我个人喝咖啡喜欢加大量奶和糖,认为惟有这样才能使咖啡的色、香、味臻于极致,但是我的朋友中有好几位却酷嗜清咖,视奶、糖为异物。我个人喜欢热咖啡,最好连咖啡杯也要用开水烫过,而我熟识的一位大姐偏偏喜欢把热咖啡放凉了再喝,认为凉才有劲。再以煮咖啡的器具为例,市上流行各种款式的咖啡壶,但我还是偏爱早年父辈们用的那种壶盖上有一个小玻璃球的老式钢精壶,无他,煮时满室生芳,客人进来会一路高喊:"好香,好香!"

银杏树记住他们

2008·10·07

施雁冰

  一棵虬根盘结的银杏树,四周围着圈木制椅子。银杏枝繁叶茂,夏日,婷婷地覆盖着大片树荫。北边一座假山,挡住了冬天凛冽的寒风,是块不可多得的宝地。

这里聚集着一群人。当他们上了年纪,被单位吐出来以后,到公园来锻炼身体。由于文化程度接近,天南地北说得融洽,有了办公室的气氛。使失落的人们,重新拾起工作时的充实和热情。

"上班了!"他们喜欢这样说。不管风霜雨雪,几乎天天都来。

他们来自不同的职业和单位,谈话的内容相当丰富,既有国内外大事,也谈家庭琐事,还发发牢骚,气氛祥和而宽松。

深秋的一天。有个最年长者说他昨天做了一件重要的事,将自己业务用的藏书,整理了八只纸板箱,送给一名钟爱的学生。家中没有这个专业的接班人,日后当废纸处理可惜。现在这些书籍将在以后的科研中发挥作用。他深情地注视着学生将它们搬上汽车。这时他的书橱已空旷一片。

伙伴们听了以后寂静无声,原来关于身后的事,他们各自都有过不同的考虑,集中起来,就变成一个沉重的命题,每个老年人都无法回避。原来活跃的气氛,顿时变得严肃宁静。

出乎意料,一个刚过花甲的女士说她已经考虑了遗嘱的内容。有人惊奇,认为她只有一个女儿,不必多此一举。

她是一位脸色红润,体型微胖的女人。精通会计专业,娴熟的业务,足以科学地梳理自己的财产。她做事风风火火,讲话没有标点,倾盆大雨似的讲了自己的设想。

她遗嘱内容之丰富,令人叹为观止。除了不开追悼会,将主要财产留给女儿外,其他花样百出的有十几种。譬如将一块祖传的玉石佩件赠与一位女领导。有一年过生日,大家见到她佩戴过,晶莹剔透,温润柔滑,平添了贵族气息。想当初,她刚从会计专科学校毕业,没有实践经验,闹出不少笑话。是女领导手把手毫无保留地教会了她。滴水之恩,报以涌泉,她这样认为,必须写进遗嘱。再有她的初恋,是家庭出身不好,硬被她拒绝的。现在老夫妇俩经济困难,得留给他一些钱,以慰歉疚。

"人走了,什么隐私也不在乎了!"说这话时,她两眼闪着明亮的光。

伙伴们都为她的坦诚所感动,也纷纷谈唱起自己的心曲。最后大家把目光集中在老庄身上,认为他是必须写遗嘱的,因为子女多,易起纠纷。他身体好,医疗卡完全空白。胃口大得没话说。据说一天中午去饭店,买了一只百宝鸭。吃了半只,留下的叫服务员保存好。他去外面逛逛,晚上再来吃另外半只,使人大为惊奇。平时在家,荤腥来者不拒,蔬菜、水果不常进门,胆固醇、血脂、血糖却都不高。他常常为此骄傲。这时,他又骄傲起来,说死神离自己很远,还没到考虑遗嘱的时候。

有人忽发奇想,建议他把遗体捐出去,让医生做科学研究,肯定能造福人类,让大家都像他一样活得健康。他吓了一大跳,连连摇着双手,声如洪钟地回答:"不行! 不行!"

为什么不行? 他一会儿说手续麻烦,一会儿又说怕痛。实在是无理搪塞,大家觉得好笑。死了还会痛吗? 气氛顿时活跃起来。伙伴们围着他,劝说、揶揄,似真似假,亦真亦假。说着说着,变成了一场讨论会。有赞成者,有和稀泥者,也有反对者。这样的闹剧,他们也是习惯了的。反正热闹一阵,谁也不会生气。最后,老庄还是坚决地说:"不行!"

很快地到了冬天。寒风凛冽,落木萧萧。他们穿着厚厚的鸭绒衫,陆陆续续来"上班"。这期间,各人都做了一些事:一名教授,受讨论的启发,写成一篇论文。那位怕痛的老庄,改变了原来想法,办完了遗体捐赠手续。他说他现在已不能做什么,"捐献"使他在平淡的晚年有了成就感。

只可惜那位女会计师突患脑溢血离开了人世。他们当中,缺失了一位女性。望着那散尽残叶,小枝杈密密交织的银杏树,像一顶硕大的华盖,顶着苍穹,不觉心生悲凉。它已经一百岁了,一百岁,在银杏树中属青年。人如果能像银杏树多好! 那么现在他们还是青春年少。丰满漂亮，充满活力。昨日的辉煌，似乎触手可及。忽然明白，这是一种画饼充饥，抚摸一下脸上的皱褶就知道。时光如江水，毕竟东流去。

聚首、锻炼、谈话……日复一日。他们一个个老了。过不多年，将陆续离世。谁也不知道此地曾有过这样一群人。

银杏树记住他们。

家有一年级生

2008.05.25

吴晓颖

早在女儿刚刚进幼儿园的时候，就有前辈友人告诫我：小孩上幼儿园是家长最轻松的一段日子了，等上了小学，你就有得苦喽！我是木知木觉的人，听过就算，也不全信。心想这个小孩生下来后带得不知有多苦，难道会越大越苦？

三年幼儿园读下来，我自觉自家孩子没有那种在数千人中挥洒自如、脱颖而出的心理素质，那些"名牌小学入学考试模拟卷"我们一张也没有做，倒是女儿常常回信息给我们：某某小朋友去考试了，考了什么什么，老师让小朋友也做做看……

女儿最后进了我们户口所在的那所小学。

其实我们早已经搬离那个地方了，为了她上学，又在那所小学所在的小区买了房子，真正过上了那种"市中心上班、远郊置业"的

"中产阶级"生活。这其中的曲曲弯弯、多方考量,在旁人看来似已属大动干戈,而在同样拥有学龄前儿童的家庭中,实在是稀松平常——我的几个朋友,均为家有一年级生而搬家,无一幸免。

一切准备停当,班主任来家访了。虽然报纸上一个劲地在宣传当年(2007年)一年级的教材语文数学英语都有了较大程度减负,这位四十多岁非常温柔和有经验的语文老师还是反复强调:现在的小孩子,读书还是很苦的……

怎么个苦法呢?马上就见分晓。

刚刚开学,一直是我替女儿整理书包。有一天她回来抱怨我说:"妈妈你没有把数学书放在书包里,我被老师批评了。"

"你们今天没有数学课啊。"

"老师说,主课的课本,每天都要放在书包里。"

——原来她们经常调课,主课副课的概念,小孩子马上就深植于心了。

每日放学回家,语数英三门主课,都有一张打印的小纸条,今日功课一二三,都清清楚楚地打在上面,是复习预习、朗读背诵,还是巩固练习、课外提高,通通做一项勾一项,家长全程陪同签字。

这个时候我们决策的英明就显示出来了:新居靠近我父母家,而我父母又是老大学生,指导女儿功课还是绰绰有余——要不然等我们七点钟到家,女儿的功课要做到什么时候?

可是祖辈不懂拼音和英语的多了去了,常常在校门口听到的谈话就是:"每天等他(她)父母回家做英文,天天读到十点钟!"

现在小学里念的是牛津英语,人家是母语教学,一张图片旁边配一个单词,一本书旁边是 book,一把尺旁边是 ruler,还有对话:"Give me a ruler, please." "Here you are." "Thank you." "You are welcome."("给我一把尺好吗?""给你。""谢谢。""不客气。")但是小孩子既没有学过字母又没有学过句型,更不要说音标了。对于一个一点没有基础的小孩来说,可不是死记硬背嘛!每天读到十点钟还不够，还得天天来一遍，跟巴甫洛夫说的那样。

我们家小孩，幸亏她们以前的幼儿园里有英文课（听说现在按规定是不可以的），熟能生巧、条件反射，学英语还不是特别花时间，省了我们好多时间。

数学是最让人摸不着头脑的一门课了。遥想我们读一年级的时候，数学嘛就是加减法，10以内20以内100以内，谁做得快谁就是天才，参加数学竞赛。新教材数学第一学期只要求20以内加减法，现在哪个小孩不会？

非也非也。现在的小学数学讲的是逻辑，知其然，还要知其所以然。我们这种头脑僵化的大人们，只好听之任之，把责任还原给老师。我对女儿讲："老师说什么就是什么。"

数学老师很敬业，刚从高年级下来，一方面自己也要适应，一方面找了大量的题型给小孩做。小孩做不出，自然就是我们大人做。于是乎，有一段时间，我们家里两代五个大学生，全部都在探讨小学一年级的数学题。

最让人胸闷的竟还是语文。我们夫妇两个都是大学中文系出身，女儿小有天赋，无师自通地认了好多字，三岁便会读报，人人恭维她是"小学三年级水平"。结果，有一次语文考了84分！

究其原因，是字不会写。

我倒是真没教过她写字！因为有科学研究说，一年级小朋友的手还没有长成形，过早地学写字，对发育不利，所以现在一年级的教材不要求写字，只要求认字。于是我也不教小孩写字，只要求认字。结果，一考写字，她一个也写不出！

这个当然是不能怪小孩的。

那么要不要给她补课呢？——这个问题也困扰了我很久。最后决定，为了小孩也为了我们自己的面子，还是给她补上这一课吧——我不得不惭愧地承认，大多数标榜开通的父母，在分数面前，都是无比虚伪的吧。

那一段时间,我每天给女儿补写字课,既要看笔顺又要看田字格位置,还要变着法儿的让她相信"汉字真奇妙",每晚站足一个多小时,导致腰肌劳损,苦不堪言。后来老公上家具店给我买了个吧台椅,这才稍微好一点。

现在,我每天晚上坐在深红色的吧台椅上,"优雅"地辅导女儿做功课。第二个学期来临的时候,孩子开始自己整理书包、自己抄写每日的回家作业,我的心态也渐渐地放松开来……

非常巧的是,一天,我在商场给女儿挑选拖鞋,碰巧那个营业员也有一个正在读一年级的儿子,我们两个顺势聊了起来,没想到足足交流了一个小时。

她说:儿子上一年级以来,我经常感到精神焦虑,不知道应该怎么去要求他、帮助他才好,后来还为此去看了医生,医生说我神经太紧张了,要松弛下来……

——看起来,家有一年级生,给家长带来的困扰,还是非常普遍的。

童年时代的故乡
殷健灵

2008·06·02

我一直疑惑,哪里才是我的故乡? 我生在上海,却长在离上海不远不近的南京。可是,当我告诉别人自己长在南京时,却没有底气。

因为南京城于我陌生,我至今不识南京的道路和街区,不会讲南京的方言。但如果告诉别人自己出生在上海,在上海人的圈子里长大时,我又无法认可上海是我的故乡。总之,无论往哪边靠,都是尴尬。这种困惑不只我一人有,一起长大的伙伴都有。我们心底里,都有一个只属于自己的小小的故乡——它有一个代号,叫做"九四二四"。

小小的故乡曾经以"宝野"和"美浓"的名字出现在我的小说里,竟让读者去追寻探究,似乎想在现实中找到这样一个美好的温柔乡。可我知道,他们是无法找到的。因为连我自己,都无法在现实中找到了。

去年冬天,趁去南京公差的机会,在离开了十七年后重回小小的故乡。走的是宁芜公路,依然是十七年前离开时的房子和田,一路所见,已是颓破之色。一路走,依稀预想到了它如今的样子。尽管有了心理上的准备,但到近前,它的真模样还是令我感到了忧伤。就像见到一个多年未遇的亲人,印象中还是她青春旺盛的样子,不期然地,就老了。

几乎所有在这里生活过多年的上海人都已撤离,落叶归根。这些人曾经是这里的魂灵,魂灵散去了,便剩下了空洞的躯壳。住过的老房子拆除了,路边的石阶残破断裂,水泥路面崎岖不平;小学校不在了,改成了社区活动中心;我的中学铁门紧锁,落叶遍地,满眼所见竟是萧索;繁荣的菜市场也不在了,换到了室内,旁边开了一爿冷清粗糙的大食堂……只花了大半个小时,我便走遍所有熟悉的地方。当重新回到宁芜公路边上等车时,站在一片黑色的砂土之上,在尘埃飞扬中我心生恍惚——莫非,那些明媚的颜色从来不曾存在过?

可它明明存在过。存在于我的念想里,存在于儿时伙伴的追忆里。现实中找不到,我更无法用言语描绘。这样一个小小的故乡,是被寄养的孩子,无根无檠,让我们无法有乡土的情结,更不可能拥有城市人的依傍。可在这片土地上发生的每一个细节,都抓住了我们的心。我们自封纯朴,因为生长的地方离泥土近;自以为孤独,因为不知道哪里是真正的故乡；可有时又会庆幸，单纯的成长环境给了我们一颗简单的心。

　　说起来，故乡真的很小，方圆数里，而孩子们活动的区域只在方寸之内。它紧靠宁芜公路一隅，面山傍江，依丘陵而建，一条铁轨擦边而过，伸向神秘的远方。我们住在火柴盒一样整齐划一的房子里，街道清洁，树木成荫。推窗可以见山，走不多远，便到了田野。水车、池塘，带着新鲜草香的牛粪气息。每到春天，教室里便柳絮飘飞，日光被树影映成了柠檬黄，涂抹在窗台、桌角……回想起来，这些明媚单纯的颜色构成了我少年生活的图景。这里本是冶炼钢铁的基地，可我的少年却鲜有坚硬的调子，似乎总是那么温润。这究竟是为什么？

　　那地方，到处可见坡地和台阶。从住的房子出来到小学校，要上下三四处坡地，一溜低矮山墙顺势蜿蜒，上面爬满青藤。这使得上学路上充满了游戏色彩。夏春时分，从午后的困倦里走出，沿着山墙走向学校，慢慢走进一片叽叽喳喳的喧闹。我们习惯早到，等学校开门，站在大门口，身后数十级台阶下又是成排的居民楼。台阶上站满了同校不同级的孩子。开大门前的半个小时光景，我们什么都可以做，聊天，打架，跳绳，跳房子，买小摊上的糖人、爆米花。课还没上，就先兴奋起来。若是冬天，下了大雪，家门口的台阶都给雪遮没了，走起来就有了危险，深一脚浅一脚，一不留神就突然陷进半条腿。到了学校，棉鞋都湿了，教室的水泥地上便印了很多个深色的小脚印。

　　这地方，给人一种说不清道不明的亲近感和安全感。走在任何一条小路上，在小商店里，在电影院里，在菜市场里，都能看见似曾相识的脸。孩子们之间，虽然不是亲戚，却能找到千丝万缕的联系，某某和某某的父母在一个厂里上班，现任老师教过某某的兄姐，总拿某某和兄姐比较。我们有时会聚在一起聊聊上海，你的家在黄浦，他的家在静安或是普陀，说的"家"都是亲戚的家。到了寒暑假，分别到上海的亲戚家去过假期，彼此郑重地留下在上海的通信地址，果真会正儿八经地通两封信。

每年假期，我都要回上海的外祖父母家。刚一坐定，便有邻居来看南京来的小姑娘。我是外乡人，但和他们说一样的方言，这就有点奇怪。印象最深的一次，一个男邻居刚一见面，就端详着我说："你的脸一边大一边小。"我心下一窘，然后便一直为自己的脸不对称担心，私下揣测，这一定是我平时托腮听课造成的。回想起来，这是我第一次清楚地在意自己的长相。那年，我大概念四年级。

有一年寒假过后，我最好的朋友P来我家找我，把一块手帕一支铅笔作为新年礼物送给我。我一眼看见她穿的一身天蓝色呢绒面滑雪衫，这身纯净的颜色给了我一点刺激，我以为它带了很强烈的上海的痕迹，是P的亲戚送给她的，而我自己却没有。在没有拥有自己的滑雪衫之前，P的衣服在动作时发出的摩擦声在我听来都十分悦耳，令我向往。

在那个地方，成为最好的朋友往往具备一个条件，就是两个人一定住得十分相近。P的家所在的那栋楼，和我家前后相邻。我家在二楼，她家在三楼。站在我家的窗口，望得见她家的走廊。有时只要对窗大喊一声，就可以看见P应声开门出来。我去她家吃一碗绿豆汤，她来我家睡个午觉，都是很稀松平常的事。我们一起用宽口瓶养过从附近池塘里捉来的蝌蚪，也用竹匾很正式地养过春蚕，寻遍附近的乡村采摘桑叶，还一起去歪倒的树上采集甜花蕊带去课堂上解馋，放了学，就在家门口的砖地上画线跳房子……因为地方小，使得我们的时间可以拉长，变得从容。似乎每一个细节都能慢慢品味，每一个动作都可以延迟几个拍子。

这样的日子悠闲而明媚。从来都是走着去做任何事情，搬过几次家，从家到学校的步行路程都不超过十分钟。初二时，我学骑父亲的28寸自行车，在下坡处被上行的卡车吓破了胆，从此再也不敢骑车。这与我从小较少见到汽车有关。

高三毕业时，为学生会活动买奖品，我才第一次和一个男生独自坐公交车去了一趟南京城，目的地是新街口。这是我有生以来第一次没有大人陪伴坐车出"远门"。在我的记忆里，那次出门有着成长礼般的仪式感。我们画好了详细的地图，回程的车次咨询了很多个大人，整个过程做得十分小心繁琐。从我们那地方到南京，不到一小时车程，而在心理上，却是不可思议的远。想起来，哪怕是孩子，心里也一直存着这样一个念头：到南京，是"去"南京；而到上海，却是"回"上海。可是，真的回到了自己的地方呢？

　　1990年，当我真的回到上海念大学时，才深深感到，这个上海大概也不是自己的地方。班上二十九个同学来自五湖四海，仅有的几个上海生自然而然有了自己的小圈子，可我却难以融合进去。隐隐明白，自己的气息已经积聚了将近二十年，是我那个被寄养的故乡造就的，它沾着泥腥气、铁锈气、青草香，裹挟着初春时万物萌长的幼嫩气息……恐怕一辈子都难以脱掉。这或许是一种损失，又或许，也是一种获得。

西栅的梆声

2008·12·29

迟子建

　　乌镇是一枝莲，东栅、西栅、南栅、北栅是它张开的花瓣。东栅因为天光和烟火气盛，这片花瓣在我眼里是银粉色的。西栅呢，它被不绝的流水环绕着,那层层叠叠的楼台水阁,迷宫似的灰街长巷,也就有了舟楫的气象,似乎你轻轻一推,它们就会起航。这片轻灵的花瓣,在我眼里就是烛白色的了。烛白色不像银白那么耀眼奢华,也不像乳白那么温柔平淡。烛白色,它高贵朴素,充满激情而又深沉内敛。因为烛白色里,掺杂着天堂的色彩。

来乌镇的,不仅仅是人,还有白鹭、云朵、晨雾。与它们比起来,依赖车船出行的人,是多么的被动啊。白鹭来,乘着清风,扇动着丝绸一样的翅膀,倏忽间就翩然而至了;云朵呢,如果它们思念身下这片枕河入梦的人家了,从天宇的某个角落出发,且歌且舞,飘飘洒洒,也是说到就到了。比起白鹭和云朵,晨雾不是远客,它们就栖息在乌镇纵横交织的水泽深处。只要它起了顽皮,就一哄而起,缚住太阳,把人间幻化为海市蜃楼,霸气十足地做这世界早晨的皇帝。

我在乌镇,住在西栅。西栅由十二座小岛组成,所以进出西栅,须乘坐渡船。到乌镇时已是晚上九点,江南的雨淅淅沥沥下着,好像乌镇这个素服女子忙活了一天,正在做安寝前的沐浴。从西栅的码头登船,去通安客栈,大约一刻钟。西栅的渡船是我喜欢的那种,带篷的木船,梭形,人工摇橹,至多坐六人,既不像大船那样笨拙少情调,又不像只能容一两个人坐的小舟,在水波上活跃得像条鱼一样,让人心生不安。不大不小的渡船,如同恰到好处的鞋子,最适合游人的脚。船家是个女子,乌镇人对她们有个亲切的称谓:船娘。而我觉得,女子的性情,最适合在西栅摆渡。因为这儿不是荒凉的海域,需要顶天立地的男人披荆斩棘;西栅是一个宁静的港湾,是个听桨声的地方,由性情多温婉的女子做"掌门人",再妥帖不过了。

船娘戴着斗笠,不紧不慢地摇着橹。虽然落着雨,但岸上投下的灯影,依然盛开在河面上,看来电的筋骨,实在强啊。没有月亮的夜晚,那一团团湿漉漉的橘黄的灯影,看上去像是月亮生出的金发婴孩,是那么的鲜润明媚。带着一身的水汽,船停靠在客栈的码头上了。简单吃了点东西,洗漱后躺下,已是深夜了。旅途的劳顿,并没有使我立刻入睡。不过在西栅失眠是幸福的,因为你在静得出奇的夜里,能听见淙淙的流水声。

来乌镇的次日,是茅盾文学奖颁奖的日子。我醒来的时候,西栅还没醒,因为它被浓雾包裹着,所以到了天亮的时辰,它却亮不起来。早饭后,我出了客栈散步。上了一座灰白的石拱桥,站在桥上,只见河两岸的房屋,好像晾晒着一匹匹白色的丝绸,被雾气紧紧缠绕。你想看远一点的河道,看不清楚;想看近处房屋的飞檐,也是看不清楚的。雾中的西栅,也就有了如梦似幻的感觉。上午十点多,雾小了,雨又来了,所以那个白天的太阳,和那个夜晚的月亮,是逃跑的新娘,芳踪难觅。如果说乌镇是一朵静静的莲的话,那么茅盾文学奖的颁奖典礼在我眼里就是昙花。那个夜晚的颁奖盛典结束后,第二天,与会人员纷纷离去了。客栈的小码头忙碌起来,船娘忙碌起来,被桨搅起的水波,也忙碌起来了。

我也乘渡船出去,但奔赴的不是飞机场,而是东栅。太阳终于露出了芳容,天地间变得亮堂起来了。东栅游人如织,每一座石桥,每一条小巷,每一座古老的楼牌下,都有驻足观望和拍照的人。导游带着我们,先是参观了一个专门展览雕花木床的博物馆,然后去了乌镇名酒、从清朝就开张了的三白酒的酿造地。在乌镇这样的水乡,如果没有酒,老百姓的日子,无疑是少了魂儿。出了酒坊,近午的时候,在去餐馆的途中,我在一条巷子里,遇见一个白发苍苍的老婆婆。她将自家炉灶支在屋外,微微弓着背,神色怡然的,当街翻炒着一锅羊肉。羊肉显然被酱汁浸透了,油红色,扑鼻的香气。很多游人停下脚步,眼馋着那锅肉。而我眼馋的,是老婆婆手中的那把锅铲。如果我到了她这般年岁,能像她一样自如地使着锅铲,为自己烹调下酒的小菜,那就是此生最大的福气了。

从东栅回来,小憩片刻,导游又带着我们游西栅。看了白莲塔、通济桥和仁济桥所形成的著名的"桥里桥"景观、蚕丝厂以及酱坊。西栅最有趣的景观,是三寸金莲馆。那里展览的,是历朝历代形形色色的小鞋。有研究者说缠足始于隋唐,也有人说由五代兴起。清入主中原后,反对汉族人缠足,尤其是康熙大帝。从这点看,康熙还算是充满人性。康有为在自己的老家广东南海,还曾联合当地乡绅和开明人士,创立过不缠足会。这种病态的审美和风习,在中国流传了近千年,却是一个不争的事实。那些小巧玲珑的鞋子,多有斑斓刺绣,花色妖娆,可我却看不出丝毫的美来,因为它们是女人的脚镣啊。

游过西栅,天色已昏。我们就近在一处临河的餐馆吃晚饭。饭后,回到客栈,清理完旅行箱,想想明天就要离开西栅了,心中似乎还有什么割舍不下的。九点一刻,我独自出了门,看夜下的西栅。

石板路上,几乎看不见行人了。西栅静起来,而另一种光明,却升起来。点缀着夜晚的灯光,以乳黄为主,但也有幽蓝的光带,裹着石桥,使桥有了闪电的气象。那一盏盏古朴的风灯,在苍灰的屋檐下,随着晚风轻轻摇荡,像恋人温柔的眼。我走进一条深巷,周围竟一个人都不见,那一座座阒然无声的深宅大院,使我怀疑里面居住的不是人,而是神灵。我有些害怕,连忙回到离出发点不远的放生桥那儿,桥下有一个小酒吧,还有零星的顾客。刚停下脚步,就见柳树丛中闪出一只猫来,雪白雪白的,它好像赶赴什么约会,飞也似的越过石桥,去另一岸了。猫离去了,一个清扫员出现了。她一手拎着撮子,一手提着扫帚,打扫石巷。我看了看撮子,里面最多的是落叶。乌镇再怎么的江南,也是秋意阑珊了。我跨上桥,刚好看见有一只载客的船从远处荡来。我听见客人在问:"岸上是什么树呀?"船娘答:"香樟树。"之后再无人语,有的只是水声。我看着这只船渐渐接近石桥,然后鱼似的从桥下跃过,不见了踪影。正当我要走下石桥的时候,一阵梆声石破天惊地响起,这是打更的人在报时了。打更的人穿行在哪一条巷子,我并不知晓。但这寂寥而空灵的梆声,与教堂的钟声一样,让我身心顿时为之一爽。是啊,这禅意深厚的梆声让我明白,所有的盛典和荣耀,不过是一季的盛花，会转瞬间化为流水。那些相识的和不相识的人，包括我自己，不过是这世界的过客而已。明白了这个道理，你就不会在脱离了灯火璀璨、人语喧嚣的环境后，惧怕一个人走夜路。这复古的梆声，让西栅的夜，白了。

说文谈艺
SHUOWENTANYI

选自良友版木刻连环画《我的忏悔》,麦绥莱勒作

老残：第一个现代知识者

舒 芜

秦汉确立大一统君主专制制度以来，特别是隋唐建立完备的科举制度以来，皇帝高高兴兴地看到"天下英雄入吾彀中"，广大士子能够通过这一条路把自己融入统治体制之内，做"朝为田舍郎，暮登天子堂"的梦。成千上万士子走这一条仕途经济之路，走得上去谓之得意，走不上去谓之失意。得意者总是少数，失意者总是多数。失意者如另有某种一技之长，可以靠它吃饭，只是不得已暂时之计，仍然念念不忘"学成文武艺，售与帝王家"，仍然是君主专制制度的忠实拥护者，积极支持者。伟大的杜甫也还是要"致君尧舜上，再使风俗淳"，李白也还是要"但用东山谢安石，为君谈笑靖胡沙"。

至于清代，君主专制制度完全成熟，同时就隐伏着危机。所谓乾隆盛世便出现了《红楼梦》，贾宝玉痛恨仕途经济之路，又找不到别的路，只能归结于彻底悲观。《儒林外史》嘲笑科举制度，也找不到别的路，只好以复古为解放，幻想归结于一帮科举失意半失意者以古礼祭祀泰伯祠。《官场现形记》《二十年目睹之怪现状》愤怒谴责官师士商，而"描写失之张皇，时或伤于溢恶，言违真实，则感人之力顿微"。（鲁迅《中国小说史略》）

历史需要完全新型的知识分子来代替旧式士子，文艺在探索。别人没有成功，只有《老残游记》作出答案，写出了第一个中国现代型知识分子——老残。

铁英，号老残，是个摇串铃的游方郎中。他能诗能文，与一般士子无异。他能医,一般士子业余能医者也多。他的特异之处在于以游方郎中为业,这个社会身份一向为人看不起,他却不是一时不得已的权宜之计,而是乐于此道,安身立命。他这个愿意服务社会,凭脑力劳动,自立自主为生的特点,就是现代知识分子不同于古代士子的特点。他不只是能医,还有许多实际办事能力。他上能洞察官场黑暗,特别是所谓清官的黑暗,下能深入民间调查研究,推翻所谓清官制造的冤假错案,揭露出所谓清官的罪恶往往过于贪官。他上得封疆大吏庄宫保的激赏,下能为新任知县借箸代筹,明明有许多机会进入上层官场却拒绝进入。这样的知识分子是以往文学作品里从来没有出现过的。

过去论者多未注意及此。鲁迅《中国小说史略》里从思想上肯定它的揭发清官罪恶,艺术上肯定的只有"叙景状物,时有可观"一句话。聂绀弩《老残游记》诗云:

贪官不恨恨清官,君子小人也一般。
南革北拳皆祸水,外洋中土竟他山。
歌声白妞形容绝,冰影黄河彻骨寒。
不是此书全不是,只今读者总羞看。

只有第三联发挥了鲁迅"叙景状物,时有可观"之意,其他都是思想上加以否定。

现代知识分子代替古代士子,本来是件大事,其意义超过贪官清官、南革北拳问题,而周、聂二公均未及注意,大概阅读语境的变化导致理解领会的区别是永远的。

二〇〇八年二月九日

我遇到了林散之
——"我有良师"之二

傅益瑶

"鲤之过庭，必得父教"，这是孔子教诲儿子孔鲤的方法。这种过庭之教是中国教育，特别是家庭教育中最有魅力的特色之一。因为中国教育最注重变化气质，养育人格，只有在人格形成的同时，才能使知识和文化得到传承和创新。我从小就生活在"过庭之教"的环境里，虽不自觉，但父母的教诲，就随着一口饭，一口汤被慢慢地喂进来了。习惯了的东西一旦失去才会惊觉它的宝贵，才会涌出强烈的难舍之情。文化大革命最初的批斗打砸的浪潮过去之后，我被排斥在造反派之外，成了名副其实的"逍遥派"，无所事事，无所适从地晃荡着，就是在这个骨节眼上，我遇到了林散之老先生，是他让我重温了"过庭之教"的温馨。

记得那是个夏天下午，我的表妹兴冲冲地跑来说："林老搬到百子亭八号来了，我们去看他好吗？"我早就闻知林老——林散之老先生是位大书法家，可从来没有见过。此时我的妹妹和表妹都在练书法，于是我们就结伴去拜访他，而且百子亭离我们家很近，出门转个弯就到。林老住在楼下，他的客厅兼书房就面对着院子，里面是睡房，我们几个人说说笑笑地走到门口，往里一看，竟然没有人，于是我们便又热闹起来。待我们走到客厅里，忽然听到里屋有个低沉的却又爽朗的声音在说话，只见林老坐在藤椅上拿着把芭蕉扇笑眯眯地对我们说："你们这一群真好像是从大观园里走出来的。"这一说又把我们弄得哈哈大笑。说实话，当时我看林老，倒有点像看刘姥姥，他的头是圆圆的，眼睛晶亮晶亮，也是圆圆的，一双眉毛，长着长长的寿眉，仿佛也是圆圆的，特别是他笑起来，两个腮帮子更堆成圆圆的，真是又可爱又有趣。在这间书房里与林老共度了许多时光之后，我才知道，自己才是书法这个大观园里的刘姥姥。

　　林老是个伤残之人，他双耳失聪，据他说，有一天窗外风雨交加，他看到电光闪闪，却听不到打雷声，心想，为什么这场雨只闪电不打雷呢？从这时起他才知道自己完全聋了。从那以后，他作书落款，便把"散之"连在一起写，看起来就好像是个草写的"聋"字。这似乎是自嘲，又好像是自怨，其实都不是，这是一种自足。我想，这在别人身上也许只能抱残守缺，可林老却能化腐朽为神奇，把不幸变为财富。和他聊天可以说是半作笔谈，我们把想说的话写在纸上，然后他会回答我们，也许是听不到多余的杂音的缘故，他比谁都能抓到我们内心的悬疑和纠葛。他的回答总是简短而绝妙，给我们留下反复揣摩和回味的空间，诙谐和有趣的话又常常能让我们触摸到深奥恢宏的哲理和玄机。林老的右手曾经被沸水烫伤过，拇指和食指就粘到了一起，不能开，只能合，变成了个硬圈，让人酸楚不忍。我想象他不得不放弃熟练的右手而改用左手来写字，一定十分艰难，十分困惑。待我们彼此熟悉了以后，我把心里的疑虑和盘托出，谁知林老只淡淡地笑了笑说："那有什么，只是换只手拿笔而已，写字不靠它，只有不会写字的人才用指力呢。"我听后不禁诧然，问："不用指力，那用什么力写字才好呢？"林老回答说："当然是离手指越远越好。"我思忖着：那腕力比指力好，而臂力又比腕力好，背力比臂力好……我忽然悟到了，岂不是用脑力最好？我语及于此，林老用手指了指头上，我一下子明白了，脑力之上还有一种更远更神秘的力，那就是神力。我看着林老沉思着的生动的面孔，心中深深地感动着，原来失去手指的林老，和失去听力的贝多芬一样，困苦反而使他们找到使用神力的道路。

　　《菜根谭》有言，"学问乃是寻常家饭，当随事而讲"，林老就是这样。他从来不大张旗鼓地谈什么书论画理，可是却常常会冷不丁地说一句什么，就成为我们一生可究的书法课。有一次他写完长长的一笔悬针后，朝我笑了笑说："死蛇挂树。"我吓了一跳，连忙朝院子里张望，以为院子里有蛇。林老用手指了一下那笔悬针，自己也挺得意地欣赏着。我定睛一看，只觉得那一笔在微微地颤动着，不禁想用手去碰它。原来"死蛇挂树"是对书法用笔的一句很高的评语，蛇虽死不僵，骨血精气俱含于内，挂在树上虽是下垂，却有股向上的力量。所以悬针这样的用笔，向上的内力极关重要，最怕的就是有气无力地向下拖。林老在纸上写下这样两句诗：笔从曲处还求直，意如圆时更觉方。也就是说，只有内力和外力逆势的相互作用，才能表现出生命来。林老说，写"点"这个笔划，有时要如飞鹰啄食，又轻又快，又准又狠，有时又要像高山坠石，万钧之力，瞬时落地。他写"走之"，或者写"撇捺"，也有说法，那叫阳关三叠，就像乐声，不论你怎样抑扬顿挫，怎样刚柔转折，都不能有一丝音漏，一瞬气断。有一次我看着他一口气写完了一整幅诗文，从头到尾变化有致，悬而观之，更觉前后顾盼，十分有情。我问林老，他是否先打了腹稿再写的，不然怎么能把握得这么好。林老说，"其实也不需怎样打腹稿，只要把要写的东西先放到心里就行了，字有顾盼与人有朝揖一样，是很自然的事情，想想看，在一个屋子里，如果里面的人互不理睬，各不相关，那这间屋子不就变成了牢房？你还呆得下去吗？"我听完后大为感动，没想到书理与人伦竟是如此相通。

　　常有人会拿着自己或别人的作品来请林老点评，林老通常是定睛看一眼，然后就掉过头去，久久不语。大家都在等着，忽尔林老会说出一个字来，有时说"滑"、"流"，有时说"呆"、"滞"之类，真让人费思量。后来我才慢慢悟出，比如说"流"，就是说你的笔根本就没有在纸上站住，所以你笔上的墨全部都从纸上流光了。我心里好奇怪，笔在纸上，同样是轻重缓急，偏正曲折，为什么有的人力轻则浮，力重则钝，疾运则滑，徐运则滞，偏用则薄，正用则板呢？是林老让我明白，万事都须积功累力而可成，所以近名急功者，不是浮丽诡媚，就是剑拔弩张，不自然肯定就不会灵动，不灵动就绝不会有神韵。而自然不自然又全看你是不是从"思"里来，所谓思不竭则笔不困也。林老自己就是在有笔墨处求法度，在无笔墨处求神理，而法度愈严，神才愈逸。到此时，我才豁然醒悟。林老的生活作息是大有名堂的，他每天很早就起来，起来后的第一件事便是读书，第二件事就是打拳，打完拳，吃了饭，再睡一个回笼觉，然后才是他写字作画的日课。林老说，"我活着，就要写字，写字不能没有好身体，所以我每天打拳；但是写字的更不能不是一个好人，所以我打拳之前要读书。今天的我不比昨天的好，那我今天的字肯定不会比昨天好。"这真是一个艺术家了不起的自誓。在林老身上，字的精进，就是人的精进。

　　我非常思念林老，不光是在艺术上，而且在我的人生中，他也给了我一把极大的助力。在我最感人生不幸的时候，我读到两句旧诗："新交遭薄俗，旧好隔良缘"，我一下子哭了起来，以为这两句诗把我的心境处境都说到了，就拿着去找林老，告诉他我的心情，求他给我写成一幅对子挂起来。林老看了以后默坐良久，随后拿起笔在裁好的纸上写起来，我不知道他写什么，不过似乎不是我所求的。写完后一看，原来是陆游的两句："书似青山常乱叠，灯如红豆最相思。"这也是我喜欢的诗，只是与此情此境连不起来，我诧异地看着他，他对我说，你好好读读，接着又用手指了指上联中的"乱"字和下联中的"相"字，说："好好想想这两个字。"我们静静地坐在那里，在煦和慈穆的气氛里，我渐渐颖悟到林老的用心，我揣摸着：青山看起来很乱，但当你走进去，它就会给你一个留连忘返的别样世界，而书呢，更是一个"乱"字所能描绘的，然而你若读进去，就能帮你形成你的人生观，你的世界观，学时一大片，用时一条线。这就是"乱"而其实"不乱"的妙处，只要你努力，就能从"乱"到"不乱"。红豆是个相思物，正因为它是相思物，所有的人都会向它投以相思；灯，如果把它点亮了，那它就像红豆一样成了相思物，那么我们的心不也一样吗，让它亮起来，它也就会成为相思物，世上万物都会向它报以相思，岂是"新交旧好"这些区区小事可以困扰纠缠得了的呢！我把我的想法告诉了林老，他慈爱地点了点头说："看来没有白写，你拿回去好好挂挂。"这幅对联现在就挂在我东京寓所客厅的墙上，我只要一坐在这面墙对面的沙发上，就会深深地陶醉在欣赏它的快乐里，重温林老让我"好好挂挂"的用心。而这时，林老写这幅对子的情景也会自然而然地浮现在眼前。林老写字的习惯是将蘸饱了墨的笔落纸即书，从湿笔一直写到干笔，写到渴笔为止，中途从不舔墨。我记得那天林老也是这样，那墨汁几乎滴下来的笔落到纸上时，简直就是一泡墨一下子洇开了，他既不用纸去吸，也不快快提笔，依然神定气闲地写下去。我想这幅字一定写坏了，谁知挂起来一看，那个"书"字浸开来的墨迹竟天衣无缝地在中心留下了一星空白，就是这一星空白，使这团墨成了精灵可爱的"书"字。这真令我叹服之极，林老能把握到如此，非神力而何！"执笔如壮士"，胸中如不心雄万夫，那笔下怎能运斤成风。林老浑身函贯着的那股豪迈之气，正应了辛稼轩词里的一句话："人间八十最风流。"

[附录]（2008.04.29）

关于"死蛇挂树"

吴东昆

"笔会"4月8日刊出《我遇到了林散之》一文，作者傅益瑶叙述与"当代草圣"林散之过从之细节，兼论书艺和做人，读来饶有滋味，予人启发良多。但文中写到："有一次他（指林散之）写完长长的一笔悬针后，朝我笑了笑说：'死蛇挂树。'我吓了一跳，连忙朝院子里张望，以为院子里有蛇。林老用手指了一下那笔悬针，自己也挺得意地欣赏着。"作者接下去发挥，以为"死蛇挂树"四字是褒语，此一点我以为是可商的。

"死蛇挂树"一语出自传为王羲之所作的《笔势论十二章》："字之形势……不宜伤长，长则似死蛇挂树；不宜伤短，短则似踏死蛤蟆。"在这里，"死蛇挂树"是对字形过长而腰肢无力之病的一种形象的批评。宋代书法家苏轼、黄庭坚曾互开玩笑，苏称黄字如"树梢挂蛇"，病其字有时太瘦长，黄称苏字似"石压蛤蟆"，指其字或失之扁浅。二公所用之语亦本《笔势论十二章》，但留了分寸，虽相嘲而不作恶谑。从傅文看，林散之所说应为玩笑、调侃语，我们自可从中领略老先生的风趣、幽默；从常理来说，他对自己的书作无论多满意，也无须自吹自擂，那样倒显得小器了，相反，用一句贬语来表达自己的得意，倒在情理之中。

笔者在农村时，曾亲手将死蛇挂上树枝（村民都这样做，也许是为方便鹰隼叼食吧），这并不容易，盖死蛇虽任人摆布，但软绵绵、滑溜溜的躯体像是扶不起的阿斗，屡挂屡坠。即使勉强搭在枝头上，也是颤悠悠地垂着，随时有跌落的可能。显然，死蛇挂树绝无精气神可言，只有活蛇才行。要之，蛇挂树非必不佳，不佳者在于死蛇；蛤蟆也是这样，作为天然之体，并不丑陋，难看的是被踏死之后。所以，古人所概括的"死蛇挂树"和"踏死蛤蟆"两种书病，是很形象而准确的。

打工女的诗

李荫远

上世纪九十年代以来,每年发表在报刊上的新诗数量庞大,但我读后留下良好印象的实在太少。最近读到两位打工女诗人抒写南方合同工生活和遇难矿工家属心境的诗作,却令我十分震撼,似乎从来没有见过如此直面苦难的诗,故摘抄并评价之。

1

郑小琼的《黄麻岭:生存的火焰》组诗,见《诗刊》2007年7月号上半月,选录其中一首:

生 活

你们不知道,我的姓名隐进了一张工卡里
我的双手成为流水线的一部分,身体签给了
合同,头发正由黑变白,剩下喧哗,奔波
加班,薪水……我透过寂静的白炽灯光
看见疲倦的影子投影在机台上,它慢慢地移动
转身,弓下来,沉默如一块铸铁
啊,哑语的铁,挂满了异乡人的失望与忧伤
这些在时间中生锈的铁,在现实中战栗的铁
——我不知道该如何保护一种无声的生活
这丧失姓名与性别的生活,这合同包养的生活

在哪里,该怎样开始,八人宿舍铁架床上的月光
照亮的乡愁,机器轰鸣声里,悄悄眉来眼去的爱情
或工资单上停靠着的青春,尘世间的浮躁如何
安慰一颗孱弱的灵魂,如果月光来自四川
那么青春被回忆点亮,却熄灭在一周七天的流水间
剩下的,这些图纸,铁,金属制品,或者白色的
合格单,红色的次品,在白炽灯下,我还忍耐的孤独
与疼痛,在奔波中。它热烈而漫长……

此诗是劳动者自己发出的原生态的呐喊,有如火山爆发喷出岩浆的炽热;语言质朴,毫无文饰,其分行处往往就是她喘息的停顿。诗即是她生命存在的直白,不宜用音韵或声步来加以分析。后发的中小企业总要追求最大的利润,打工者深受定额高、工作环境差、工资低、工时长的苛刻待遇,在诗中并没有怨尤,工作合同是自愿签的。铁字在诗中频繁出现,铁是机床、工具和纪律的象征,一切如铁一般地严酷。她以写诗来冲出生锈的铁、战栗的铁、哑语的铁的层层包围。有人将她的诗美之名曰"工业时代的新乐府",不仅极不适合,而且绝非诗人之本意。

郑小琼,1980年生于四川南充,卫校毕业后,担任医师一年,南下到东莞打工并开始写作。四年多来,她不仅写了许多打工女苦涩人生的短章,也写了一些超越现实,触及历史、文化和形而上思考的长诗。据说,她是一个安于孤独的人,下班后便在八人公用的寝室中写作或者聆听已使用许多年的随身听里的乐曲。写诗是养活不了人的,她一直是个打工者。

2

屏子2003年写的矿难之哀歌:

父亲,我们坐在餐桌前等你

父亲,我们坐在餐桌前等你

桌上的三只碗在等你

天边,豁了口的月亮是第四只碗

父亲,我们在等你回家

将你从黑夜里分离出来

你只有眼睛里是白的

还有咧开嘴笑出的一口白牙

亲我们的时候

脸上的煤渣比胡子还扎人

我们常常欢笑着挣脱你的怀抱

父亲,你这次真的全身都变成黑的了

从煤的一部分变成一整块煤了吗

父亲,那些饭在等你

剥开粗糙的稻壳

把米从谷子里拽出来

炊烟熏得香喷喷的

就是我们的晚餐了

父亲,你的米是黑的

你把在矿里打工称作种地

你像爱米一样地爱着煤

又像爱煤一样地爱着你的儿女

父亲,如果真的留不住你

我们将扯一匹白布铺在你的脚下

你走了太多的黑路啊

如今,愿你越走越敞亮

走到东方既白,走进天堂

你在高高的地方可以看见

我们也让我们一仰起头时就能看见你
……
父亲,从此我不敢烧煤炉了
那仿佛是你红红的眼睛
在看着我盯着我
从此我不能走在煤渣路上了
硌疼了我的脚窝扭伤了我的脚脖
……
父亲,现在我们渴望你的胡子和煤渣
将我们的小脸扎得疼一些再疼一些我们要用小手箍紧你
抱着你,亲着你,蹭着你
手黑了脸黑了衣服黑了
这是你给我们的奖赏
……

近年矿难是多发性的,此诗并无一语涉及矿山的景况与矿难的惨状,从遇难的妻女不信凶报还坐在餐桌前等待写起,剥茧抽丝地写出女儿对父爱的回忆,妻子永远无休的哀痛,煮好了的米饭和变成了煤块的父亲。全诗共九节、八十一行,反复悲吟那受难者从黑夜的一部分变成一整个的黑夜,而妻女还在等着父亲回家。诗中黑白二字的交替出现加重了语言的力度。

屏子1970年生于南京市郊区,本名李萍,幼时她母亲在家务农,父亲远在江西当工人,如此才能养活一家五口并供子女上学。屏子从小学时代就热爱文学,初中二年级时的习作便得到发表,但高中毕业时高考落榜。后来她以农民工的身份在卑微的工种间漂泊,极端困难条件下业余学习通过了成人高考。近年来屏子的诗频频见于全国性报刊,同时她被一私家企业录用为职员。

《父亲》一诗发表后,不胫而走,诗坛瞩目。2007年她的首部诗集《屏子的诗》出版。

3

这两首诗停留在抒写生活的艰辛或人生的苦难上，缺少社会批判。笔者认为，改革开放中出现的不公正只有进一步改革开放才能逐渐消除，这已是多数人的共识。盛世也不免有生民的苦难，明白地讲，那就是这些年的发展，有一部分正是由弱势劳动者撑持起来的。直面人生苦难的好诗是一种呼唤，她呼唤着进一步的以人为本的改革开放！

老歌的歌词
商友敬

2008·01·27

病中无事，在家听听老歌。老歌，现在叫"怀旧金曲"，然而电视台播的"怀旧金曲"上溯到邓丽君为止。邓丽君唱得当然好，值得一"怀"，但就歌词而言，高明的不多，有些让我无法下咽。在我听来，歌词还是上个世纪的三四十年代写得好。

也许是因为"五四"之后，文人终于从旧诗词的严密的格律中解脱出来，但骨子里还是对汉语的声韵之美难以忘却，所以他们写的歌词虽不怎么自然，但是有韵味，好听。如三十年代黄自作曲的《本事》，是研究古词曲的名家卢前（即卢冀野，吴梅弟子）填的词，纯粹一首白话诗：

记得当时年纪小，我爱谈天你爱笑。有一回并肩坐在桃树下，风在林梢鸟在叫。我们不知怎么睡着了，梦里花儿落多少？

琅琅上口之余有韵味在回荡，通俗易懂之外更有浓郁的诗情在洋溢。这才是歌词中的精品。

更有名的词学专家龙七（即龙榆生，朱彊邨弟子），也为黄自的曲子《玫瑰三愿》填过词：

玫瑰花，玫瑰花，烂开在碧栏杆下。我愿那妒我的无情风雨莫吹打！我愿那爱我的多情游客莫攀摘！我愿那红颜常好不凋谢！好教我留住芳华。

一个习惯于填《浪淘沙》《西江月》的旧词人，一旦跨出词牌的格律，也能够自由而顺畅地写下这《玫瑰三愿》，而且成为一首流传久远的名曲。可惜的是他们浅尝辄止，没有机会再深入探讨，再进一步创作。

要说整个二十世纪汉语歌词写得最精彩的，我看第一要数刘半农的《教我如何不想他》——要文采有文采，要意象有意象，要境界有境界，而且可以作无穷的追索无尽的想象：

天上飘着些微云，地上吹着些微风。啊！微风吹动了我头发，教我如何不想他？月光恋爱着海洋，海洋也恋爱着月光。啊！这般蜜也似的银夜里，教我如何不想他？水面落花慢慢流，水底鱼儿慢慢游。啊！燕子你说些什么话？教我如何不想他？枯树在冷风中摇，野火在暮色中烧。啊！西天还有些儿残霞，教我如何不想他？

要说诗的内容，太简单了，无非是我们中国民间流传千年的"四季相思调"，一代代城乡女性都会哼唱的，但到了新旧文化之交的诗人刘半农手上，点铁成金，每一句每个字都闪闪发光，铮铮作响。他不仅仅是自铸新词，而且自创格律。他的韵压得好，读起来唱起来就韵味十足。韵味就是回味，它久久地在你心头回荡，能勾起人的无限情思。当然，这首歌的成功还有一半的功劳是赵元任的曲子谱得好，实在好，就是唱好它不容易。

我之所以对三四十年代的歌曲大有好感，主要原因是我出生在那个年代。我是"七七抗战"的同龄人，睁开眼就看到国破人亡，童年时代目睹无数的民间疾苦，与此同时，救亡歌思乡曲充盈在耳畔，到老都忘不掉。

有一首《思乡曲》，不是马思聪拉小提琴的那首，而是不怎么出名的作曲家夏之秋和更不出名的词作者戴天道合作的，它给我留下刻骨铭心的感动：

> 月儿高挂在天上，光明照耀四方，在这个静静的深夜里，记起了我的故乡。一夜里炮声高涨，火光布满四方，我独自逃出了敌人手，到如今东西流浪。故乡远隔在重洋，旦夕不能相忘。那儿有我高年的苦命娘，盼望着游子返乡。

它的意蕴和旋律很简单纯朴，不过是一般流浪者的思乡之情，但引起的共鸣是广泛的。我在童年时代学会之后，到了青年中年，尤其是在农场劳动时，一旦发现身边无人监督时，就会轻轻地哼唱这首歌，每唱到"那儿有我高年的苦命娘"，必定潸然泪下——也算是一次"反改造"的发泄，所以当时的"指导员"说我的"反改造"是"有本钱"的。

我又想到，如果完全摆脱了古代韵文的格律，纯然用散文写歌词行不行呢？未必不行。最好的例子就是端木蕻良的《嘉陵江上》：

那一天，敌人打到了我的村庄。我便失去了我的田舍、家人和牛羊。如今我徘徊在嘉陵江上，我仿佛闻到故乡泥土的芳香。一样的流水，一样的月亮。我已失掉了一切欢笑和梦想。江水每夜呜咽地流过，仿佛流在我的心上。我必须回到我的故乡，为了那没有收割的菜花，和那饿瘦了的羔羊。我必须回去，从敌人的枪弹底下回去；我必须回去，从敌人的刺刀丛里回去。把我打胜仗的刀枪，放在我生长的地方！

——好一个东北硬汉子！再加上贺绿汀的曲子如影随形地贴在这大义凛然的词句上，使它完全可以同《松花江上》形成"双璧"！

有一件事颇有趣：九十年代初，香港某歌星在上海办培训班，一群少男少女都来参加，不知怎么找到我头上来，要我去讲一讲歌词的欣赏。我把当时流行的"名曲"拿来看一看，实在找不出可欣赏的文字，倒反而看到一些可笑又可厌的句子，如"不能没有你呀！"简直像宁波女人哭老公，太直白了，全无韵味。怎么办呢？想起元人小令中的一首："欲寄君衣君不还，不寄君衣君正寒。寄与不寄间，妾身千万难。"——这多好！通俗易懂又含蓄温柔。又想起周璇唱的《拷红》："一不该，言而无信把婚姻赖；再不该，女大不嫁把青春埋；三不该，不曾发落这张秀才。如今是米已成饭难更改，不如成其好事，一切都遮盖。"——小红娘反客为主，言词凿凿，压倒老夫人。这才是歌词的典范！

不知不觉说了这么多，现今的年轻人也许会说：每个时代都有自己的好歌好词。这话不错。但我，依然留恋着三四十年代，因为我是从那个年代走出来的，请容许我也来恋恋旧吧！

古诗优于唐诗

2008·07·16

徐城北

　　古诗何耶？我这里主要指唐诗之前的古诗十九首，以及同期的汉魏六朝诗歌。说起中国的传统诗歌，没有不首推唐诗的。记得上中学时，课本里选了不少，我们背诵下来，至今记忆犹新。尤记五年之前，当我还住在一个机关宿舍大院时，某个星期日，有大篷车拉来不少的新印制的善本书籍，比如《孙子兵法》《菜根谭》《资治通鉴》与《唐诗宋词元曲》等。每部都有厚厚的纸匣，打开之后，里边是精印的线装书，纸张还发散着檀香气息。每部售价仅一百元，卖书的人称原价八百，如今是"大流血"与"大牺牲"。听他的！我砍价到每本八十，于是就买了上边那四大册。等抱回家，妻子一见就嚷嚷："都要搬家了，你还乱买东西！"我翻开《唐诗宋词元曲》那一册，抽出来把纸页翻开，有意让檀香味道四处飞散："你闻闻，你闻闻……"

　　几年过去，我习惯把《唐诗》打开了放在手边。等有了闲空，就半躺在沙发上，随意翻阅起来。这样能带给人一种情怀，尤其能使我安静。但没料想，最近翻寻旧物时，发现了一批旧的新书。它们多是五十年代后期印的古典文学，出版社都是大社，内容也无非是唐诗以及汉魏六朝诗歌之类。尤其让我自己都惊讶的是，其中大多是别人看过又转手出售的旧书，价格嘛，也仅仅是八角七、九角三或一元零几分。但点校者及写序者都是大家。再一翻，更发现一个奇处，书的扉页上通常有原书主的签名，书中往往还有他的批注。这一来，我除了仔细品味序言之外，还不时参照原主人读书的心得。这就不免让我沉浸到了久远的年代中，并感到这是件非常有趣的事了。

我特别关注《汉魏六朝诗选》那一本，因为其中就有大名鼎鼎的古诗十九首。其前，还有很短的一首"古歌"："高田种小麦，终久不成穗。男儿在他乡，焉能不憔悴？"就这样二十个字，何等朴素又何等直截！我认为，这样原生态的诗歌，丝毫不亚于李白的"床前明月光"，而比晚唐李商隐、杜牧们的诗歌就更强出许多了。中国的诗歌在汉魏六朝时期，还远未成熟，但越是朴素，也就越发感人。等到诗歌发展到李商隐的"无题"阶段，他的那些更隐晦的诗句大量倾泻的时候，诗歌的生命力也就不强了。所以，我才斗胆写出了本文的题目：古诗优于唐诗。是优，是蓬勃，是有生命力！

我又想到了古典京戏，谭鑫培的《秦琼卖马》："店主东带过了黄骠马，不由得秦叔宝两泪如麻。提起了此马来头大，兵部堂王大人相赠与咱。遭不幸困至在天堂下，欠你的店房钱无奈何只得来卖它。摆一摆手儿你就牵去了吧，但不知此马落在谁家……"这段唱是当年我读书时，认真随从教唱腔的老师学过的。老师跟我们说："如今我只是教你们这些腔儿，其中的内涵你们不会懂得。时代变了，你们也太年轻，不可能懂得其中那些深层的东西……"如今过了半个世纪，我似乎忽然明白了：这段唱腔，之所以在那个时代传唱九城，是特定时代气息决定的。腔也实在没什么，无非就是个西皮，但如今硬是很动人！我感受到其中原生态的厉害。教我们唱的老师都是梨园深处的过来人，对谭崇拜已极，觉得余（叔岩）还勉强吧，对马连良的评价就不高了。可我们学戏时数马连良最有市场，我们对之不甚理解。可我后来接触过马先生的弟子，得知马本人在民国十八年之前，还一贯自称"谭派须生"，只是后来嗓子坏了，才不得不改了戏路子，于是这才有后来的马派。

马之改腔是有原因的，就他个人讲也是成功的。但从须生主体的声腔讲，马大约还不能进入主流。这，也是我如今年龄趋向老大时才有的感怀。谭与马的关系，难道不与古诗与唐诗的情况有些相似么？

月光记

2008·10·13

刘庆邦

    从开罗前往埃及南部城市阿斯旺，需乘坐一夜火车。是夜，我独自享用一个小小包厢。睡至半夜醒来，抬头望见车窗外的天空挂着大半块月亮。月亮是晶莹的，无声地放着清辉。我素来爱看月亮，便坐起来，对月亮久久望着。列车在运行，大地一片朦胧。而月亮凝固不动似的，一直挂在我的窗口。我观月亮，月亮像是也在观我，这种情景给我一种月亮与我两如梦的感觉。

    我有些走神儿，想到了故乡的月亮，想到月光在我家院子里洒满一地的样子。清明节前，我回老家给母亲烧纸。晚上，只有我一个人在院子里坐着。一盘圆圆的月亮蓦然从树的枝丫后面转出来了，眼看着就升上了树梢。初升的月亮是那般巨大，大得有些出乎我的意料。不必仰脸往天上找，甚至不用抬头，好像月亮自己就碰在我眼上了。随着月亮渐升渐高，皎洁的月光便洒了下来。没有虫鸣，没有鸟叫，一切是那样静谧，静得仿佛能听见月光泼洒在地上的声音。地上的砖缝里生有一些蒲公英，蒲公英正在开花。因月光太明亮了，我似乎能分辨出蒲公英叶片的绿色和花朵的黄色。

    我相信，我在埃及看到的月亮，就是我们家乡的那个月亮。我还愿意相信，月亮是认识我的，我到了埃及，她便跟着我到埃及来了。可是，埃及在非洲的北部，离我们家乡太远太远了啊！远得隔着千重山，万重水，简直像是到了另外一个充满神话的世界。家乡离埃及如此的遥远，月亮是怎么找到我的呢？是怎样认出我的呢？月光是不是有着普世的性质，在眷顾着地球上的每一个人呢？由此我想到普遍这个词。这个词不是什么新词，几乎是一个俗词，但我觉得用普遍修饰月光是合适的，是不俗的。试想想，就月光的普遍性而言，除了阳光和空气，还有什么能与月光作比呢！其实，对于月光的普遍性存在，我们的前人早就注意到了，并赞美过了。李白说的是："今人不见古时月，今月曾经照古人；古人今人若流水，共看明月皆如此。"苏东坡说的是："但愿人长久，千里共婵娟。"只不过，李白是从纵的方面说的，苏东坡是从横的方面说的，他们以对人类生命大悲悯的情怀，从纵横两方面把月光的普遍性和永恒性诗意化了。

　　月光是普遍的，也是平等的。月光对任何人都不偏不倚，你看见了月亮，月亮也看见了你，你就得到了一份月光。人类渴望平等，平等从来就是人类追求的目标。可是，由于这样那样的原因，人类从来就没有平等过。凡是有人类的地方，就同时存在着三六九等的等级差别。从权力上分，人被分为官家、平民；从财富上分，人被分为富人、穷人；从门第上分，人被分为贵族、贱民；从智力上分，人被分为聪明人、傻子；从出身上分，人被分为依靠对象、团结对象和打击对象；从职业上分，人被分为上九流和下九流；连佛家把世界分为十界的人界中，也把人分为富贵贫贱四个等级。"遍身罗绮者，不是养蚕人。""朱门酒肉臭，路有冻死骨！枯荣咫尺异，惆怅难再述。"就是等级差别的真实写照。然而，月光不分这个那个，她对万事万物一视同仁。月光从高天洒下来了，洒在山峦，洒在平原，洒在河流，洒在荒滩，也洒在每个人的脸庞。不管你住别墅，还是栖草屋；不管你一身名牌，还是衣衫褴褛；不管你是笑脸，还是泪眼，她都会静静地注视着你，耐心地倾听你的诉说。月亮的资格真是太老了，恐怕和地球的资格一样老。月亮的阅历真是太丰富了，人世间所发生的一切，她什么没看到呢！月光就是月亮的目光，正因为她看到的人间争斗和岁月更迭太多了，她的目光才那样平静，平等，平常。月亮的胸怀真是太宽广了，还有什么比月光对万事万物更具有包容性呢，还有什么比月光更善待众生呢！

我突发奇想，哦，原来文学与月光有着同样的性质和同样的功能，或者说月光本身就是自然界中的文学啊！阳光不是文学，阳光照到月球上，经过月球的吸收，处理，再反映到地球上，就变成了文学。阳光是物质性的，月光是精神性的。阳光是生活，月光是文学。阳光和月光的关系就是现实生活与文学创作的关系。阳光是有用的，万物生长靠太阳，世界上任何物质所包含的热量和能量都是阳光给予的。月光是无用的，在没有月光的情况下，人们照样可以生存，生活。然而，且慢，月光真的连一点用途都没有吗？真的可有可无吗？当你心烦气躁的时候，静静的月光会让你平静下来。当你为爱情失意的时候，无处不在的月光会一直陪伴着你。当月缺的时候，你内心会充满希望。当月圆的时候，会引起你对亲人的思念。当久久地仰望着月亮，你会物我两忘，有一种灵魂飞升的感觉。当你欣赏了阳刚之美，不想再欣赏一下月光的阴柔之美吗？当你想到死亡的时候，是不是会认为阴间也有遍地的月光呢？太阳为阳，月亮为阴；白天为阳，夜晚为阴；正面为阳，背面为阴，男人为阳，女人为阴；阳间为阳，阴间为阴，等等。有阳有阴才构成了世界，阴阳是世界相对依存的两极。正如这个世界少不得女人一样，月光还真的少不得呢！

同样的道理，只要人类存在着，文学就不会死亡。我愿以我的小说，送您一片月光。

谈"袅晴丝"

蒋星煜

2008.09.21

昆曲《牡丹亭》近年来在海峡两岸以及欧、美频频演出，同时也引起了广泛的研究和讨论。这是一件大好事。讨论的热点之一是"袅晴丝"何所指。我谈谈一得之见。

蜘蛛等昆虫所吐的丝很柔细，经常飘浮在空中，随着风，忽东忽西地游荡，所以被称作"游丝"。南宋词人吴潜有一阕《南歌子》，主要写少女惜春之情，就把"游丝"写入词中："鹊伴游丝垂，蜂拈落蕊空"。那是移情入景，在少女心目中，似乎那鹊、那蜂也都有惜春的感情了。

较吴潜知名度更高的词人吴文英，有《瑞鹤仙》一阕，内容颇为丰富，同时抒发了乱离之世男女双方的怀念心切。第一句就是"晴丝牵绪乱"。是啊！处于这种境地，思绪怎能不乱呢？那是"剪不断，理还乱"的啊！

十分值得注意的是吴文英不用"游丝"这一词汇，而略予改动为"晴丝"。当然，此丝仍为游丝，正遇上没有雨水的晴朗天气，所以游丝并未被雨水化解，更主要的是词人在用谐音的修辞手法，以"晴丝"借喻"情思"也。

也许有人会产生疑问，"晴丝"是否渊源于"游丝"呢？我可以寻出例证，吴潜、吴文英都是南宋时人，早在北宋年间，叶梦得有《虞美人》，前半阕为："落花已作风前舞，又送黄昏雨。晚来庭院半残红，唯有游丝千丈袅晴空"。虽仅四句，但时间上跨度颇大，所描摹的景物则相当具体而富于形象感——经过昨夜的雨水，庭院中落花满地，但天已晴朗，袅袅的游丝也已经在天空中飘荡了。当然千丈是形容词，比较夸张的，正和"白发三千丈"的夸张手法相似。

我深信读者可以发现明代汤显祖之所以会写出"袅晴丝吹来闲庭院"中的"袅晴丝"这一词汇是从叶梦得的《虞美人》得到感悟、启发和借鉴的。不可能再有任何怀疑了。

而此"晴丝"仍是晴天的游丝，而非柳丝，也是不辩自明的了。

但是，仍有人先肯定此丝为"柳丝"，然后又引杜甫《春日江村》："燕外晴丝卷，鸥边水叶开"，欧阳修《浣溪沙》："柳丝摇曳燕飞忙"为证，说汤显祖所说"袅晴丝"是柳丝，那是十分牵强附会的，因为风马牛不相及也。

而且持这一论点的人，完全回避了"吹来闲庭院"的"吹来"二字，试问柳条（柳丝）长在柳树上，怎能吹来呢？至于肯定少女讨厌蜘蛛的丝，那是现在的事。许多古诗古文都对蜘蛛有吟咏、有记载，当时都作为爱情的征兆呢。

戏曲二题
韩 羽

2008·10·06

歪看《空城计》

司马懿道："且住，适才探马报道，西城乃是空城。老夫大兵到此，为何城门大开？诸葛亮又在城头弄鬼，不要中了他人之计。"当诸葛亮在城头招手："来来来，请上城来听我抚琴。"司马懿越发认定了"城内定有埋伏兵"，发下号令："前队改为后队，兵退四十（里）。"并不无得意地"待我说破于他，实城也罢，空城也罢，老夫我拿定主意决不进你西城，告辞了，告辞了"。在观众的哄笑声中司马懿成了地地道道的大傻瓜。

每当笑过之后，使人总不免纳闷，自诩与诸葛亮"棋逢对手一般平"的司马懿怎就想不到试探一下，比如派出一伍军士，用现下的说法派出一个班的兵力，冲进城去直奔城楼。如有埋伏，无非也就牺牲一个班；如是空城，连诸葛亮都活捉了，岂不是全赢。这道理连观众都看得清清楚楚，怎么老谋深算的司马懿竟思不及此？

是写戏人的疏忽？也或许是写戏人的故意疏忽？留下这一漏洞引逗观众胡思乱猜。猜想那司马懿莫非另有花花肠子。司马懿熟读兵书，当然也谙熟史籍，他不可能不知道韩信。街亭大败马谡，连克三城，一路追击，眼看要活捉诸葛亮全胜凯旋了。可凯旋之后呢？不能不想一想了。如果没有了西蜀与诸葛亮这个对手的存在，他这英雄岂不是也无了用武之地，而被主子炒鱿鱼"狡兔死，走狗烹"。司马懿这步棋看得远，是故意要放走诸葛亮。可观众还蒙在鼓里笑他傻瓜哩。

再说诸葛亮，设下"空城计"本想露一手，来个"险中又险显才能"，可忙活了半天竟连司马懿的心思都没摸透。正如俗话说的"哭了半天，却哭错了坟头"。不知己知彼，兵家大忌，何谈料事如神。这哪像卧龙先生。也必须给他找个说辞。有了，诸葛亮博古通今，当然知道苏秦。苏秦为了保住六国相印，不得不逼出个和自己唱对台戏的对手——张仪。睹影而知竿，司马懿的花花肠子岂不是昭然若揭，怎能瞒得了诸葛亮。你想网开三面，我还不想走哩，且和你玩一玩儿，乐得个逢场作戏，乐得个假戏真做。于是城门大开，在城楼上又饮酒又抚琴，有板有眼地唱了又唱。

可是事后他又慨然而叹是在"弄险"，这又是在糊弄谁？

杨贵妃撒娇

偶然买到一盘昆曲光碟《长生殿》，《絮阁》一折，发人一噱，是因了杨娘娘撒娇使性的样儿。

唐明皇和杨贵妃的爱情纠葛中掺和上一个梅妃，"三千宠爱在一身"遇上了麻烦，杨娘娘怎不忧心忡忡。京剧《贵妃醉酒》就专为她这心态传神写照。可是醉酒后的杨娘娘最多不过是幽怨满腹"脉脉此情谁诉"。也或许是写戏人崇奉温柔敦厚之旨，怨而不怒也。

《长生殿》里的杨娘娘并不全是一副"回头一笑百媚生"的模样儿了。卧榻之侧岂容他人鼾睡。妒始之，愤继之，动真格的了。

且看《长生殿》：

唐明皇：寡人图得半夜欢娱，反受十分烦恼。欲待呵叱她一番，又恐她反道我偏爱梅妃，只索忍耐些吧。高力士，杨娘娘在哪里？

高力士：还在阁中。

唐明皇：呀，妃子，为何掩面不语？（故装糊涂）妃子休要烦恼，朕和你到华萼楼上看花去。

杨贵妃：（唱）问、问、问、问华萼娇，怕、怕、怕、怕不似楼东花更好。有、有、有、有梅枝儿曾占先春，又、又、又、又何用绿杨牵绕。（醋态可掬！）

唐明皇：寡人一点真心，难道妃子还不晓得？

杨贵妃：（唱）请、请、请、请真心向故交，免、免、免、免人怨为妾情薄。（妒意难耐，破釜沉舟，忽地跪下。）妾有下情，望陛下俯听。

唐明皇：妃子有话，可起来说。

杨贵妃：妾自知无状，谬窃宠恩。若不早自引退，诚恐谣诼日加，祸生不测，有累居德鲜终，益增罪戾。今幸天眷犹存，望赐斥放。陛下善视他人（"他人"二字想是从齿缝里挤出来的），勿以妾为念也（拿出钗、盒），这钗、盒是陛下定情时所赐，今日将来交还陛下。(是用兵之道,欲进先退的招数。)

　　唐明皇：这是怎么说？妃子何出此言,朕和你两人呵(唱)情双好,情双好,纵百岁犹嫌少。怎说到,怎说到,平白地分开了。总朕错,总朕错,请莫恼,请莫恼。(笑觑贵妃)见了你这颦眉泪眼,越样生娇。妃子可将钗、盒依旧收好。既是不耐看花,朕和你到西宫闲话去。

　　杨贵妃：陛下诚不弃妾,妾复何言。(胜券在握,正好就坡下驴。唱)领取钗、盒再收好。

　　唐明皇：(唱)度芙蓉帐暖今宵。

　　杨贵妃：(唱)重把那定情时心事表。

　　一天乌云散尽,雨过天晴,戏已圆满收场,应画一句号了。《长生殿传奇》写道："生(唐明皇)携旦(杨贵妃)并下。"

　　顾铁华、张继青两位饰演者复又轻轻着上一笔,道出了如下几个字：

　　唐明皇：妃子来哟。
　　杨贵妃：(作违拗状)嗳！
　　唐明皇：(不悦)嗯？
　　杨贵妃：(赶忙地)是。

　　"妃子来哟",杨娘娘听了本应心花怒放,何以出此"嗳"字？这是杨娘娘得意忘形,想再烧上一把火,施展出热恋中女人惯有的狡狯,撒娇使性起来了。岂料过犹不及(老天爷,这可是"忤旨"了),唐明皇一声"嗯",她马上警觉到有些造次,又赶忙服服帖帖地应了个"是"。杨娘娘急转弯得煞是好玩。

　　杨娘娘的一"嗳"一"是",是在《长生殿传奇》基础上的再创造,是画龙点睛之笔,既点出了她眼中的唐明皇,也点出了唐明皇眼中的她,使人不能不思量,"春从春游夜专夜"的卿卿我我间,权力的砝码到底有多重。

戏唱得好看，宋人翁卷诗云："闲上山来看野水，忽于水底见青山。"

唐明皇与杨贵妃

2008·08·11

陈乐民

近几年，京沪一流剧院老在"热演"唐明皇与杨贵妃的故事。先有京剧《大唐贵妃》，继有昆剧全本《长生殿》。媒体介绍说演的是李隆基和杨玉环"生死不渝"的"爱情"悲剧。戏演得精彩，娱人耳目，是不成问题的。但我要说，那不是什么"爱情"，而是皇帝玩弄女性的一段故事；这在皇权加男权制度下是司空见惯的。

白居易《长恨歌》、陈鸿《长恨歌传》都有个"恨"字。那么，谁恨？恨什么？或说，因为是"爱情悲剧"，所以有"恨"。读白居易、陈鸿，以及元稹的《连昌宫词》，等等，大概可以得出结论：是杨玉环该当有"恨"。十五岁时被弄入禁中，先入"寿王府"，继被寿王的爸爸唐明皇看中，硬抢过来赐浴华清池，"始是新承恩泽时"，"六宫粉黛无颜色"，"从此君王不早朝"，李隆基不坐班了。

杨贵妃所恨何来？ 本来一个普通小女子，"及笄"之年当了王妃，三十八岁被皇帝因迫于"安史之乱"而缢死马嵬坡。其间二十多年，在深宫中想来不总是如胶似漆、夜夜笙歌，《唐书》上说她也有被"谴"的时候。

一人得道，鸡犬升天；皇权制度下之常事。杨玉环一入宫中，三个姐妹立马被封韩、虢、秦三国夫人，一个无赖哥哥杨国忠当了丞相。所谓"姐妹弟兄皆列土"。史书载，他们每年陪唐明皇"幸华清宫"，或入"禁中"，车马如云，排成五大队，"照映如百花之焕发"，观者如堵。杜甫所谓："炙手可热势绝伦，慎莫近前丞相嗔"是也。比较形象的描述，备于杜甫的《丽人行》，不俱引了。

安史之乱，皇帝慌了手脚，失魂落魄。"六军不发"，把罪责先怪在杨国忠身上，再怪在杨玉环身上。此是吾国封建传统中一条混账通则：女人是祸水。那些"六军"的长官们说不处死杨玉环就不发兵，"六军不发无奈何，宛转蛾眉马前死"，"君王掩面救不得，回看血泪相和流"。杜甫《哀江头》写得更"酷"："明眸皓齿今何在，血污游魂归不得。"结果是唐明皇被开脱了，传位于太子，自己当了太上皇，杨贵妃则丢了性命。我认为，《长生殿》五十折以"剑阁闻铃"写得最好，概括了全过程。试想，杨玉环在地下能不"此恨绵绵无绝期"么？"在天愿为比翼鸟，在地愿为连理枝"，无非是杨玉环想得而终未得的哀怨之词，把这当作"爱情誓言"，岂不误会了诗人的本意？因此，悲剧"悲"在杨玉环这个女人的一生，而不是贵为天子的李隆基，无论他在舞台上何等"儒雅"、"潇洒"。

这场悲剧留与世人不少兴叹和谈资。元稹诗云："寥落古行宫，宫花寂寞红；白头宫女在，闲坐说玄宗。"闲说了些什么？元稹《连昌宫词》中的老宫女回忆说："上皇正在望仙楼，太真（杨贵妃）同凭栏杆立，楼上楼前尽珠翠，炫转莹煌照天地……"后来传说，马嵬坡附近的一个老妇存有杨贵妃死时的绣鞋一只，过往行人看上一眼，要付"百钱"，老妇因此"前后获利极多，媪因至富"，老太太大大地"发"了一把。（唐李肇撰《唐国史补》）

某日，偶然在电视上看到"音配像"京剧《梅妃》，是一出程派戏，很久不见于舞台了。《贵妃醉酒》演到醉酒时，听说唐明皇到梅娘娘的西宫去了，不来了，便连歌带舞，醉醺醺、闷悠悠、酸溜溜地

"回宫去也"。《梅妃》则倒过来，江采萍被唐明皇始乱终弃，一个人喝苦酒，忽然高力士奉旨送来外国进贡的珍珠。梅妃于是含有"醋意"地唱道："长门久已无梳洗，何必珍珠慰寂寥。"随后，安禄山破了潼关，此时唐明皇已逃走蜀州，杨妃被迫自缢了。杨妃也好，梅妃也好，反正都是"大唐"的牺牲品。据知，上世纪二三十年代梅兰芳唱红《贵妃醉酒》，程砚秋演出《梅妃》；一个以雍容华贵胜，另一个幽咽如抽丝。梨园界向有唱"对台戏"之说，这是否一例，界外人不得知，须由戏曲史家考证。

戏剧中描述纯真爱情的本不多，像《牡丹亭》那样感动人的，怕是极少极少。至于洪昇的《长生殿》说到底是帝王妃子戏，帝王妃子有什么真感情？他写时声明尽弃"史传秽语"，所以是一"洁本"，但是毕竟是皇家权势下强加的"爱情"，出不来纯真感情的情节。

戏曲里反映权势们调戏、玩弄女性的，而且还活跃在舞台上的，至今不鲜见。例如被奉为经典的《游龙戏凤》，据传是经过大师们精雕细刻过的。究其实，唐明皇与杨贵妃也不过是同一类的戏，不同的是涂上了一层"雅"的颜色。

《梅兰芳》者，梅兰芳乎？

孙 洁

2008·12·20

我是个二十多年的戏迷，但是对周遭趋之若鹜的拥"国粹"的行为，向来退避三舍，远如那部据说是好到进入了经典的《霸王别姬》，近如青春版《牡丹亭》之类，最近的电影《梅兰芳》，本来也不想去看的，但是想想自己听了这么多年的梅兰芳唱片，也看过几遍《舞台生涯四十年》，不去看，实在说不过去，就去了。

去了，看的时候难免有些挑剔，比如演员怎样，配唱怎样，演员的口音怎样，但是想想这些本来就不是可以对他们有过高要求的。毕竟对于我这样的戏迷来说，梅兰芳和他的艺术，他同时代的艺术家和他们的艺术，都是过去时的，任何人都无法复制。既然任何人都无法复制，是黎明演还是李宇春演，没有本质的区别。

我要说的是另一些和演员无关的事情。

看电影的时候，演到打擂台那一节，老公问我，真的有十三燕这个人吗？我一时语塞，因为实在想不起来有这么个演员，而且心说梅兰芳作为旦角演员，没必要和前辈老生名家打擂较量啊。回来看了些评论，都说十三燕是以谭鑫培为原型的，我先是感觉有点明白了，但紧接着发现自己更糊涂了。

电影里，梅兰芳和十三燕打擂台，第一天十三燕唱《坐宫》，梅心理压力太大，唱砸了。第二天，梅隆重上演时装新戏《一缕麻》，遂旗开得胜。这实在叫人哭笑不得。梅先生1955年自己说过："我曾经演过五六个时装戏，最末一个是《童女斩蛇》，以后就只向历史歌舞剧发展，不再排演时装戏了。这是由于我感觉到：京剧表现现代生活，究竟有很大的限制……穿了时装，手势、台步、表情、念白完全不是京剧舞台上固有的一套，而是按照现实生活表演，……总的说，是完全脱离了原有的体系。"换句话说，梅兰芳认为时装戏是京剧体系的异类，是和京剧本质格格不入的东西。他是很严肃地说的，希望以自己的失败经验来阻止一些事件往更深里发展。《一缕麻》可能是梅最好的时装戏了，但是，凭什么《一缕麻》就可以战胜《卖马》呢？第三天就更离谱了，梅兰芳演的林黛玉袅袅婷婷地从下场门走到舞台中央，开唱《葬花》，满台花雨缤纷，从天空倾泻而下。大概是导演觉得这样很美吧，但是他可能不知道这些写实的玩意儿反而会影响京剧之美。一个很多人知道的故事：1966年春节裘盛戎先生排现代小戏《雪花飘》，舞美说可以从台顶上飘洒下漫天大雪，裘先生说了一句可以载入史册的话：布景用实在的，再下雪，要我干嘛呢？这又让我想起来前几年有回梅葆玖先生演《贵妃醉酒》，舞台上搞了好些个伴舞的，这样一来，杨贵妃一点儿也不寂寞了，她还醉的哪门子酒呢？

不知道从什么时候起，我们就习惯了新的一定要，也一定能战胜旧的思路，这条思路让我们走过多少弯路，这条思路在实用主义的驱策下，甚至曾经把京剧艺术毁于无形。《梅兰芳》这段打擂戏，不幸，正是顺着这个思路拍的。所以，它不用说可谓非常非常失败。

其他也有不少问题，比如梅氏大夫人王明华女士之被完全抹去，对齐如山先生形象的过度诠释和丑化，而梅孟明媒正娶的婚姻被演义成了充满暧昧的婚外恋，如是种种，已经有人劝我，你是看电影，不是看纪录片。好吧，就算是这样。但不管怎么说，京剧总归是京剧，梅兰芳也终究是梅兰芳，你总不能把电影拍得令梅大师九泉之下辗转反侧吧？

怀念摇滚

2008·11·27

戴　冰

最早接触摇滚，是从大洋彼岸那个猎豹一样矫健、黑蛇一样柔韧的迈克尔·杰克逊开始的,他忽而狞厉如夜枭,忽而纤弱如怨女的嗓音,在那时的我听来,实在梦一般地魅惑。被魅惑的当然不止我一个,记得有许许多多不开灯的晚上,我和表哥表弟围住姑妈的盒式录音机,在烟头的闪烁明灭里反复聆听杰克逊的一盘磁带,哑口无言地抑制着满心的惊涛骇浪。那时表弟认识一个打架子鼓的朋友,小脸上一半是眼镜,某次他带来一盘杰克逊的新带子,放出其中一首,要求我们仔细听。放完之后他仰起脸来,用几近哽咽的声音说,他从杰克逊狂躁的音乐深处听出了一种隐秘而低回的忧郁。你们听见了吗? 他问。这个朋友后来因吸毒猝死在他的单人床上。

几年之后,在已经听了大量不同流派的摇滚之后,我曾煞有介事地总结道:摇滚是继酗酒、吸毒还有梦乡之外,第四种暂别人世的方式。这样说的时候我其实已经不再听杰克逊了,嫌弃他不过是通俗摇滚。但事后看来,这句话实则还是根植于对杰克逊的那种最初印象,根植于那些默不作声的夜晚和那个小脸的鼓手,他说话时的表情给我留下深刻印象,仿佛他在某个神秘的瞬间突然洞悉了天机。杰克逊于我,有点像是一记响亮的开场锣,咣的一声,我的青春期这才真的开始了。

让我不再沉迷于杰克逊的是一个美国人和一个中国人。美国人是迪克斯坦,中国人是崔健。在《重返伊甸园》一书里,迪克斯坦冷峻而不无伤感地回顾了上世纪美国的六十年代,其中有一章专门谈到了摇滚。正是从这本书里,我第一次知道摇滚的滥觞之地是如何看待真正的摇滚的,从此坚信真正的摇滚不仅是一种音乐,更是一种精神,一种文化,一种立场和一种力量;是真诚到真实的拼死一跃,是世俗的泥尘里开出的精英之花……但我的外语从来没有及格过,所以我聆听西方摇滚的过程,不过是抱着迪克斯坦的抽象理念,一厢情愿地试图在那些听不懂歌词的音乐里寻找印证的过程。这个时候,崔健出现了,我自以为在其中落实了所有对于摇滚的理想。还记得1986年第一次听《一无所有》,那感觉不只是耳目一新,完全可以用涤污除垢天青气爽来形容。但从头至尾，最喜欢的还是他的《花房姑娘》和《一块红布》，前者那粗粝的深情所达到的美学意境，我以为至今无人可以比拟；而后者的主题如此壮阔深邃，却又表现得如此具象具体，以极传统极民族的香草美人喻国家民族的方式，概括了整整几代人的命运，不仅是摇滚的，更是中国摇滚的。崔健的音乐，是摇滚精神与中国现实的完美呈现，于中国摇滚的意义，在我看来，犹如北岛之于新诗史，罗大佑之于流行乐，或者更甚而过之。1992年冬，崔健第一次来到贵阳，在省体育馆演唱三场，我观看了其中一场，那狂热的场面至今历历如新：每个人都举着一根蜡烛，随着节奏挥舞，同时跺脚狂喊呐叫，每一排人的头发都被后一排人手中滴下的烛油凝结成块；《一块红布》开唱之前，音乐与灯光陡然消失，满眼只见烛光成团，飞舞摇曳，冉冉如夜空群萤，随后前奏响起，两秒之后，欢呼声亦如海潮般随之而至……那场面让人不由得想起迪克斯坦在描写上世纪六十年代鲍勃·迪伦某场演唱会时使用的语言：每个人都为自己的灵魂点燃了一支烛光。据说三场演唱会结束之后，省体育馆六千余张椅子被踩坏了近千张……

　　因为摇滚、杰克逊、迪克斯坦和崔健，还因为个体对于激荡青春的记忆，我总固执地把中国的八十年代与美国的六十年代相提并论，固执地把不同国度的两个时代看成是同一个时代，把自己和自己的同代人看成是另一个国度另一个时代的灵魂映象……但仅仅转念间，摇滚的时代就已然渐行渐远——不是作为音乐的摇滚渐行渐远，而是作为文化的摇滚渐行渐远。商业时代在中国不可逆转的来临，已经改变了整整几代人的生命理念，最终令摇滚丧失了它的现实坐标，不得不呈现为一种"历史的无物之阵"。

　　据说崔健还在一些酒吧里演唱，票价虽然不菲却早早销售一空，是哪些人还在听崔健的演唱？这个问题我不得而知，但我猜测会有许多如我这个年纪的人身处其中，坐在靠门的一张椅子上，聆听摇滚，怀念青春，以第四种方式重返伊甸园，重返我们的八十年代。

人与史
RENYUSHI

选自良友版木刻连环画《我的忏悔》,麦绥莱勒作

一个家庭与故宫的命运

郑欣淼

近日，梁匡忠先生告别了他一生相伴、守护的故宫国宝，也带走了一个时代。海峡两岸两个故宫博物院，最后一个见证故宫文物南迁的老故宫人离去了。

梁家与故宫颇有渊源。梁匡忠的曾祖父曾经是清宫画室如意馆的掌管，祖父和父亲都在那里画画。算到今天，最早已有一百五十多年了。逊帝溥仪1924年被逐出紫禁城后，临时政府成立了"清室善后委员会"，清点宫里的物品，梁匡忠的父亲梁廷炜成为其中一名工作人员。正好在这一年，梁匡忠出生了。第二年即1925年10月10日，故宫博物院宣告成立。历史的因缘，使得梁匡忠的一生及其一家便与故宫博物院的命运紧紧地连在了一起。

如果从梁匡忠的父亲梁廷炜算起，梁家祖孙三代人，亲身经历了故宫国宝颠沛流离的迁徙。后来跟随国宝的转移，一家人又不得不分隔海峡两岸。

1931年，日本发动"九一八事变"，东北沦陷，华北告急，为了保存民族文化的精粹，故宫博物院选择精品文物南迁到上海。梁廷炜跟随文物于1933年南下，九岁的梁匡忠和母亲，还有两个弟弟则留在北京。转眼过了三年，故宫博物院南京分院成立，暂存上海的文物又分批转运到南京新建的朝天宫库房，梁匡忠一家人才在南京团聚。

"七七事变"后，南京形势日趋紧急，南迁文物又被迫疏散到大后方，梁家人随同文物开始了动荡的迁徙生活。由于每个地方停留的时间都不长,一直在路上,梁匡忠的书念得断断续续。这批文物最终到达四川后,因家庭经济的困难,梁匡忠中断了学业,于1941年7月正式进故宫博物院工作,看管库房。这一年,他才十七岁。

在守护国宝中长大的梁匡忠,耳濡目染父辈的言行,梁匡忠深知肩上责任的重大。他每天都要去检查库房,看房子漏不漏雨,文物是否受潮,还要防火防虫。他跑遍了位于四川的所有故宫文物库房,运输文物的时候还要跟着押车,不敢出一点差错。押车途中会面临各种险情,车况、路况和天气状况的突变,甚至遭遇土匪打劫。押运过程中,除了艰辛,随时面临日军轰炸的危险。碰上车坏了、路塌了,又前不着村后不着店的,经常挨饿受冻。对梁匡忠来说,年纪不大,这一切却已习以为常。

终于盼来了抗日战争的胜利。1947年故宫博物院奉命复原,分置在峨眉、乐山和巴县库房的所有文物分水、陆两线转运南京。梁匡忠也随文物回到南京。逐鹿中原,风云再起。国民党当局因大势已去,遂将故宫博物院南京分院存放的部分文物运往台湾。运台文物共三批,梁匡忠的父亲于1949年1月6日作了第二批运台文物的押运人,乘坐着招商局的海沪轮,押送着1680箱文物在海上颠簸三天后,到达基隆港。他还带走了梁匡忠的母亲和两个弟弟,以及梁匡忠的长子。梁匡忠则留在南京看守剩下的文物。自此,海天茫茫,故宫国宝一朝分散两岸,梁家一家人也只能隔海相望。等到上个世纪八十年代梁匡忠辗转打问到台湾家人消息时,才知父母已经双双去世。

梁匡忠一家的悲欢离合,见证了故宫博物院的坎坷历程,见证了国宝的命运,见证了中华民族一页悲怆的历史,是大时代的一个缩影。

这里不能不提到梁匡忠五个子女的名字,因为这些名字,都深深打上了故宫国宝辗转流离的历史烙印。四川峨眉是故宫文物存贮的一个重要地方,梁匡忠在这儿守护文物时,娶了个川妹子,成了家,有了第一个儿子,遂取名"峨生";后来他到乐山管理库房,第二个孩子在此出生,因为乐山古称嘉定府,便取名"嘉生";抗战胜利后,他到南京，工作了六七年，"金生"和"宁生"两个孩子就留下了南京（金陵、江宁）的影子。最小的儿子是梁匡忠一家随南迁文物最终回到北京以后出生的，所以叫燕生。峨生、嘉生、金生、宁生、燕生，峨眉—乐山—南京—北京，真真切切地勾画出故宫国宝南迁、部分回归北京的历史时空图。看着这些名字，我们怎能不感受到隐藏在其中、裹挟着故宫博物院命运的历史风云的激荡？怎能不体会到近代中国多舛的民族命运下以梁匡忠为代表的故宫人与故宫国宝同呼吸、共命运、悉心守护的艰难和执著？

中华人民共和国成立后，梁匡忠继续在故宫从事库房文物的保管，一直干到1994年七十岁退休。退休后，又被院里返聘了八年，还帮助国家文物总店鉴定文物。梁匡忠的二儿子金生，现在故宫博物院继续做着文物管理的工作。这样，从梁匡忠的曾祖父、祖父、父亲到他，还有他的儿子，一家五代都与古老的皇宫、与故宫博物院结下了深深的缘分。

梁匡忠是故宫博物院的一名普通职工。正是这无数普通职工的默默奉献，才使故宫国宝得以很好的保护与传承。人们不会忘记他们。他们身上体现的忠于职守的"故宫精神"，激励着、泽被着后来的人。

张天翼与契萌的一段情缘

欧阳文彬

2008·02·26

今天提起契萌这个名字，只怕已经很少有人知道了。提起张天翼却是众所周知。更鲜为人知的是：契萌原是张天翼的第一任妻子。

我和他俩相识于七十年前。那时抗战爆发不久，我在南京刚读完中学，便流亡到长沙，考入从北平迁到长沙的民国学院。我在学校里读的是法律系，选修了中文系张天翼老师的文艺习作课。他是我走上文学道路的第一位恩师。他非但把着手教我开笔，后来还一直关注着我的写作，和我结为忘年之交。

契萌是张天翼介绍给我的第一位文友。他俩是我见到的第一对文坛伉俪，又都是共产党员。张天翼比契萌大十岁，政治思想比契萌成熟，创作经验比契萌丰富，契萌很尊重他，他也很欣赏契萌的才华。契萌那时已在茅盾主编的《文艺阵地》和黎烈文主编的《申报·自由谈》发表作品，还在长沙的进步报纸《观察日报》当了编辑。

那时候大家都在逃难，生活相当艰苦。他们在长沙市区对岸的牛头洲租赁了一间农家小屋，土墙、泥地，家徒四壁。张天翼写作时，四邻的农村孩子爬到桌上抢他的笔。契萌性格开朗、乐观，小屋里经常响彻她银铃般的笑声。我常到他们家作客，由衷感到这是一桩十分美满的姻缘。他们也不把我当外人，契萌更是亲切地把我称作她"自己的朋友"。因为，平时的来访者大多是张天翼的朋友，比较年长，只有我与契萌年龄相近，只比她小四岁。她和我处得跟亲姐妹一样。

他俩怎么会从情投意合地相爱闹到恩断义绝地分手，可以说是一个谜。并不如一般人所想象的，谁变了心、谁抛弃谁那么简单。我作为一个知情人，一直不愿揭开这个谜。可是契萌晚年曾经嘱托我在适当的时候为她澄清一下事实。如今我与契萌失去联系又已十几年了。我托人去找她工作过的单位，那家厂早已倒闭；我又托人去她住处的派出所查找户籍资料，只查到她的原住处早已拆迁，她的去向不明。她若仍健在，该是九十三岁高龄了。我也到了望九之年，视力衰退，搁笔已久。契萌的嘱托成了我不能再拖延的一笔债。现在提起笔来还这笔债，心情十分沉重。因为这两个人我都不愿伤害，只能让事实说话，而事实竟是如此残酷……

1938年秋，张天翼离开长沙民国学院，调往邵阳塘田讲学院。他临走劝我不要继续上学，一是我的经济困难，要靠打工支付学费；二是他认为在当时的情况下学校里不一定能学到什么东西，搞创作的人应该深入生活。我辍学后教过书，当过兵，后来进了桂林新知书店，开始漫长的编辑出版生涯。1939年张天翼回到民国学院任教，那时学院已迁到湘西溆浦。张天翼去湘西后，经常和我通信，谈他的创作情况，鼓励我不要放下笔。到1942年就不再见他来信了，后来我才知道他病了。重庆《新民晚报》和《新华日报》都报道了张天翼患肺结核"病剧"的消息，呼吁读者捐款救济。有一篇文章动情地说：我们忍心看着这么一位优秀作家，因为健康水准的不能维持而穷死于湘西的山丛中吗？民国学院的学生也在当地发起募捐运动。《新华日报》还刊登过捐款人的名单。我看到这些消息当然很为张天翼担心，但也为读者和学生对他的关爱感到欣慰，相信他能挺过来。

1945年抗战结束前，我在重庆工作时，契萌突然来访，说她和张天翼分手了。我很诧异，责备她不该在这样的时候离开张天翼。她说这几年他们在湘西日子过得很艰苦，她已经竭尽全力尽到了一个妻子的责任，现在她自己也病倒了，没有力量再照顾张天翼了，只得把他送到文艺家协会，交给组织，她自己到亲戚家养病……她说来说去，我根本听不进。最后她无奈地说了一句"你不知道我的难处"，凄然离去，没有留下联系地址。抗日战争结束后，我随开明书店复员回上海。1948年得到消息，张天翼又辗转去了四川农村，住在一个读者家里养病，生活困苦，举目无亲。我马上去信邀他来上海养病，我说我的条件并不算好，但是我有饭吃你就有饭吃，你来上海能找到文艺界的朋友，比困在四川农村好。他果然来了。我们见面后自然谈到他和契萌的分手，他说："这不能怪契萌，要怪我病中脾气不好，是我对不起她。"

他到上海后，化名张养吾，住在我家。陈白尘、蒋天佐等文艺界的朋友都来看望他。后来由陈白尘替他和组织取得联系，送他去香港养病，病愈后转到北京。建国后复出工作，担任中国作协党组成员，和沈承宽结婚。"文革"中，他备受折磨，"四人帮"粉碎后，正想重新提笔写作，却不幸病倒，瘫痪失语，1985年病逝。1986年，是他的八十岁诞辰，在北京召开了"张天翼学术研讨会"。在这个会上我遇见了一位张天翼作品研究者，他告诉我他访问过契萌，契萌曾向他打听我的地址，要和我联系。我就主动给契萌写了信。

契萌很快给我来了信，她说：自从1945年她和老天（契萌和张天翼的朋友都是这么称呼他的）分手以后，一直被朋友们误解，责怪她是在老天最困难的时候抛弃了他。从那以后她就和文艺界的人彻底断绝了联系。这个黑锅她一直背了四十多年，心里的委屈始终没有机会申诉，现在总算找到了我，可以一吐为快了。她相信，我了解情况后是能理解她的。她滔滔不绝地倾诉，仿佛把我带回到抗日战争最艰苦的年代。

从那个年代过来的人都知道，在战争中离乡背井，颠沛流离，居无定所，今天不知道明天的日子多么难过，旷日持久的抗日战争又不知何时才能结束。张天翼和契萌困居在湘西的崇山之中，特别是民国学院无法维持被迫解散以后，他们不得不借住在农村学生家中，寄人篱下，前途茫茫。在那种情况下，没有契萌的照顾和陪护，只怕张天翼连性命都难以保住。

来自读者和学生的捐款毕竟不是稳定的收入，只能救急，不能救穷。契萌认为捐款是冲着作家张天翼来的，她何德何能，怎好从中分一杯羹。张天翼说，你是我的妻子，捐给我的钱你当然能用。契萌想出去工作，挣点钱维持生活，她说她教教小学总是可以的。张天翼则说，你去工作了，谁来照顾我？张天翼提出要契萌写东西，把她酝酿已久的反映湘西妇女生活的长篇小说写出来，拿到稿费也能维持生活。契萌在当时那种情况下，实在无心写作。张天翼就责备她浪费天才，没有出息。契萌说我就是写出来了，也不一定能出版。张天翼说：你是我的妻子，这点面子还是有的。这句话伤了契萌的自尊心。

她说，我连写东西也要靠你的"牌头"吗？事实上，张天翼的很多朋友如陈白尘、蒋牧良、王统照（巴人）甚至连地下党的领导人都说契萌的任务就是照顾张天翼。契萌对这种说法一直抱有反感——那我就没有自我了？她认为在照顾张天翼之外，她还应该有自己的人生价值。可张天翼却把朋友们和组织上的观点完全接受下来，他要求契萌既是妻子，又是秘书、护士、保姆，在他生病期间更是如此。作为一个女人，契萌除了这四项任务之外，还不得不考虑明天从哪弄米下锅，维持生活的开支从哪里来。于是张天翼又责备她庸俗，浪费天才。这样无休无止，循环不已的争论，形成了一个怪圈。他俩被这个怪圈牢牢地套住，脱不了身，绕来绕去，绕得晕头转向，削弱了理智，销蚀了感情。尽管如此，契萌还是苦苦支撑了三年，守着身患重病的张天翼。

后来他们又怎么分手了呢？这让我想起一句俗语：贫贱夫妻百事哀。张天翼从一个广受读者爱戴的知名作家落到如此地步，而且患上了当时被认为绝症的肺结核，心情自然不好。契萌承受了如此沉重的负担，精神上的压力更难化解，身心交瘁，抑郁成疾。她患的是神经性的病，经常发呆，脑子里一片空白，视而不见，听而不闻，再也没有力气和张天翼争论了。张天翼失去了争论的对手，也就无话可说。两人间由沉默发展到冷漠。双方都感到分手是必然的了。契萌考虑的问题更多，她心里想着：张天翼病了有她照顾，她病了非但不能再照顾张天翼，而且没人来照顾她。她越想越怕。正因为如此，她才不避艰险，把张天翼从湘西护送到重庆，交给中国文艺家协会。她以为把张天翼交给组织是最好的办法，她自己的病能不能养好她都没有把握。没想到文艺界的朋友都责备她不该在这样困难的时候抛弃张天翼，她有口难辩。

契萌是五四运动后在妇女运动和女权思想孕育下成长起来的新女性，共产党员，具有自强、自立、自尊的性格，而张天翼出身于清末的书香门第，是从旧营垒里破茧而出的进步作家，身上难免还留有某些大男子主义的残余。他俩有共同的爱好和追求,只不过张天翼已是享有盛名的文坛骄子,而契萌还是个初涉文坛的新秀。以两人性格的差异和地位的悬殊,不可能不发生碰撞。再加上抗战时期特殊的处境和张天翼所患的严重疾病,这种碰撞就更难避免。那时,他们周围又没有一个能进行调解的朋友。他们的分手也就在所难免了。我不愿评说他们两人谁是谁非,我只能说: 这既是特定时代的悲剧,也是两种性格冲突造成的悲剧。托尔斯泰说过: 幸福的家庭都是相似的,不幸的家庭各有各的不幸。我就用这句话来结束这篇令人心情沉重的回忆文章吧!

2008 年元月 16 日

和凌叔华先生一家的交往

王世襄

近日陈小滢女士以"散落的珍珠"为题在《文汇报》的"新书摘"栏连载对过去的回忆,引得我不顾老眼昏眇写了这篇短文。

1934 年至 1941 年,我就读燕大,陈源、凌叔华和女儿小滢住在燕园西墙外的果园内,明窗对着西山,可览朝夕变幻之胜。我常走访,吃过刚摘下来的梨、枣。

1943 年南下谋生,来到重庆。故宫博物院院长马叔平(衡)先生是我父亲的小学同学,看我长大的,有意任我为秘书。因纯为文牍工作而未就,转往李庄营造学社成为梁思成先生的学徒工。次年夏,叔平先生来函,告知如能请假两三周,可在乐山相见。那里有故宫的库房,如天气晴朗,开箱祛潮或许有幸看到一些南迁的文物。我欣然从命。

到达乐山那天就去看望陈源先生一家。小滢拿出笔记本要我题辞,写的就是《文汇报》中影印的那首:

瓜脆枣酡怀蓟国,橙黄橘绿数嘉州*。
故园漫说西山好,何似乌尤一髻浮。

(*乐山又名嘉定)

因刚见面她就说燕大果园如何如何好。我认为水果南北都有,论风景西山可远不如乌尤,意在宽慰她而已。(诗后题记,"新书摘"印错一个字,把"粲正"印成"桀正"。)诗句早已忘得精光,见报才想起来。另一张照片是四十年后拍的,小滢母子坐在中间。右侧是我,左侧是老伴袁荃猷,在芳嘉园旧居的书房内。

次日我又去陈家,被院中的狗咬了一口。是否为狂犬不敢说,但必须打预防针,否则一旦发病,无可救药。乐山没有针剂,非去成都不可。长途汽车票十分紧张,须预订。幸亏燕大同学沈颖生住在车站附近,求熟人买到一张坐在车顶的票,过涵洞须匍匐车顶,故又名"趴票"。到了华西医学院,一个疗程十四针,打完假期已过。只好改乘下水的木船赶回李庄。

第一夜船靠有客店的小村,夜起如厕,觉得脚面被利刃刺了一下。手电一照,小蛇尚未远去,三角头,分明有毒牙。拣石头把它打死。回到客店,脚面已肿得很高。同船有当地人,告我此地有毒蛇,但咬人致死的极少,帮我挤了挤伤口,腿部勒带,减少毒液扩散。建议我不能再赶路,须住医院治疗。

前行到了苏东坡老家眉山,住进医院。十几天后才消肿而伤口尚未愈合。回到李庄,上岸一瘸一拐地走回学社。梁先生见我的狼狈相,对逾期归来未予谴责。此次出行根本没有见到叔平先生。

上世纪七十年代末,我在文物研究所工作。伦敦维多利亚·艾尔伯特博物馆陈列部主任柯律格(Craig Clunas)先生来京,他正在研究明代文人的生活起居。我送他一本陈植先生注释的文震亨《长物志》。我为了呼吁恢复传统范匏工艺写的文章,经他译成英文刊登在期刊上。随后他以博物馆的名义邀我去参观馆内藏品,介绍去剑桥等地作有关明式家具的报告。在伦敦两三周的勾留,使我有机会去看望凌叔华先生。她单独住在一所老房子内,精神尚佳,拿出藏画和自己的作品给我看。

几年后小滢和她的英国汉学家丈夫来北京,住在友谊宾馆。他喜欢民间文学,请侯宝林先生吃饭,邀我作陪。平时听相声都经电视播放,这次同席交谈,总算和侯大师有一面之雅。

又过了几年,叔华先生身体已远不如前,想回京定居。她有一所房在史家胡同,宽敞舒适,但被居民委员会占用,成了托儿所。多次申请归还,未能如愿,只好又回伦敦了。

数年后,叔华先生已老病交加,独自来京,住在复兴门外公交车已到尽头的一所不起眼的医院内。她对我说:"我死一定死在中国!"可能她认为再好的医院也难有回天之力,所以随便找个医院住下。两个多月内去看望她三次,送过一盆水仙花。记不清在春节前或后,她与世长辞。友好借医院的空房开了一个追悼会,唁电、唁函真不少,还有大幅绸帐,四个大字"驾返瑶池"之类。挽联只有我写的一副。文曰:

叶落枫丹归故里
谷空兰谢有余馨

后来小滢托人转告我,上面两句最符合妈妈的思想感情,已请人刻在茔地的石头上。

王世襄时年九十有四

志摩小曼纪念册今安在

赵修慧

2008·05·17

诗人徐志摩1931年遇难后,陆小曼把他的遗作,交给志摩的得意门生——赵家璧去编辑《志摩全集》,但全集编就后,却被胡适拿了去,迟迟不见出版。赵家璧等得不耐烦,就把其中的《爱眉小札》按诗人的手迹影印了一百部,先行推出。不久又加入了小曼同一时期的日记,以及志摩写给小曼的十一封信,列为"良友文学丛书"第二十四种,书名《爱眉小札》,于1936年3月正式面世。这一年志摩四十岁。

1946年正好是志摩诞生五十周年,全集仍未出版。怎么纪念他呢? 陆小曼翻箱倒柜找出两本尚未发表的志摩日记:《西湖记》和《眉轩琐语》,交给赵家璧,但文字都很少。赵家璧想起她家里有一本志摩亲笔题名为《一本没有颜色的书》的纪念册,那是他俩的友人的题诗题画,内有闻一多、胡适、杨杏佛、陈西滢、顾颉刚、曾孟朴、林风眠、俞平伯、章士钊、任叔永、张正宇、邵洵美等的手迹;还有志摩题的诗二首;小曼画的花卉和抄录的黛玉咏白海棠等共计二十五幅。其中印度诗人泰戈尔用中国毛笔写的一首印度文诗和一幅画,画上还用钢笔写了一句英文小诗,尤为名贵。征得小曼的同意后,赵家璧把新发现的两篇日记和《爱眉小札》放在一起,后面附上这本纪念册的影印,取名《志摩日记》,作为对志摩五十周年的祭礼,于1947年3月由晨光出版公司出版。

在《一本没有颜色的书》制版后,父亲赵家璧把这本已拆开的珍贵纪念册拿到家中，让我们几个孩子见识见识。多么漂亮的纪念册呀！册子有二十开大小，志摩的亲笔题名，字迹清秀潇洒。横着打开画册，只见纸质高贵亮丽，有淡黄、粉红、嫩绿、天蓝、浅紫等多种颜色，其间还夹有闪烁着金色的小片。册子里的画和字更让我们大开眼界，名人们淡淡几笔勾画出的人和物是这样惟妙惟肖，只是我们觉得画中的小曼，比我们看到的真人要漂亮得太多了。册子中大多题词我们看不懂，但洵美题的"一个茶壶一个茶杯，一个志摩一个小曼"我们能认识，他比喻得太有趣了。我和弟弟从来没有这样近地欣赏过书画，心里的问题讨论不完，拿着册子看了一遍又一遍，就是不肯放下，还伸出肮脏的小手，在画面上点点触触。妈妈急了："看，你们把小曼的宝贝弄龌龊了，让爹爹哪能交代呀！"她马上拿出两只镜框，把闻一多和林风眠的两幅画，装入镜框挂在起居室的墙上，其他的收了起来。不知过了多久，镜框里的画换掉了，我们知道，一定是还给小曼了，谁也没有发问。

近日，我在父亲的遗物中发现了一份《向红卫兵坦白交代》的真迹，写于1966年9月2日——抄家后的第二天。在交代了这本纪念册的情况后，他写道："陆小曼把它送给了我，时隔几十年，散缺不全。现在也一并（并）交公销毁，作附件交上（内有反动文人胡适等的笔迹）。"在交代的最后他列出上交的四个附件的名称：

1. 伪经济部执照照片半张
2. 徐志摩便条一纸
3. 徐志摩写横轴一件
4. 徐志摩陆小曼纪念册散装一册

看了这份交代，才让我知道：原来陆小曼已把这件珍贵的纪念品送给了父亲。要不是抄家，我的父亲是一定会妥善保管这件宝贝的。

1966年"文化大革命"开始时，我家四个孩子都不在父母身边，我甚至于被告知不得与他们通信。他们两人独自面对残酷无情的政治斗争，还要照顾年迈的祖母和无依无靠的二舅母，精神上、生活上遭遇到前所未有的艰难和困苦。1969 年 7 月，我从部队复员回到上海，没有敢直接去看望父母，而是住到先生的姑母家中了解情况。然后，由我先生一个人找到山阴路的新居去探路。他回来告诉我，父亲已于当年五月份获得"解放"，他们身体都好，只是经济困难，正为欠下近三百元的房租惶恐不安，担心会被赶出家门。他当即给了父亲三百元，并约定我明日回家看看。第二天我们俩一起回家，妈妈喜气洋洋地端出一只我最喜欢吃的红烧鸭子，不断地挟给我们吃，父亲在一边喃喃地介绍着侥幸买到鸭子的奇巧过程。看到他们欢快的笑容，我怎么也不忍心去问他们"文化大革命"的遭遇。以后，我也从未问他们运动中的经历，他们也不打听我在部队的遭遇，我们心照不宣。后来从邻居那里听说了一些事：红卫兵来抄过家；母亲把家具有的卖了，有的送人了；父亲把家里的书画（包括齐白石、丰子恺、于右任等的手迹）撕掉了，等等。于是我以为，挂在饭厅墙上志摩手写的横轴，大概也给父亲撕毁了。到这时我才知道，这个横轴是给出版社的红卫兵拿去的。

十年浩劫终于熬过去了，昔日的"反动诗人"，又恢复了他的尊严，得到了人们的爱戴，志摩的书出了一本又一本，父亲编辑的《徐志摩全集》静卧五十年后，也在 1983 年由香港三联书店用原有纸型出版了。2005 年以纪念册《一本没有颜色的书》命名的新书，由上海远东出版社出版。我欣喜地打开新书，希望看到有如原来的漂亮画面，因为现代的印刷技术有时可以达到乱真的地步。但我失望了。

不知道志摩和小曼的纪念册，今天还在吗？是谁收藏了它？我想，来抄家的红卫兵是出版社的，不同于莽撞的中学生，他们一定知道这本纪念册的价值。再说，这本纪念册当时还是"赵家璧的一件罪证"，应该是会小心保管的。但是，在运动结束交还的材料中，并不见这本册子。因此，被人保管的可能性极大。如果真是如此，我想对他说："与其偷偷摸摸地藏着，不如早日捐献给国家，让更多的人都能欣赏这一珍宝。"

想起重庆的茶馆

刘敬坤

看到"笔会"登出的《成都的茶座沙龙》(9月21日),使我想起抗战时重庆沙坪坝的茶馆。那时大后方有所谓文化三坝,说有华西协和大学、金陵女子文理学院(二校由南京迁至成都)、燕京大学、齐鲁大学的成都华西坝,是天堂;有中央大学、重庆大学、中央工业专科学校的重庆沙坪坝,是人间;陕南城固的古路坝,有西北工学院(由北洋工学院和焦作工学院合并组成,北洋工学院即原北洋大学,今天津大学),因为校舍残破不堪,管理混乱,生活条件极差,被称之为地狱。其实大后方还另有一坝,就是复旦大学和江苏医学院所在地的重庆北碚夏坝。重庆沙坪坝当时可说是学生的天下,因为中央大学的学生众多(在沙坪坝的约两千余人,在嘉陵江上游一些地方的柏溪为中大新生院,亦千余人),可以说沙坪坝及其附近的中渡口,几乎是中大学生的天下。

当时考进中央大学的,估计有三分之一是国立中学毕业的流亡学生。这些学生在中学都享受全额贷金待遇(原为公费待遇,1939年初改为贷金制度),进了中大以后,凭贷金证明,可继续享受贷金待遇,又都是家在沦陷区或接近战区,经济来源很少,甚至极少,只有靠重庆的亲朋好友有时给点资助,为数也是很少的。中大的学生宿舍是双层床,一间宿舍共住上下铺八个学生,加上两排床之间放置的两张四抽屉的大书桌,一张桌子对面各坐两人(各人有一个抽屉)。这样,双层铺前后边就各坐四人。每间宿舍大概也只有十来个平米,一边两张床都是床头靠墙。这真是斗室。平时白天大家的系科不同,上课的时间也不一致,室内总有人上课,空出座位。可是一到晚上,大家都要到宿舍自修,八人把个斗室挤得真是水泄不通。有人就想出办法,到沙坪坝或附近汉渝公路上的茶馆里,花上约值现在的两元钱,泡上一碗沱茶或瓜片,不然也可以再节约一点,要一碗"玻璃"(川人真是噱头,称白开水为"玻璃")。玻璃是茶价的一半。这样,泡一碗茶或玻璃,就可以坐到一个竹编的软躺椅上,把茶放在凳子上,茶馆的灯光又亮,看书整理笔记都绝无问题。更妙的是一杯茶泡定,在一日之内就有永泡权。你泡过茶之后,坐上一小时或半小时,或去上课或有事,你可以向茶馆老板打招呼,叫这杯茶和座位给我保留,你上完课或办完事回来,仍可享受原来的躺椅和碗茶。有时来了朋友,在宿舍内实在无法接待,通常也是到茶馆里坐定交谈。重庆当时经常停电,一到停电时,宿舍里实在呆不下去,三五同学相约去坐茶馆,茶馆备有电石灯,也很亮,只是微微发出臭气。大家坐在茶馆里海阔天空瞎谈,经常批评时政。在抗战胜利后,人心各一,有的持《大公报》立场,对国共两党看好;有的站在国民党一边;也有的支持《新华日报》,痛斥国民党的专制。在人头攒动、熙熙攘攘的茶馆里,大家这样大声争吵,也没人感到奇怪。也有同学约集四人或五六人,到茶馆里作桥牌大战,以致战到茶馆打烊方休。茶馆几乎成了当时中央大学学生生活的一个重要部分。可以肯定,中大学生没人没坐过茶馆。

沙坪坝当时有家最大的茶馆叫九九茶园,是开在一片空场地上,每晚华灯高照,一片繁荣景象,据说此园有一百多个座位(躺椅)。添水的"么师"(即茶馆的服务人员)确也有一副本领,能在人丛中把手中提着的开水冲到老远的茶碗里,我就遇到开水从我肩旁冲了过来,丝毫对我未有影响。不过在茶馆里都是做学生的生意,没有赌钱的,也没打架的。倒有几分英国海德公园的气氛。

中大复员回到南京,在南京文昌桥的宿舍区,竟有一家茶馆是由重庆跟到南京的,但开张以后,却是门前冷落鞍马稀了,中大学生坐茶馆的风气已大为减退了。

北半截胡同四十一号

赵丽宏

2008·04·21

"我自横刀向天笑,去留肝胆两昆仑",这是谭嗣同《狱中题壁》中的两句。在刑场上,谭嗣同曾向围观的人群大声呐喊:"有心杀贼,无力回天,死得其所,快哉快哉。"这样的临刑绝唱,一百多年来一直震撼着中国人的心。一个心志高远而结局悲壮的改革志士,会被人遗忘吗?

今年去北京开会前,收到湖南作家李元洛的来信,说北京的谭嗣同故居已经破旧不堪,如果不抢修,恐怕很快就会消失。他建议我在全国政协提案,呼吁保护谭嗣同故居。元洛先生有湖南人的刚正和执着,对保护谭嗣同故居,他一直是仗义执言。谭嗣同故居有两处,一处在他的家乡湖南浏阳,一处在北京宣武区北半截胡同41号。湖南浏阳的谭嗣同故居,原来也破败失修。上世纪九十年代初,当时身为湖南政协常委的李元洛牵头联名倡议,建议重修浏阳谭嗣同故居,后经多方努力,终于得到妥善修复,1996年经批准成为全国文物保护单位,并对外开放。北京的谭嗣同故居历史悠久,意义之重大更在浏阳故居之上。此住宅原为谭嗣同之父谭继洵的座师刘崐故居,1873年谭继洵购置为"浏阳会馆"。谭嗣同在此度过少年时代,成年后经常居停于此。其书房与卧室分别命名为"寥天一阁"和"莽苍苍斋",其诗文集亦分别以此为名。"戊戌变法"时谭嗣同从浏阳应召北上就居于此间,被捕也在此处,谭嗣同就义地在离故居不远的菜市口。去年元洛先生曾给《上海文学》写散文《英烈长留天地间》,描述了北京谭嗣同故居破败失修的现状。

到北京后,准备写关于抢修谭嗣同故居的提案。落笔前,找了个中午,我独自出门,先去寻访一番。

上一辆出租汽车,告诉司机"北半截胡同41号",司机摇头。再告诉司机"谭嗣同故居",司机还是摇头。我说,就在菜市口附近。司机哦了一声,说:"对,那里有个名人故居,我去过。"于是踩油门加速。车过菜市口大街,转入一条胡同,我看了路牌:米市胡同。进去不到百米,见一个窄小的门口挂有牌子,下车一看,原来是康有为故居。牌子上标有"北京市文物保护单位",但这里实在没有文物保护的气息,我进去转了一下,低矮破旧的老房子,居民密集,也许是当代北京人居住条件最差的地方了吧。不知哪一间房子是康有为当年居所。遇到住在这里的一位年轻妇女,问她是否知道谭嗣同故居,她一脸茫然。

我知道谭嗣同故居离康有为故居不远。附近居民总有人知道谭嗣同吧。康有为故居斜对面有一个小饭铺,饭桌就搁在胡同里,一个六十来岁的汉子坐在那里,面前放着一个紫砂茶杯。我上前问他,他抬头看了我一眼,"谭嗣同?他住得不远啊。"听他的口气,好像谭嗣同还活着呢。"出胡同,走到菜市口大街,过马路左拐,看到正在造的移动大厦,谭嗣同故居就在大厦旁边,靠着大街呢。"老人的回答和指点,让我心生欣慰——在北京,还有人记得谭嗣同。

老人的指点很准确。走到菜市口大街,就看到对面正在建造的一栋造型现代的大厦,这是中国移动的新楼,玻璃幕墙在正午的阳光下辉煌耀眼。和移动大厦一街之隔,是一排旧平房,粉墙斑驳,灰瓦错落。我想,这排旧屋,该是谭嗣同故居了吧。果然不错,走到那排旧平房门前,看见了门边"谭嗣同故居"的牌子,字迹已经模糊,但仍依稀可辨。牌子上第一行字"宣武区文物保护单位";第二行启功体楷书大字"谭嗣同故居",其中"谭"字已不见,"嗣"字残缺,只留下右边四分之三。下面两行小字是落款,第一行"宣武区人民政府一九八六年十二月公布"；第二行"宣武区人民政府一九九一年三月立石"。这牌子告诉我，谭嗣同故居被列为文物保护单位，已有二十多年时间。从门外望进去，里面危墙歪斜，门窗杂乱，犹如贫民窟，实在看不出"文物保护单位"的样子。

门口，有两个老妇人在聊天，见我伫立张望，其中一位头发灰白的妇人问："您找谁？"我说想参观一下谭嗣同故居。妇人说："里面就是，没有什么可看的，都住着居民，这里住二十四户人家呐。"我问她们，谭嗣同当年住在哪间屋子。两个妇人热情地引我走进了院子，经过围墙边的第一进屋子，这里曾是谭嗣同的会客之处，被称为"怀旧雨轩"，但已无迹可寻。穿过一条狭窄的走廊，走廊两边是年代不长的低矮砖木平房，里面住着不少居民。走廊尽头，是当年这建筑中的第二进屋子，也是这里的主屋。谭嗣同故居就在这排屋子的西端，那几间屋子，都有居民，但主人不在家，铁将军把着门。谭嗣同读书写作的"寥天一阁"和他起居休息的"莽苍苍斋"，大概就在这里了。院子里几棵古槐还在，但已被后来搭建的矮屋包围。只有故居老屋的青砖黑瓦，还有那些雕花的窗棂，在诉说古老的历史。谭嗣同当年曾在莽苍苍斋门上自书对联，上联是"家无儋石"，下联是"气雄万夫"。后改上联为"视尔梦梦，天胡此醉"，改下联为"于时处处，人亦有言"。这一切，只能靠想象了。然而，在周围狭仄芜杂的环境中，我无法想象当年谭嗣同当年在这里生活的景象。

两位老妇人告诉我，这里每年总有两三千人来参观。有北京人，外地人，也有外国人。不过所有来的人都是兴冲冲跑来，失望而归。想不到这样一个了不起的历史名人，故居会如此败落，除了那几间破房子还在，什么也看不到。头发灰白的妇人对我说："这里住的都是穷人，买不起新房。前些年说要拆迁，但是说了好多年，到今天也没有下文。"正说着，从外进屋里走出来一位身材高大，身穿黑底带花棉袄的老太太。头发灰白的妇人向我介绍说："这是刘婶，她家在这里住得最长久了。"

刘姤大嗓门,声音清脆,一口标准的京片子:"我家在这里住五代了,我家太公爷是浏阳会馆的门房,伺候谭嗣同的。"刘姤的话,使我惊喜,听李元洛说,这里的居民,已没有浏阳会馆的后人,想不到来了这个刘姤! 刘姤开始不想多说,见我关心谭嗣同的故居,便打开了话匣子:

"我家爷爷以前常说谭嗣同的事。我家爷太公一直跟着谭嗣同,就住在外进门房,给他看门,给他烧饭。那天爷太公从外面回来,正好遇到谭嗣同从这里被清兵抓走,两人贴面而过。谭嗣同面无惧色,还对我爷太公笑一下。别人都逃走了,谭嗣同也有机会逃走,他就不走,等着他们来抓,硬气!"刘姤讲述的,是发生在1898年的故事,维新变法的"戊戌六君子"被清政府逮捕杀害,写下中国近代史上悲壮的一页。

我说,谭嗣同少年时代曾和父亲一起在这里生活。刘姤不以为然:"他父亲在这里住? 没听说过。谭嗣同被抓时,家里没有其他人。谭嗣同在菜市口被杀了头,拍电报到湖南去,也没有人来收尸,还是我家爷太公,借了顶花翎帽,去刑场把谭嗣同的遗体领回来,花了三块大洋,请人把谭嗣同的脑袋缝到了身体上,然后下了葬。"对这位仗义的刘家后人,我不禁肃然起敬。

"我们家里本来还有谭嗣同照片呢。"刘姤告诉我。我问她,是照片还是画像,她说当然是照片。我又问,谭嗣同长得什么样,她说:"梳着长辫子,很英俊。"说起那照片的下落,刘姤感慨不已:"那年北京下大雹子,把我们家的房子全砸烂了,家里的照片都被吹到院子里,搅到了烂泥团里。那时,保护吃饭睡觉的家伙要紧,哪里还管得上什么照片啊。我们家祖上的照片,和谭嗣同的照片,都在那时毁了丢了。"我对刘姤说,那照片要是还在,可是重要的文物,她笑着叹了口气,调侃道:"是啊,要是那照片还在,我交出去,不定还能换一间好一点的房子住呢。"

头发灰白的妇人也记得北京的那场大冰雹,说那是1969年夏天的事。

　　我告诉他们，最近有人准备在全国政协大会上提案，建议抢修谭嗣同故居，政府会来关心的。刘婶和头发灰白的妇人相视一笑，那是不屑的苦笑。"会来关心？　谁来关心？　这些年，多少人来看，又拍照，又许诺，像唱戏似的，可是只听雷响不见下雨，我们都不相信了。"刘婶大声说，"其实，我们没啥要求，政府只要给间小房子，我们就把这里的屋子腾出来。谭嗣同故居，该整得像个样子，否则，对不起先祖先烈呢！"

　　从谭嗣同故居出来，走到菜市口大街上。抬头，看见街对面高耸入云的中国移动大厦，和我身后的故居形成强烈的对照，一个是时髦神气的现代巨人，一个是病病歪歪的垂危老人。突然产生联想：如果没有谭嗣同这样的启蒙思想家，没有这一批为改变中国命运流血献身的烈士，会有后来的辛亥革命成功吗，会有再后来的中国现代革命和当代的伟大改革吗？　忘记了这些先烈，那真是中国人的羞耻。

　　耳畔，回响着刘婶清亮的声音。

不惜歌者苦，但伤知音稀

2008·06·23

黄苗子

　　我的出生地是广东最南的香山（今中山市），生平第一次到过的江南水乡，乃是以严陵滩濑著称的浙江桐庐。山碧含烟，水柔如带，这一带历史上就孕育和栖息过无数高人、学者、画家、诗人、隐士……

那是1935年左右,我有缘随着叶浅予(记得还有陆志庠)一起,从上海到浅予的家乡桐庐小住,那时头一次见到背着书包上学的叶冈(他的大名原叫叶伦冈),叶冈给我的第一印象是,憨厚、诚朴,略带腼腆而胸无城府、爽迈逼人;我当时想,这样的山水诞生像叶家兄弟这些俊秀人物,是自然的,是上帝的安排。

似水流年,当我再次见到叶冈,已经是战火弥漫的抗日战争后期,地点也换了陪都重庆。在当时民族存亡、民生疾苦、民心涣散、民智闭塞的绝望环境下,叶冈也和许多有志青年一样,满脑子装的是为国家民族前途、为自己的未来,接受艰苦的人生磨炼与现实思考。危急的时代,锻炼出有为的青年。

在1937年全国性的漫画界救亡协会漫画宣传队成立不久,叶冈便在南京加入了以叶浅予、张乐平、特伟、张仃、梁白波、胡考、宣文杰等为骨干的群众自发组织"宣传漫画队"。其后叶冈随着漫画宣传队移师武汉,那时这支队伍已经成为军委政治部第三厅(厅长郭沫若)所属的一支文艺战斗队伍,除在全国报刊发表抗日作品、出版发行全国性的《抗战漫画》之外,主要是巡回大小乡镇,以大幅布画向街头群众展览,鼓吹军民抗战。这个新形式,开创了艺术家为工农兵服务、与广大群众接触、了解劳苦大众的范例。不久,漫宣队的一支分队,奉第三厅派赴安徽第三战线区工作。当时任务紧张,往往由张乐平、廖冰兄、陆志庠等起稿,叶冈着色,创作和屋壁同样大小的大型抗敌布画。在安徽的漫宣队,不顾饥饿穷困,冒着敌机轰炸,废寝忘食地巡回于休宁、万安、屯溪、祁门、渔亭、岩寺一带农村市集,向军民群众进行抗战到底的宣传教育,和同属三厅领导的演剧队一样,在全国播下了抗战到底的种子。

其后,张乐平和叶冈由三厅调回武汉,中途与从武汉撤退的漫宣队队伍会合,留在长沙工作;不久又因"长沙大火",叶冈随队撤到桂林,仍然进行街头展览、报刊宣传以及漫画培训等工作。1939年漫宣队又奉派至第三战区江西上饶一带。

　　记得和叶冈再度相见,是在重庆中一路。那时特伟、宣文杰这些重庆漫宣队成员,从南温泉进城,也都在那一带见面。叶冈当时已是风度翩翩、卓尔不群的青年人(其实我只比他大六岁),他在熟悉的朋友面前议论风生,洋溢着热情。特别是战后回到南京,由于郁风在《新民报》工作,和叶冈同事,当时同在报社的浦熙修、钱辛波、蒋文杰等常在我家聚餐。叶冈那时的文笔已深受大家欣赏,他在南京政府崩溃前夕的形势报道,受到广大群众的欢迎。

　　我们这些人(包括叶浅予、张乐平等)都没有受过高深教育,没见过大学文凭,肚子里的一点"文化水",都是从自学和生活实践中得来。叶冈高中没读完就参加抗日战争的文艺活动,从此便靠笔头生活,我说,叶冈是地地道道的"抗大(抗日战争大学)毕业生"。

　　一个民族在危难时期转危为安,不全靠一两个伟人,而是要靠绝大多数人的共同奋斗。在抗日战争和解放斗争的文宣战线上,在"抗美援朝"战争中,叶冈都是站在前线的勇士。

　　叶冈和朱嘉树结合,正好在"山雨欲来"的时局前夕,郁风是个"好事之徒",朋友结婚比她自己结婚还感兴趣,每天下班回家,都饶有兴趣地谈论这"一对璧人"的婚礼进程。嘉树和叶冈这两个报人的婚礼,确实也是当时新闻界的佳话。

　　叶冈由于受到老哥浅予的影响,热爱漫画,他的大著《散点碎墨》中,有关漫画的资料占较多篇幅。他的文笔细致,能删繁就简地突出重点,使读者感到兴味盎然,不但补充了现代漫画、文艺史的阙遗,并且留下了一个时代的文笔的风范。

　　"人生识字忧患始",知识分子的"人生",往往与"忧患"相连。

　　前些年,我每次到上海,总与叶冈、嘉树相见。晚年的叶冈,常常带着哮喘和朋友叙谈。夕阳当窗,一室萧然,总觉得多给他讲一句话,就使他多一份难受,所以往往相对无言。没想到两次奉派抗美援朝采访的精壮汉子，晚年怎会得此病苦？现在，读了嘉树寄来的《散点碎墨》的后记，尤其是末几行那令人酸鼻的话，我才想到，这也是老天爷对当年南京这一双"识字"的"如花美眷"，予以"忧患"折磨的缘故！

《古乐府》有句云："不惜歌者苦，但伤知音稀。"这让我想到《散点碎墨》（已由文汇出版社出版）。这是一本有益、有味、不带伤痕的作品。不管是写人、写史、写景物，都是叶冈掏出深挚的感情和兴趣，给读者贡献的珠玑。让我们心情愉快地去享受叶冈的这本书吧。

苗子写于北京安晚寄庐，时年九十四岁

吴元坎上当记

2008·07·25

任溶溶

老翻译家吴元坎先生译过不少日本文学名著，如德富芦花的《黑潮》、尾崎红叶的《金色夜叉》以及《国木田独步选集》等。记得日本田中首相来华访问前，曾请他赶译出《田中角荣传》，以便对这位首相能多一点了解。

"文革"前夕我和吴元坎一起在川沙搞社教，有好几个月住在一起，"文革"后我们又成了上海译文出版社的同事。不过还是在川沙时，朝夕相处，聊天聊得最多。他阅历丰富，去过日本，去过印度，又长期担任《大公报》记者，听他谈天南地北的事，语言幽默，实在是一种享受。

我特别忘不了的,是他讲自己在日本学日语的故事。

上世纪三十年代他去日本留学,房东是一位老太太。老太太非常健谈,吴元坎正好埋头学日语,觉得机会难得,空下来就陪这位老太太聊天,认认真真地听她说话,学她说话,日语进步得很快。

写到这里,我倒想顺便说两句自己学外语的心得体会。我如今懂得了一个道理,就是学外语面皮不可太薄。我学俄语时,我的俄语家庭教师有位母亲。每当我去早了,老师不在家,这位俄国老太太便殷勤招待我,请我吃茶点,跟我聊天,陪着我。我生怕俄语讲错,不大敢开口。后来我干脆不敢早去,这就坐失了讲俄语的好机会。有一次一位俄国人问我会不会说俄语,我马上用俄语回答说不会。他笑了,说:你不是说了一句俄语吗? 我回答说,我就会这一句。他又笑了,说:你已经说出两句啦! 我俄语始终说不好,就因为脸皮太薄,怕说错,不敢说。我读中学时有一课英文叫 Learn to speak by speaking(通过讲话学讲话),这是至理名言。吴元坎当时正是通过讲话学讲话,通过跟那位日本老太太讲日语学日语,学业大进。

可是吴元坎先生笑着对我说: 他上当了。

他后来发现,自己一跟人说话,大家就要笑。他起先还莫名其妙,直到后来,有一位朋友对他说,他说话太"娘娘腔"了,指点了一下,他才恍然大悟。

原来根据传统习惯,日本男子和女子说起话来,用词和口气是有区别的。女子敬语用得特别多,助词 ne,就是 ano ne 的 ne,也用得特别多,而且拉长了念,给人一种很哆的感觉。总之,日本女子讲话是很好听的。男子说话就比较随便,直来直去。要是像女子那样说话,就未免太哆,娘娘腔,不像个男子汉了。吴元坎听了朋友的话,实在觉得不好意思。

不过我觉得,吴元坎其实也没上什么大当,他到底练就了一口流利的日语,只要把那些不适合男子说的词改掉,别那么 ne 啊 ne 的说得太哆就行。他后来不是终于改掉了，日语说得呱呱叫吗？

邵力子先生二三事

2008·10·04

李 伟

    上世纪六十年代，邵力子先生偕夫人傅学文南来，我与邵夫人有乡谊（同为江苏宜兴）且是晚辈，曾往访两老于南京旅次。这就有了亲聆邵先生謦欬的机会。

    记得两老下榻之地是南京有名的 AB 大楼（今华东饭店），因先生尊贵的身份门禁盘查甚严，等待颇久才能入见。

    1949 年前，我虽曾几度见过邵先生，但从未近距离接触。这次来到邵先生尊前，第一印象是：他个子不高，已满头银发，剪得很短，面带笑容，走路慢腾腾地，衣着非常朴素，言谈幽默，平易近人，真是长者风范。

    两老同时接待我。面对邵先生，开初我有些拘谨，谈开后也就放松了，话题也极广泛。

    当时人口问题已很严重，但计划生育推行不力，邵先生引以为忧。他早于马寅初提出"计划生育"。邵先生谈起，他曾听人说，吞食蝌蚪可以避孕，他曾在某次人代会的发言中介绍过。这个偏方是否有效需要验证，但邵先生早就关心计划生育，却不能不说是有先见之明。后来曹聚仁的四弟曹艺也说到这事。曹聚仁是名报人。当年他从杭州浙江一师毕业，到上海谋生，一时间无立足之地。后经邵力子援手，终在上海立足，当上教授，跻身报坛。曹聚仁因而师事邵力子，两家有通家之好。当邵力子听到曹聚仁的四弟曹艺因子女众多为累，就要曹聚仁转告曹艺妻，让她食蝌蚪以避孕。哪知她见到蝌蚪就恶心，没有试验。后来有了十一个孩子。曹妻谈及此事大有悔意。

邵先生为人正直，对人对事严肃认真，一丝不苟。傅先生谈到这样几件事。

每逢"十·一"国庆，通常在街头悬挂"庆祝国庆"的四字横幅。邵先生认为"国庆"就已有"庆祝"的意思，再加上"庆祝"两字显然重复了。后来邵先生的意见被接受，街头的横幅都改为"国庆"。

另一件事是，党员在成为正式党员前，有一个"预备期"，通常称为"候补党员"。邵先生认为这是用词不当。因为事实上并不是缺了一个，候补就上一个，候补期是一个考察期，考察合格，到时就成为正式党员，应该叫作"预备党员"。他的意见被中共接受。"候补党员"改为"预备党员"，"候补期"改为"预备期"。

邵力子先生对事常独立思考，考虑每一件事的利弊。北京市曾计划在西单盖一个大百货店，那店的面积将要超过王府井百货大楼的几倍。邵力子知道此事，觉得不妥，这会造成交通拥挤，不如用这资金建十个中型百货公司分布在十个地方。他的意见通过有关渠道反映到北京市委。市委接受他的意见，取消造特大型百货店的计划。

我问傅先生："邵先生这样的性格，为什么在多次运动中能安然无事呢？"

傅先生笑着回答道："你问得有道理。其实没有什么奥秘，因为他是1949年开国前的国共和谈代表，和谈破裂他又是自愿留在北平的。所以他是中共中央的保护对象。"

"不过，反右那阵子，也有人提出邵力子是个老右派，应该把他划为右派。邵先生许多部下当了右派，纷纷向他诉苦诉冤。邵先生对他们说：'如果不是中央保护我，我也是大右派。'这些部属成了右派，生活困难,邵先生给他们帮助,每月寄十元二十元不等,因为人数多,要寄掉工资的一半。"傅先生又说。

……

邵力子先生逝世于 1967 年 12 月 25 日,享年八十六岁。

邵先生在垂暮之年,也遭遇"文革"祸殃,红卫兵到"民革"中央,要揪斗邵力子,被有关人员劝阻。红卫兵又提出条件,一定要邵力子本人到场。邵先生来了,有关人员要红卫兵搬张椅子让他坐在台前,面向台下。那次批斗的是另外一个人,批斗开始,红卫兵挥舞宽皮带抽打这人,要在场的人都鼓掌。邵先生面无表情,自始至终不鼓掌。红卫兵喊:"邵老头,你为什么不鼓掌?"他侧着头问:"你讲什么呀?"红卫兵又讲了一遍,他佯作应付,鼓掌几下。

"文革"中有人到邵府"外调"。"外调"人员认为邵先生没有老实提供情况,拿出小红书,读了几段语录,邵先生不为所动,镇静自若地说:"我从来没有在毛主席语录中看见有这么一句,就是:老年人不准忘记。"

邵先生在"文革"中的事是我后来听到的。

我的阿姨们
王安忆

2008·12·02

《七人集》里的七位作家,我是要称阿姨的,她们与我母亲同辈，又在不同阶段同事，有的直长达大半生。在我自小到大的记忆中，她们不同深浅地留下印象，是相当亲切的。

幼小的时候，由于贪吃，经常犯积食的毛病，很令大人头痛。有一日，母亲从欧阳翠阿姨处取来一味偏方，将一种不知如何调配而成的药剂，敷在肚子上，用纱布缠起来，一夜过去，早晨醒来，硬鼓鼓的肚子真的软和了。在三四岁的年龄，照理是记不了事的，可我偏偏就记得，大约是这偏方实在太神奇了，对小孩子来说，几乎是仙术一般。当我读这本书稿之前，我并不很了解欧阳翠阿姨，原来她经历过相当不平凡的人和事，那都是和中国新文学史上振聋发聩的章节有关。而我向来以为这只是一位富有育儿知识的阿姨，不止是持有各种偏方，更记得有一回，母亲怀我弟弟的时候，她到我家来，对我母亲说，她很喜欢听婴儿的哭声。至今还记得母亲与她相视的表情，带了惊喜，仿佛忽然间领受了一件馈赠——婴儿的哭声。这件馈赠大约只与母亲有关系，对其他人来说，婴儿的啼泣往往要嫌吵闹的。两个母亲就这么微笑地相对着，感受唯她们独有的喜悦。

罗洪先生给予的印象，永远和一件东西联系在一起，就是冰。那时候，一般市民家中多没有冰箱，尤其是像我们这样，五十年代从军队南下进城的新市民家庭，连桌椅板凳都还是从公家租赁，上面钉着编号的铜牌，更谈不上冰箱了。夏天到冷饮店买了棒冰雪糕，返回途中便匆忙吞食，不及到家坐定后专心消受，实是一大憾事。一个暑日的傍晚，一架三轮车停在我家后门，走下罗洪先生，穿一件蓝布旗袍，夹一卷毛巾毯，径直走入我家房间，将毛巾毯在桌上摊开，里面裹着一匣冰块。她常听母亲说起两个贪嘴的女儿，吃冷饮无可餍足，于是，便给我们送冰来了。冰块哗啷啷倾在大海碗里，罗洪先生坐都不坐，卷起毛巾毯就走，三轮车还停在后门，好让我们及早享用冰，在这大暑天里，冰很快就会溶化。可是，这冰并不像通常以为的那么迅速融化，而是相当坚硬。我和姐姐忙活了一晚上：用冰块拌西瓜，镇绿豆汤、橘子汁，或者纯吃冰块。这才知道，平日里冷饮店里出售的棒冰是机制冰,经过加工,横剖面可见丝丝纹理,原生冰块就是这样密实的一块。在我眼里,这些阿姨们都是与母亲同样的年纪,事实上,如罗洪先生,可算是母亲的前辈,直接从"五四"走来。然而,坐在她跟前,你又忘了这一茬。就和所有的有福气的奶奶一样,家里有一个曾孙辈的孩子穿行着。她呢,也和所有的老奶奶一样,不出自家门,便知天下事,与你通报着邻家失窃的事端。但她到底不是一般的奶奶,而是一个知识者,得科学与启蒙正传,对人生抱清醒乐观的态度。近年来,她开始着手处理身后事务,一个知识分子,要说有什么遗赠,无非是书籍,却是伴她一生的挚友,我竟也获得一份,一套中华书局的《李太白全集》。书中夹一信,字迹端正娟秀,嘱我"读一首二首诗",如何清逸远致,就又流露出旧学的背景,是新学的发轫之渊源。

在1959年的《上海文学》上,欧阳文彬先生就对我母亲的小说写作了评介文章:《试论茹志鹃的艺术风格》。我从母亲的遗物中,看见一份发黄的校样,"《阿舒》和阿舒的《第二步》——和茹志鹃的对话",校样上有文彬先生写给我母亲的几行字,内容关于这份对话。对话发表在翌日,1962年3月7日《新民晚报》,署名为"黄碧",想来是欧阳文彬先生的笔名。那时候,母亲和文彬先生,一个作者,一个评者,正当风华年代,前途远大,却戛然止于1966年。在那黯然的日子里,母亲对文字这样东西感到了茫然不解,她卖掉了家中的书籍,懊恼自己走入写作的行业,倘若她掌有更为实用的技艺,比如缝纫——有一阵子,她迷上了缝纫,忙着将旧衣服拆开,重新剪裁,然后埋头在缝纫机上,嚓嚓嚓地踩着踏板,看着机针走下一行行线路,人生的虚无感便抵消了一些似的。那一年,我去安徽淮北插队落户,离家远行,劳作的辛苦,收成的薄瘠,景色与心情都是荒凉的,十七岁生日在苦闷中来临。母亲就想,送一件什么样的礼物,可以鼓舞我呢? 思来想去,她还是想到了书。母亲决定送我一本高尔基的小说,人生三部曲中的第二部《在人间》,它含有着告别"童年"，走进人生的意味。1971年，书店一片萧条，哪里能搞到一本《在人间》呢？母亲想到的是欧阳文彬先生的书橱。文彬先生没有《在人间》，但是她向母亲敞开书橱，尽母亲挑选，答应给她任何一本书送给女儿我。最后，母亲选中了苏联女作家薇拉·凯特玲斯卡亚的长篇小说《勇敢》，写的是苏维埃政府召集青年去往远东建设共青城的故事，无论是题材还是精神都与我的处境有对应之处，区别在于一个是理想，一个是现实，就只这一点，差之分毫，失之千里。而我却想象母亲翻检欧阳文彬先生书橱的情景，经过困惑怀疑的日子，又一次与文字、书籍亲近，会是什么样的心情呢？要说，这也是母亲和欧阳文彬先生交往的所在，在她们双方，都有着安身立命的意思。

紧接着，黄宗英阿姨就要出现于我的生活了。就是在同一年里，我从插队的村庄回家度农闲假，一住下就不思返乡。那时节，满街的男女孩子，至少有一半是从插队地方回城，赖着不走的，晒黑的皮肤转白了，熬干的油水补充了，甚至比安居乐业的人们更要丰肥一些，因为无所事事，脸上均挂着落寞的表情，这边溜溜，那边逛逛。夏天的黄昏很漫长，晚饭以后有一段了，天色还明亮着，母亲带我走出家门，去赴一个约，是黄宗英阿姨为我介绍了一位音乐老师。当我们从弄口向西走了半条街，便看见对面的黄宗英。在细致薄透的光里，她颀长的身形陡地跃入眼帘，周围的景色变得模糊，唯有她是鲜明活泼的。小时候，我们最热衷在电影院前厅里，欣赏影星的照片，那些照片是在照相馆刻意布置的灯光下拍摄，面容华美，统是璧人。此时，灿烂的明星落在尘间，我并不以为逊色，相反，洗尽铅华，显得格外清新。现在回想，那正是《但愿长睡不愿醒》一文中写到的那个时期。在作家协会奉贤五七干校劳动，是这一家的惨淡日子，可她一点不见落拓，神色悦然。这一代人有一种气质，我真说不上来叫什么。达观？不全是；通透，也不是；纯真，有点接近了，可还不够；比较贴切的，或者是热情吧。这一种热情，历经世事折磨却不见损耗，应当如何解释呢？"四人帮"倒台以后，大约是1977年光景，母亲嘱我去黄宗英阿姨家,是为送去一些女孩子的照片,请赵丹推荐拍电影。这时节,百废待兴,许多希望生起来了。去的时候,黄宗英阿姨不在家,是阿佐引我进门,赵丹午觉已醒,还懒在被窝里,双手抱拳作揖说:对不起,对不起!伸出手接过照片,回进去继续作揖,继续"对不起"。我与阿佐直笑,他也笑,我觉得他就像孩子,一个大孩子。后来,又有许多日子过去,作协资料室老魏请吃饭,老魏——魏绍昌先生,在黄屏阿姨的文章中也提到过,心中不知藏了多少典故,就像一本活索引。老魏经常组织饭局,以各种名义,有时候依属相定,有时候是姓氏名字,比如姓"王"和名"绍昌"者。我曾被老魏编进过多种组成的饭局,因而得以邂逅许多人物。老魏去世后,再没有这样充满了奇思的聚会了。这一回是姓王的女作家,上海话里,"王"与"黄"不分,更重要的是,为黄宗英贺新婚。席上,黄宗英阿姨说:其实我与冯亦代是不必办理任何结婚手续的,因为我,赵丹,冯亦代,安娜,四个人从来是在一起的。这话也是孩子气的,浪漫的孩子气,不由让人愕然。他们是永远的男孩和女孩,不是说长不大,而是始终持自然的天籁,这天籁足够超越人世的污浊。

在这些阿姨中,彭新琪是与我们家最亲近的一个,当我看了"七人集"方才知道,她只比我母亲年轻三四岁,令我十分惊讶。在我们姐弟眼睛里,她是一个年轻的阿姨,温柔迷人,所以,直到如今,都称她作"小彭阿姨"。《闪烁的记忆》一文中,所记叙的1959年作家协会的辞旧迎新联欢会上,"贵妃醉酒"那一出,我也记得。就像鲁迅《社戏》里写的,一听开唱便厌烦,可小彭阿姨的那套行头,却把我们镇住了,还有她下腰饮酒的动作,不由地艳羡小彭阿姨的腰好软啊!闲来无事,母亲与我们议论一些身边的人事,谈到小彭阿姨,母亲用了两个字:善良。"文革"中,我和姐姐插队落户,家中经济甚为窘迫,实在不得已要动用些许存款,需作协的造反派领导签名盖章,银行方才认可。这类事大人总是遭我们小孩子去,即便碰钉子问题也不大似的，在此我又要提到一个人，也就是欧阳文彬先生写到的戴厚英，她从没有让我难堪过。有一次，因是在院子里，需走去办公室取图章，一路上，她的手一直搭在我肩上，令我感到温暖。就是这样周折取来的钱，却在拥挤的公共汽车上被窃走，这才叫作"屋漏偏逢连天雨"。其时，小彭阿姨便是母亲告贷的人家之一。常听母亲诉说我们姐妹在乡下的苦状，小彭阿姨心中十分不忍，有一次，不知从哪里，换得五斤全国粮票送给母亲。当时，粮油实行配给制，地方粮票换全国粮票不仅需要特许证明，还要搭进油票，油的定量是每人每月半斤，仅供城镇人口。这五斤全国粮票得来不易，却于事无补，母亲笑小彭阿姨天真，心中则十分感动。长年来，小彭阿姨一直与我们家密切往来，我们家无论大小巨细，荣辱沉浮，她都了解。现在，每年春节临近，她就召我们一些缺爹少妈的孤儿们集合，吃一顿年饭。

  黄屏是我较为陌生的一位阿姨，原因可能是与母亲共事时间不长，但是从文章中看，恰是在"文革"结束，方兴未艾的日子里，与母亲同在《上海文学》编辑部致力于复刊，让我了解了母亲这一阶段的工作。在萧瑟的十年之后，终于迎来生机勃发的季节，万物复苏，多么让人兴奋啊！文章所写到的人物，于我都是敬仰的前辈，有一些还引我走出困境，比如，洪泽伯伯，是他帮助将我从徐州调入上海，并且进《儿童时代》杂志社工作。元化伯伯，他晚年居住的庆余宾馆，以及度过最后时刻的瑞金医院八楼，常是我辈聚会的地点，他毫不嫌我们轻薄浮躁，与之平等相谈；还有文中所写元化伯伯的"三姐"，亦有数面之缘。施蛰存先生，我与他做过多年街坊，他家就在我经常光顾的邮局楼上，于是就会路遇先生的徒子徒孙，我却从未见过他，于我来说，是文学史上的人物……他们所经历的动荡人世中的遭际，原本只是抽象的概念，如今在黄屏笔下，有了具体的细节，其间的悲凉扑面而来，变成可感的了。

  姚芳藻老师所记载的人与事，延伸进更早远的时间，亦更为严酷,大约是由新闻记者职业决定的。如她父亲说,"新闻记者要杀头的",这是世事洞察的明鉴,又像谶语一般,虽然不至真的"杀头",可不也是尝尽艰辛。文中所写,尤其《失踪在莫斯科》,那一位陨落于国际共运冤案中的朱穰丞烈士,读来就像是传奇,却是腥风血雨的传奇。在母亲家中,我常遇见姚芳藻这位座上客,母亲总是要郑重的介绍,有几次提起,像是要话说从头,可看我兴致淡然,又欲语还休。人就是这样,对身边的生活激不起太多的好奇,因为太过日常,不相信会有意外之笔,岂不知,历史就是这样发生和进行着。不久前还遇见,是在我居住的街道上,姚芳藻老师带着孙儿在花园里玩耍,谁能知道呢? 这位含饴弄孙的老太太,曾经有过风云激荡的政治生涯。这一幕挺让人安慰呢! 有一种劫后余生的温馨气息。生在命运多舛的二十世纪中国,一个知识分子不可能免受蹂躏,尤其是女性,不仅要担负起自己的遭际,还要饶上丈夫的一份,再扛起重闸,护佑弱小的儿女。终于风雨晴定,云雾开处,是漫天的霞光。

  从小跟母亲出入巨鹿路675号作家协会院子,这些阿姨们可说看我长大。记得有一个暑日,母亲将我安置在大楼廊前的荫地里,供给我一堆图画书,嘱我不许乱动,然后就兀自进楼办事。母亲去了很久,日头渐移,荫地就成了太阳地,有阿姨走过,让我移到荫地里。因有事前母亲的告诫,我不肯移动一寸,对前来劝说的阿姨们,都抱警觉的态度,等母亲闻讯跑出楼来,我差不多要被太阳烤化了。后来,长大了一些,学会了顽劣,便和小伙伴们在院里践踏花草,然后在花师傅愤怒的追赶下四散奔跑。许多时间过去,我已成为作协的会员,有一次在传达室领取邮件,一位阿姨忽从光线暗淡的屋角里,拽出一个老人,说: 看啊,一直想看茹志鹃的囡,这就是啊! 是花师傅,他从来都是这样,瘦小、缄默,穿一件干净的中式对襟布衫,手提一柄偌大的花剪,此时,他神情腼腆,我也极不好意思。就是这样,无论我长成什么样,花师傅、阿姨们都知道我是从哪里走来。我的幼小、愚顽、淘气、霉运、不顺遂，那些不堪的岁月，他们都是见证。而我则是要付出心智和虔敬去了解她们，她们经过的时代，我不可望其项背。这就是我和阿姨们的关系。

2008 年 11 月 14 日上海
（本文为《七人集》序）

读书及其他
DUSHUJIQITA

选自良友版木刻连环画《光明的追求》,麦绥莱勒作

这才像读书人的样子
——夏末秋初闲笔

邵燕祥

偶然读到已故历史学家邓广铭先生晚年的一篇回忆：《我和辛稼轩的因缘是怎样结成的》（收入张世林编《为学术的一生》，广西师范大学出版社）。邓老提到了与他从事辛弃疾研究有关的胡适、傅斯年、陈寅恪。

上世纪三十年代初期，邓广铭在北大史学系读四年级时，选修了文学院院长胡适开的一门"传记文学"课。那时他拟定要写一本陈亮的传记，一方面作为这门课的作业，另一方面也作为他的毕业论文。

邓广铭写好了《陈龙川传》，送给导师胡适去看。胡适给论文判了95分，评语第一句就说"这是一本可读的新传记"，还向北大的许多教授称道。同时他在评语当中也明确指出，对陈亮和辛稼轩的关系写得太不够，应当大力补充。因此，考证辛稼轩的生平，又成了邓广铭的一个新课题。

邓广铭翻阅了梁启超等人的《辛稼轩年谱》和梁启勋的《稼轩词疏证》，对辛稼轩一生中许多关键性问题，从中都几乎得不到清晰的解决。他从吴廷燮编的几部年表得到启发：搜集材料必得博览群书，披沙拣金，别无窍门捷径。那时他对南宋人著作的知识并不太多，就向《四库全书总目提要》去搜讨，只要是感到可能与辛稼轩有关的书，无论是地方志或笔记或文集，都到图书馆去借阅。很短的时期，居然找到前此所有有关辛稼轩的撰述当中所没有出现的大量材料。这使他的兴趣更加浓厚起来。

这时，他从报纸上看到中华教育基金董事会资助科学研究工作的章程，资助范围包括自然科学和社会科学，在社会科学门类下还特别注明包括历史。他知道胡适先生是这个基金董事会的主要负责人之一，便到地安门内米粮库四号胡宅去问他：我有没有资格申请？胡适说："你当然有资格申请，你们二十几岁的人研究学问，应当受到鼓励。三十岁以后的人，研究学问就是他的天职了。"他问邓广铭准备做什么题目，邓说想替辛稼轩编一部翔实的年谱，最好能再编写一本《稼轩词笺注》。胡适听了之后说："梁氏兄弟已经做了这项工作，而梁启超又是大名鼎鼎的人，你则是初出茅庐。基金董事会的学术审查人员多数为自然科学方面的，在文学史和历史方面真正内行的并不多，人家不会相信你更会胜过梁启超。因此，你得先写一篇文章发表，证明你确实能超过梁氏兄弟才行。"回来后，邓广铭就利用已经搜集到的资料赶写了一篇《总评〈辛稼轩年谱〉和〈稼轩词疏证〉》，寄给上海大公报社的《国闻周报》发表了。

这篇文章刊出后，首先博得胡适先生的赞许。他对文章看得很仔细，过了些日子跟邓见面谈起，于赞许之后，还指出，可惜里面排漏了一个很关键的字（把"非常"一词的"常"字漏掉了）。不久，邓又接到杭州之江大学词学专家夏承焘教授来信，说他正在写唐宋词人年谱，其中包括辛稼轩，见了这篇文章后，他认为辛的年谱只能由邓广铭来写，他决不再写了。当时在清华大学研究院作导师的陈寅恪先生看了这篇文章，表示"深服其精博，愿得一见为幸"，经常向人打听这个作者究竟是什么人。问到傅斯年先生，傅告以是他的学生，是北京大学史学系毕业不久的。陈寅恪一直把这个名字记在心里（1939年邓广铭来到昆明北大文科研究所，和陈先生初次见面时，陈还是首先就提到这篇文章）。"这些师辈的同声赞许，更给了我莫大的鼓励"，邓广铭说。其后不久，受资助的名单公布，果然有他的名字。

在着手写作的时候，对邓广铭写《稼轩词编年笺注》的体例，傅斯年就有不同意见，他既不主张编年，也不主张注释。他自有他的理由。邓广铭根据自己的想法，有所采择，却没有完全遵行。书成以后，傅斯年把"年谱"、"诗文钞存"连同这本"词注"的书稿一并介绍到香港的商务印书馆去印行。只因排版刚好，太平洋战事突发，香港被日军占领，三书的出版一直稽延到多年以后。

读邓广铭先生的回忆，我第一个感觉就是这一片文化氛围真好，作学生的如邓广铭固然是踏踏实实在做学问上下笨功夫，师长们在学术上有那么高的造诣，却还随时读报刊上新出的论文，为后生小子的学术发现而惊喜，他们识货，因而爱才，提携后进不遗余力。在这里的师生关系中，看不到驵侩式的功利意图，更没有彼此利用的庸俗关系。不但与《围城》中的那番情景形成鲜明对比，不客气地说，与今天丑闻频出的学界、高校的反差也实在够大。作为局外人，也作为后来者，总觉得这些前辈，才像老师的样子，学生的样子，才像学者的样子，读书人的样子。

2008年8月8日

丘吉尔的鼾声
——读丘吉尔二战回忆录札记
辛丰年

2008·01·30

本人很喜欢读有关"二战"的书。丘吉尔写的那六大本回忆录是最爱读的。"文革"后若干年，忽听见这部"内部发行"的书公开出版了，我立刻放下家务事，坐长途公交车赶到百里之外的小城，抢购了一部。其他的书暂且不看，一口气通读了它，不是闲闲阅过，是细读细想，花了许多天时间，至今还不时翻阅自己划下红线的重要精彩章节。

六大卷，每卷七八百页，皇皇巨著！我不研究史学，读史只为求真。往昔有《史记菁华录》之类的书，是为无暇读全书者编的。本人也想为对读史有兴趣的朋友从此中摘取些发人深思的"史声"，那却是采之不尽的。

丘吉尔写书、办公发文件、指示，并不动笔，只是用嘴巴讲，秘书打字。"回忆录"也是如此。读他这部书，是在听一个人在讲坛上滔滔不绝，或是在戏剧舞台上独白，所以我把此书整个儿当成一种"史声"来听。

这样的"口述历史"真是不寻常！

其所以不寻常，是因为所述的是世界史中罕有的、甚至也许是绝无仅有的一场"义战"。孟夫子说："春秋无义战。"美国作家特克尔编撰的"二战"亲历者谈话实录，中译本《劫后人语》，原名 The Good War，正相当于"义战"。我相信，倘若不是反法西斯战争赢得胜利，"死亡营"将遍布全球吧！

还有一点，这个口述者也是迥乎寻常的，在回忆录"序言"中，他自称为"也许是（历史上）唯一的身居政府高位、并经历了自有历史记载以来两次最大劫难的人"，此言不虚！"劫难"指的是两次世界大战。

看丘吉尔的简历吧："一战"中，任内阁军需大臣。战后的二十一年间，他做过陆军大臣、空军大臣。"二战"之初，他东山再起又任海军大臣。然后，慕尼黑事件制造者张伯伦主持的那个内阁垮台。"斯人不出，如苍生何！"丘吉尔义不容辞也当仁不让地接过了首相的印把子，一直干到1945年7月德国投降，他落选下台为止。其间他兼任了第一财政大臣、国防大臣，还加上下院领袖一职。

以如此重大的从政经历，受命于国家民族危急存亡之秋，老谋深算，敢于独断专行又善于博采众议。综观其所起的作用，不单是大英帝国之大功臣，也可谓反法西斯战争中的伟人吧！

这六大本"史声"的"录音"，首卷题为《风云紧急》，而又分为上、下两部。上部的主题是"从战争到战争"，回忆了"一战"后从1919年以来的大事。一看其中"胜利者做的蠢事"、"潜伏的危机"、"德国重整军备"、"慕尼黑"等章节的题目，便知丘吉尔的思路。在全书《序言》中他提到："罗斯福告诉我，他正在向公众征求意见，对这次的战争应该起个什么名称。我立即说出：'一场（本来）不需打的战争。'"

第一卷几乎都是铺垫，直到最后一章，才讲到他这个全书的主角登上首相的宝座。精彩的戏文也从这里正式开场了。

丘吉尔："那渐渐聚集、郁结已久的狂风暴雨，终于向我们猛烈地袭来了。在这有史以来最残酷的战争中，第一次交锋就有四五百万人上阵对垒……这条战线在一星期之内就被摧毁，不到三星期，久负盛名的法兰西陆军竟土崩瓦解溃不成军。英国（派去和法军并肩作战）的远征军被赶下大海（按指敦刻尔克海上大撤退），所有装备损失无余。

"不到六星期，我们发现自己成了孤军，几乎被解除了武装。节节胜利的德、意法西斯扼住了我们的咽喉，整个欧陆落入了希特勒的魔掌……

"就在这样一种大厦将倾的时刻，5月9日，我接到一个通知，英王要我在下午六时入宫。

"由海军部（按，他在面临垮台的张伯伦内阁中任海军大臣）到皇宫，乘车只需两分钟便到了……我立即被引入，去觐见国王。

"陛下对我非常客气，要我坐下。他以一种锐利的奇特的眼光对我注视了一会儿，然后说：'我想，你大概不知道为什么我要召见你吧？'

"我回答：'陛下，我竟想不出是为什么。'

"他含笑说:'我要请你组织内阁。'"

"我说我当然愿意遵命。"

丘吉尔报告英王,他将立即邀见工党和自由党这两大反对党的领袖,协商组织战时内阁事宜。希望能在午夜之前就让国王知道已确定下来的阁员人选,至少五名。

他立即请辞,回到海军部,展开了紧张的工作。

(当夜)大约十时左右,按照自己的诺言,我将五位内阁大臣的名单呈交给了陛下。

这样,到了5月10日的晚上,在这场巨大的战争开始之际,我取得了主持国政的大权。此后的五年零三个月中,我所持有权力日益扩大。

下面的一段自白含意深长。

在这场(内阁更迭)的政治危机最忙乱的日子里,我始终没有感到什么格外兴奋。对于事态的发展我全盘(理所当然地)予以接受。

作为"史剧"的旁听者,我们可以插几句旁白:丘吉尔是否想表白自己,大权到手,他并无什么踌躇满志的私心杂念?

其实他用不着担心什么身后是非。他要挑的那副担子是极其沉重的。

他自己倒是说得轻快:"一个英国政府,拥有六十到七十位大臣,(首相)要把他们像拼图玩具似地拼成完整的图形,其中还要时时照顾到三个主要政党不同的要求。我不但要会见内阁中所有主要人物,还至少要腾出几分钟来会见一大批被选出来担任重要职务的有才干的人士……"

丘吉尔不会像周公"一沐三握发,一饭三吐哺",像孔明"事必躬亲，食少事烦"；但他日理万机，也够烦恼的。自述："当我上午八时左右醒来时，我就阅读所有的电报，在床上口授大批的发给各部和三军参谋长委员会的备忘录和指示……当参谋长委员会在上午十时三十分开会时，代表我的伊斯梅尔将军（丘吉尔的秘书）就有许多书面的东西带给他们……下午三点到五点，一整批由我或由各参谋长发布的、大家同意的命令和电报就已准备妥当，可以解决那些需要马上决定的问题了。"

享有大权，滋味若何？ 丘吉尔有勇气袒露心声："我毫不迟疑地承认，目前（按指已任首相的那时）我所担任的职务是我最喜爱的……""在国家危急存亡之际，当一个人相信自己应当发布何种号令的时候，执掌权力就是一件幸事。在任何活动范围内，第一号职位同第二号、第三或第四号职位是无法相比的……1915年（按，'一战'爆发的次年）我在达达尼尔海峡吃过一回大亏。那时我是一个下级官员但却试图发动一次重大的作战行动。结果，我那雄伟的计划遭到彻底失败。"

……

现在，让我们回到1939年10月5日晚上他取得首相大权的那一历史时刻，倾听他在回忆录中的自白——

……对于阅读我这部实录的读者，我却不能隐瞒：在大约三点钟上床时，我强烈地感到如释重负。我终于获得了指挥全局的大权了。我觉得自己正在和命运一同前进，而我以往的生活，不过是为这个时刻，为承担这种考验而进行的一种准备罢了。过去十年中我不在朝而在野。过去六年中，我所提出的警告现在都不幸而言中。所以，谁也不能提出非难，谁也不能指责我发动了战争，或对此缺乏准备。我认为，自己对战争的全局有清楚的认识。自信不会遭到失败。

因此，虽然我迫切盼望天明，但却睡得很熟。我也无须向梦中去寻求安慰,因为,事实要比梦想美妙得多。

读了这一部回忆录,我不怀疑,那一夜,丘吉尔的的确确是呼呼大睡,一夜到天明,我似乎还听到了鼾声。

(本文中引用的文字皆据丘吉尔《第二次世界大战回忆录》中译本,时代文艺出版社1995年版)

"撒园荾"

顾 农

1927年7月27日鲁迅致信江绍原,抄录了明人顾元庆《夷白斋诗话》中的一条,说是"颇可为'撒园荾'之旁证,特录奉"。此信因为原件已经不存,所以未列入新近面世的影印本《江绍原藏近代名人手札》(中华书局2006年10月版),但该书录入的鲁迅1927年8月2日致江绍原的信曾提到此事,有"日前录奉诗话一条,乃与'撒园荾'有关者,想已达览"云云。

"撒园荾"是二十年代中叶《语丝》上讨论民俗学、文化人类学的一个热点问题。先是该刊第127期上发表了如病的文章《撒种子的村话》(《闲话拾遗》二十),提供清代小说《野叟曝言》中一个实例支持先前江绍原在《礼部文件之六:〈周官〉媒氏》(《语丝》第43期,1925年9月7日)一文中的意见;江先生的那篇文章开宗明义即道:"《周官》大司徒,掌十二荒政;关于其中的'多昏'一条,我疑心野蛮时代的中国,本来有以男女交媾去催生物繁殖的风俗,而《周官》所云,乃其残影。"下文对此颇有发挥。《语丝》编者在如病文章之后加按语说,欢迎读者继续提供这一方面的材料,"江先生虽然不在京,本社收发处可以代收,不知道地名的请写北大一院转可也"。稍后132期上发表贺昌群的《撒园荽》一文,引《佩文韵府》"撒园荽"条进一步助成江说,该条云:"《湘山集》:园荽即胡荽,世传布种时口亵语则其生滋盛,故士大夫以秽谈为'撒园荽'。"贺昌群指出,《湘山集》当是宋朝和尚文莹所著《湘山野录》一书的略写,此条表明早在宋朝已有这样的民俗,可以用来印证茀来则(现通译弗雷泽)博士《金枝》所说的"野蛮人……相信用了性行为的仪式可以促进稻麦果实的繁衍"。此文现已收入《贺昌群文集》第三卷(商务印书馆2003年版,第37页)。

《语丝》编者岂明(周作人)在贺文后加一按语,指出《广群芳谱》卷十三中也引用了《湘山集》的这一条;再查《湘山野录》原书,确有这样的内容,但字句与《佩文韵府》等所引者颇为不同。周作人建议进一步讨论"布种时口亵语则其生滋盛"一类民俗,并表示"希望能找出别的证明的材料"。鲁迅的信即因此而作。鲁迅同周作人闹翻之后不再直接往来,但间接的交往呼应也还不少,"撒园荽"一案,盖亦其小焉者耳。

鲁迅所抄录供江绍原参考的《夷白斋诗话》之有关条目如下:

> 南方有谚语"长老种芝麻,未见得",余不解其意。偶阅唐诗,始悟斯言未远矣。诗云:"蓬鬓荆钗世所稀,布裙犹是嫁时衣。胡麻好种无人种,合是归时底不归?"胡麻即今芝麻也,种时必夫妇两手同种,其麻倍收;长老言僧也,必无可得之理,故云。

其中引用的一首七绝乃是唐人葛鸦儿的《怀良人》,她借种芝麻一事立言，盼丈夫早早回来团聚。看来当时流行一种观念，认为种芝麻要夫妇同种才行，丈夫不在家，她一个人就"好种无人种"了。顾元庆通过这首唐诗弄懂了一种民俗，同时弄懂了何以长老种芝麻"必无可得之理"——这不是人多人少的问题，再多的和尚种芝麻，也还是不行，因为根据清规他们是不结婚的。看来顾元庆已经天才地猜测到在古人的观念中，人间的性关系对于植物的繁衍有一种神秘的影响。虽然顾氏不会像近现代文化人类学家那样讲所谓"互渗律"，但意思已经到了。这实在是一条很有力的材料，于是江绍原将鲁迅这封信的全文郑重其事地录入自己的文章（《小品文一五〇》），在《语丝》（第145期，1927年8月20日）上发表。

在中国现代学人中最早提起植物繁衍与人间性关系之间联系的人乃是周作人，他先前在《狗抓地毯》一文中率先引用著名人类学家弗来则博士之名著《金枝》的观点说："野蛮人觉得植物的生育的手续，与人类的相同，所以相信用了性行为的仪式，可以促进稻麦果实的繁衍。"（《语丝》第3期，1924年12月1日，后收入《雨天的书》。）周作人十分欣赏《金枝》一书，稍后又介绍说："这部比较宗教的大著在1890年出版，当初只有两本，二十年后增广至八卷二十册，其影响之大确如《泰晤士报》所说，当超过十九世纪的任何书，只有达尔文斯宾塞二人可以除外。"（《夜读抄〈金枝上的叶子〉》）到晚年周作人还说："于我最有影响的还是那《金枝》的有名的著者弗来则博士（J. G. Frazer）。社会人类学是专研究礼教习俗这一类的学问，据他说研究有两方面，其一是野蛮人的风俗思想，其二是文明国的民俗，盖现代文明国的民俗大都即是古代蛮风之遗留，也即是现今野蛮风俗的变相……有些我们平常不可解的神圣或猥亵的事项，经那么一说明，神秘的面幕倏尔落下，我们懂得了的时候不禁微笑……"（《知堂回想录·拾遗》）江绍原本来是专攻比较宗教学和民俗学的，一向师事周作人，受弗雷泽影响也很大，时时有所征引。1928年出版的他的专著《发须爪》（由《礼部文件之九》扩大改写而成），书前有周作人序（写于 1926 年 11 月 1 日），略云："我觉得绍原的研究于阐明中国好些礼教之迷信的起源，有益于学术之外，还能给予青年一种重大的暗示，养成明白的头脑，以反抗现代的复古的反动，有更为实际的功用。"从鲁迅 1927 年 7 月 27 日致江绍原的这封信来看，他也是支持江先生这种研究工作的。

弗雷泽的《金枝》中有专章讲"两性关系对于植物的影响"，他指出古人及未开化的近人有一种原始观念，认为人间的两性结合对植物的繁茂有一种神秘的感应影响，因此往往用两性交媾为手段来确保农业的丰收。书中引用了大量的民俗材料来证明这一点。中国唐朝的农民已有更高的文明水平，他们只强调非夫妇二人同时播种不可。古风演变得更为含蓄高雅，或仅简化为"布种时口亵语"，意思还是一样的。诗人葛鸦儿借助于这种当时流行的古朴的民俗来发抒真挚热烈的夫妇之情，现成而且亲切之至。顾元庆将此诗与"长老种芝麻，未见得"的俗谚联系起来考虑问题，极得要领；而鲁迅抄录该则诗话给江绍原参考，亦可见其读书之广与思考之深。

驳杂之文

2008·12·20

孙 郁

孙犁生前喜欢谈史，有许多妙文。他是纯情的人，不喜欢杂色；文章也如清泉流淌，沁人内心。可是历史上纯粹的人很少，谈史的时候也不免气闷。那是没办法的。

在我的印象里，读勇者的文字固然快慰，但那些杂色的人的文本也多有镜鉴的意味。许多文化难题是存在于后者的文本里的。比如钱谦益吧，他的声名不太好，可后世文人讲到明代文人时，都不能不深谈于他。文人这个群落，其实也有点像名利场。倒是那些有驳杂之色的人，往往给我们内省的感受，使我们这些后人知道，历史的演进过程，从来都神思与魔影相伴的。

日前我到怀柔乡下住了几天，没有事情，身上带着《牧斋杂著》，恰巧住处的图书室遇到一册《钱谦益诗选》，也一并读了。心里有点感受，好像刺痛了自己的心。难说喜欢他的书，但其心绪和读书之法，在历代文人那里都有一点，只是他略显复杂而已。

现代文人讲到钱氏，看法不一。陈寅恪、张中行、黄裳都在他的遗墨前驻足过。批评的和同情的话都说过。我对钱氏的学问不敢妄评，看过他的诗和小品、尺牍，印象深的是尺牍，其次是诗。他写给友人的信，尤其是晚年的，寂寞而情真，不像其他文字那么做作。对世道和学问，有不少灼见。知堂的小品文，在什么地方有点像他，慢条斯理，从容老到，一看就是久在书中浸泡过的，谈吐有浑厚的诗文基础。奇怪的是知堂不怎么愿深讲他，是漠视呢，还是别的原因，就不知道了。

钱谦益早年有世功心，后来却屡屡受挫。儒道的东西他熟极了，后来醉心于佛学典籍。世俗的懂得，遁世之心也浓厚，对人间冷暖是敏感的。他的小品文把学问和自己的感受是化在一起的，读了不像一般文人那么酸腐，而是有悟道的玄机。无论是诗还是文，他给人的感受是丰富，国难、家怨、己苦，都闪烁其间。有历史的厚重在。和顾炎武、傅山这样的人比，他没有奇气，却存在着儒雅哀婉之调，像荒芜楼台的残树碎草，半是衰微，半是鲜活之态，文字里留着士大夫远逝的梦。

他的文字常出现"丧乱"字样，对自己的无奈感和耻辱感是不满的。人们说他的诗有杜甫的痕迹和李商隐的影子，也许是对的。寂寞的时候留下的诗文，都不矫情，自然喷出，的确像杜诗的自然苍冷。比如《燕子矶舟中作》：

　　轻寒小病一孤舟，送客江干问昔游。
　　老有心情依佛火，穷无涕泪洒神州。
　　舞风矶燕如赪尾，吹浪江豚也白头。
　　水阔天高愁骋望，寻思但是莫登楼。

全诗肃杀，悲凉之气四起，有落魄江湖之叹。韵味上虽逊于杜甫，而情感则不差古人矣。如不是有大的磨难感，以及人生起落之痛，是装不出这种状态的。

看他的诗，有时觉得厚实自然，文气很顺。学识藏在背后，又不炫耀，如山泉泻地，轰然而下。《辛卯春尽歌者王郎北游告别，戏题十四绝句，以当折柳，赠别之外，杂有寄托，诙谐无端，谲谜间出，览者可以一笑》，其八云：

　　可是湖湘流落客，一声红豆也沾巾。
　　休将天宝凄凉曲，唱与长安筵上人。

我觉得他的文字修养在那时是一流的，境界不敢说高，但比庸常的文人要好得多。文人的命运多厄，文章可能就好，至少有诸多的体验在，是有起伏感和悲凉气的。但他太像学者，似乎被沉重的书压着，就没有杜甫、傅山的清俊和奇拔了。

从钱氏的文章里我们能够知道他的矛盾内心，世事之忧都是典型的士大夫式的。精神盘绕在"被用"与"弃用"之间。这一点和杜甫有点相似。但又没有杜诗的翻转摇曳。也许是学者的光环太浓的缘故吧。他的诗所以在气象上比一般人阔大，主要是背后有那个时代的烟云，其内心的痛感与社会的神经是连带的。比如《岁暮杂怀八首》其一云：

> 十亩之间一老民，衰迟自分百年身。
> 未舒岸柳应愁我，欲放江梅又笑人。
> 故纸丹铅雠腐骨，虚窗灯火勘穷尘。
> 空山一笑无人会，落木萧萧下水滨。

一看就能被浓浓的寂寞感所包围。是欲入世被用而不得的苦楚。现代诗人不是这样，其寂寞乃可进入哲学的层面冷思。明清文人在境界上还在杜甫的层面，只是彼此略有差异而已。

明代文人的作品在形式上略有变化，能在精神上有奇趣的还没都展示出来。后来满人入关，一个本应延续的传统却中断了。晚清的民族主义者，都爱从明代文人那里找精神的资源，是可以理解的。

三年前曾去过常熟，专门去他的墓地看过。旁边是柳如是的墓冢。那一次与友人谈到钱氏与柳如是，感叹了半天。他们的故事，隐含着士大夫的宿命，直到今天，像钱谦益这样的人，对我们的启发，都很复杂。记得前几年黄裳和张中行还围绕钱氏发生过争议，其间隐含着几百年间道德与气节的话题。我有时想，像钱牧斋这样的人，他的学问深大概没有疑问，可是读他久了，会有种暮气的缠绕，不像傅山的文字那样使人动情，后者有种从郁闷里升腾出去的快感。钱氏让人亲近很难，但治学让人佩服的地方很多。他的一生似面镜子，士大夫的明暗在他身上很有代表性。我们中国的读书人，在精神的高度上，能像傅山的少，如钱氏的多，原因是骨子里还有脱不掉的旧习。在巨变的时代，犹豫、无奈，不能于清脱、峻急里自塑己身，也只能分裂地存活，俗的也来，雅的亦至，就那么驳杂地存活着。后来的读书人常常如此，也许是个宿命吧。

爱伦堡与纪德所见略同

李国涛

老来无事,可以说只爱读书。前几天就又买到爱伦堡的《人·岁月·生活》。那么厚厚两大册,字又排得密密麻麻。老眼昏花,如何消受它? 我就只选目录上引我兴趣的段落看。于是就翻到爱氏批评法国作家纪德的那一段。

那可也是现代思想上的一次引人注目的事件。原先,纪德是拥护和赞美苏联的。1936年他应邀访苏,去了两个月,回来就写文章说些不满的话。这一下就引起轩然大波。爱伦堡的这本书是在1960年陆续刊载的,那时,苏联虽到了"解冻"季节,但坚冰仍在。目光如炬、思想开放如爱伦堡那样的人,也还有所顾忌或有所保留吧,他在文章里还是嘲弄纪德当年的行为。我记起好像中国三十年代文坛也说纪德"转向"。爱伦堡赞美纪德的文体,赞美纪德的聪明。可是,批评纪德所说是"十分浅薄的批评",因为纪德只"走马观花"地看了看苏联。他也公正,说"我深信,在1930至1935年间,他对共产主义的向往是真诚的",但同时是一位"朝三暮四、反复无常的人"。也许吧,纪德可能有他的浅薄处。可是有些地方,纪德毕竟说得确切,无可辩驳,因为苏联社会的确存在问题,有的问题确实极为严重。别的不说,我就说吃。例如大吃大喝,或"公款吃喝"的那个德行,那个气派,在当时的苏联,就十分流行。纪德1936年写的书,名为《访苏归来》。此书近由广西师大出版社出版(2004年4月版),在108页—109页上记那时的作家协会之类招待他的饭局,让我们这些上不了那种宴会的人，大开眼界。按说法国人可是最讲究吃的，但是纪德也受不了："几乎天天有宴请，冷盘就那么丰盛，还未等上主菜，一个人有三个肚子也塞饱了；主菜有六道佳肴，要吃上两个多小时，把人搞得筋疲力尽。多么靡费呵！"他记另一次饭局："八点半开始。到九点一刻先上的冷盘还未上齐。……到了九点半，我看见又摆上汤匙，端上蔬菜鸡块汤，还报了随后上的虾尾圆馅饼，配以蘑菇圆馅饼，还有鱼、各种烤肉、各种蔬菜……"另一位法国作家罗曼·罗兰的《莫斯科日记》记1938年事，所记饭局有点特殊，因为那次虽是家宴，却又不一般。原来那天，1938年7月4日，他在高尔基家与斯大林等四位高级领导人和高尔基的家人等共进晚餐。"桌上摆满了丰盛的食品：有各种冷盘、火腿、咸鱼、熏鱼、鱼冻；有小虾加鲟鱼烹制的热菜；有奶油榛鸡等菜肴。他们喝得很多，高尔基更是当仁不让……"请大家注意，那个时代是苏联经济很困难的时代，不少人饿死。当时高尔基受到的是特优待遇，高尔基吃的也是公款，他家里的饮食同高级领导人是一样的。罗曼·罗兰也为高尔基家的食品浪费感到吃惊，并且不满，毕竟他有很强的正义感。不过，纪德回国就写下他自己的看法，而罗曼·罗兰的日记却按他的遗嘱，过了五十年才发表。两位作家都有如此观感，大约不是共谋扯谎。

有趣的是爱伦堡自己的经历。他记1934年他回苏联的事。他住到一个高级旅馆，叫"民族旅馆"。其实，肮脏、丑恶。茶没有，要水也不供应，服务员告诉他："他们说不卖给苏联人……"但是他又看到另一种景象是："服务员都穿着翠绿色的衬衫，女服务员身上是簌簌作响的束胸，戴着华丽的头饰，他们排成横队站着，听着口令鞠躬……"我想，大约纪德和罗曼·罗兰受到的接待，有一部分就来自于此。爱伦堡自己也写道："回想起'民族'旅馆荒唐的装模作样，我自己曾思考过很多事情。"也许，纪德只是比他早说二十多年而已。在那一段文章里，爱伦堡把纪德比作"螟蛾"，题目是《纪德——他不过是一只螟蛾》。我想，这也只是说他认为纪德的看法多变。但是，在这种具体问题和社会现象上，他大约也无法否定纪德的记录。

我还有一个顽固的想法，是关于鲁迅的。也在那个时期，鲁迅因病曾有去苏养病的打算，或至少在朋友间是有过这种考虑的。我就想，如果鲁迅去了，当然同样会受到这种招待。以鲁迅的敏感，大约在这种饭局里吃上一餐两餐，一天两天，最多一周两周，他也一定会发现问题，从而引发他的深思的。

哲学与阿Q
——金克木的学术"野"史
郑 湧

2008·11·11

乍看这个大标题，一定有人觉得非常怪诞甚至荒唐。如果知道金克木那样的大学者还曾说过"讲哲学不能把阿Q忘了"，恐怕更有人会大觉愕然。阿Q还有思想？甚至还有哲学？一个学者为什么要如此抬举临刑之前连圆圈都画不圆的那个文盲？

金先生说话，常有反讽、调侃；在他的口中、笔下，看似反题，却是正题；看似野史，则是正史。

第一次是怎么见的金克木先生，我已经记不清楚了；只记得，我曾多次进北京大学的校门，来到未名湖北侧的朗润教师公寓，作登门拜访。

谈话时，海阔天空，古今中外，没有一定之规；甚至可以说是，随心所至，率性而为。而不变的是，他的擅长凭感官做直接观察（一种人从婴儿时就有的特长），洞察入微。他的双眼经常闪闪发光，不仅有智慧的光芒，而且充满了好奇与敏锐，甚至有时还带有一种捕获猎物之喜悦。这种光芒，时显时隐，贯穿于整个谈话。一旦这种光芒暗淡了，那也就表明：这次谈话到了该结束的时候了，或者是他没有兴趣再谈了，或者是谈得过长，他累了。这种时候，我就自觉地起身告辞，他就起身相送，并不挽留，最多说一声：欢迎有空再来。

在谈话过程中，他绝不向你灌输什么，哪怕是他自己最为得意的东西。他觉得你听懂了，就继续讲下去；倘若话不投机，他立马就改换话题。既不浪费他的也不浪费你的时间，尽量使双方的见面时间得以充分而有效地利用。不过，他的话，往往三言两语，就能打通古今中外。

金先生，是一个瘦小老人。学问大、个头小，禅者看到会产生一种"芥子纳须弥"的感觉。我们一起谈话的时候，也常有大题目、大人物，谈到过老子、孔子、列子、佛陀、柏拉图、康德、海德格尔、伽达默尔、泰戈尔以及国手朱光潜、贺麟、洪谦、钱锺书，还有美学、语言学、解经学，等等。这些，都使我受益无穷。不过，给我印象最深、启发最大的，却是他把自己的"学术史"，讲成了一部大嫂麾下的"家史"；把别人眼里的"野史"，说成了堂而皇之的"正史"。凡人小事，在他嘴里都成微言大义。这恰恰是富有"金克木特色"的思想风貌和学术路径：能从平常、细小、琐碎而带有某种娱乐性的活动、事件中，发现、挖掘出人生、学术的重大价值。

他把自己的受教育成长史，说成是一部"学'说话'"的历史。金先生上过正规的学校，有过科班出身的正式老师；但他却认为，正式的老师，是他识字不多的大嫂。他还不满三岁，大嫂教他认字、念书。大嫂的教法，也十分的特别。她一边为她自己一丝不苟地整理头发，并不看书，背出两句，让他看着书跟着一字字念，念熟后背给她听。不论是《三字经》，还是唐诗，大嫂一律用平常说话一样的腔调，并不知道这叫诗。后来，金先生在印度跟别人学梵文，竟也是这样的教法：只是"念"和"听"。

当然，人生的第一个教说话的老师，往往是自己的母亲，虽然并不"正式"。不过，金先生的母亲不只一个，一起生活的有生母、嫡母两个。他的生母，是鄱阳湖边的人，后来又搬到了安徽，学讲淮河流域的方言。他的嫡母，说的也不是安庆话。邻居甚至个别家庭成员听不懂她们的话，常常要他做翻译。

我想，正是金先生身处的这样一种语言"乱世"，造就了他这么一个语言的"英雄"，让他具有准确辨别不同语言并能很快适应和熟练使用的智慧与能力。而这样的一种辨别、适用和运用的智慧和能力，很快又被他举一反三，扩及到其他种种乃至学术的领域。

这就是说，在实际生活中"学'说话'"，其意义非同小可，影响着他的一生。在金先生看来，"想"，也是"说话"，是"自己对自己说话"（这是柏拉图呀）。"写"，当然也是"说话"，是"自己对别人说话"（又多了一个反击德里达"文字学"的根据）。

"学'说话'"，关键是要学会"听"；而"听"，就要集中全部精力去"听"，所以叫倾听。在"倾听"的时候，不要思考；你思考得越多，知识越多，道理越多，它们都会跑出来干扰你的"听"，那还怎么做得到集中全部精力？所以，排除一切干扰，才有可能干干净净、毫无污染，洁白纯净；那么，该听到的，就一点也不会落掉。

金先生说，"学'说话'"，首先学会的就是"倾听"。大嫂要他"听"的不是"道理"，平常大嫂很少给他讲"道理"，也不去"说服"他该做什么不该做什么；而是用"物质奖励"去吸引他，通过讲故事不知不觉去影响他。而对金先生呢，大嫂也只要求他去"听"，不需要他去评论，或从中得出什么道理。

在这个过程中，金先生只是"倾听"和"感受"。他愿意"听"大嫂的，他"感受"到长嫂如母，那无微不至的关爱和温暖。这是一个温暖的海洋,金先生被吸引了进去,完全融入了这个海洋。这是"爱"的力量! 这里根本没有也不需要什么理由。"爱",成为传承的根本渠道,包括对"智慧"的传承和激发。从这个意义上,哲学就成了"在爱的感受中激发智慧"。

金先生把建立在人类学基础上的解释学"对话理论",用中国的日常生活事例和语言,讲得这么浅显、简约、透彻;再加上他本人的说话,有着从他大嫂那里传承的干净、清楚、利索,说出来的便成写下来的(伽达默尔是自己说、秘书在打字机上写)。在中国,有金先生这样一个推崇"说话"的知音和同道,我真为伽达默尔高兴。

不仅如此,金先生他还把问题拓展到了人所意识不到的深层,以及人的行为。追溯到"人之初",那还不会"说话"的时刻。是呱呱落地的第一声啼哭,然后是动手动脚的试探活动,接触到母亲的奶头,学会了做人要活下去的第一要义:吃。

金先生说,教他识字的大嫂,她所读的书主要也是几部弹词,如《再生缘》《白蛇传》之类(当时人称之为闲书);而金先生的母亲,识字也不多,看的书也是弹词。这倒提醒了我,我自己也有过这样的老师,我的母亲。我母亲上过小学,但不久就被她的二姐给"搅黄"了;二姨因为自己不能上,也不让我母亲去上。我母亲喜欢唱山歌、听说书。我小的时候,每逢夏天夜晚,常常在院子里乘凉,邻居们都搬出自家的大桌子或藤编的躺椅,躺在上面,看着满天的星星。此时,山歌就在宅院之间飘来飞去,此起彼伏,不绝于耳。还有,就是过春节或雨季,请一个说书人,聚集在一户人家,听《封神榜》《施公案》之类。

因为金先生的榜样,我开始认真对待这样的儿时经历:儿时识字不多,却可以成就重大传承,如金先生。当然,民间有许多识字不多的人,也不能低估。正是他们,传承着一个民族的思想文化的血脉,使它们得以深藏于民,在民间川流不息。

这是一条思想文化传承的独特路径。这种路径,在金先生之前就已经存在，具有代表性的，远一点的有中国禅宗六祖慧能，他不识字，却精通佛教经典，还讲成了一部《坛经》；再远一点的，就是金先生非常推崇的《列子》。

　　《老子》，是给帝王将相讲的哲学；《庄子》，是给读书人讲的哲学；而《列子》，则是给平民百姓讲的哲学。中国人绝大多数不识字，这些人就是平民百姓。既然是给他们讲的，就不能过于玄虚，就需要多讲一些日常的老百姓身边的事情，讲一些不识字的人也能听懂的道理。在金先生看来，《列子》正是这样，它不以空言自慰，胜过了庄子，也胜过佛教。甚至，《列子》并不输于卡夫卡，讲一些看起来没有道理的道理，其中有不少的荒唐的故事、荒诞的话，却无不暴露着现实人世的荒诞不经、天理不再。

　　由《列子》，金先生自然会再说到阿Q；因为，《列子》实乃"阿Q"之书。最后，谨引金先生的一段文字作为结语：

　　"我想，假如阿Q先生能成为哲学家，也著书讲道理，很可能他的大著就是一部《列子》。"

伤逝
SHANGSHI

选自良友版木刻连环画《我的忏悔》,麦绥莱勒作

闪 回

曹 雷

2008·02·13

　　眼前是一张照片，最后一次和您的合影。您刚从医院出来，瘦多了。照片上，您面容清癯，眼睛却特别明亮，特别像您扮演过的孙中山先生。

　　人们说您远去了，我却不能相信。我脑海里有许多您的形象，耳畔有许多您的声音，就像电影里一组组的闪回镜头，不断显现：

　　小时候，躲在电影院，在《王子复仇记》里听您的哈姆雷特独白，在《白痴》里听您的梅思金公爵，您的声音和角色的灵魂融合在一起，让人痴迷到醉！

　　镜头闪回到三十年前，我和您同去大庆，为了配一部纪录片的旁白，您坚持去到石油钻井队的第一线。在寒冷的天气里，在野外的帐篷里，你和石油工人一起从大脸盆里舀着米饭，吃得那么欢……回到录音棚，您意气风发，激情喷涌，没有一丝哈姆雷特的影子，这时，您的声音，充满阳光。

　　大劫过后，您回到一别十年的北京，我惊异地发现，您最怀念的，竟是北京底层老百姓最普通的食品——火烧，您满街地找。我看着您捧起那带芝麻酱的火烧大口地啃，就像那是世界上最美味的点心，我在想，这，一定勾起您对往事的许多回忆，您一定历经沧桑，有过许多坎坷和艰难。虽然我当时并不知道，您还曾在北平郊外，以养羊送奶为生……

　　镜头闪回到录音棚：您习惯地掏出不离身的小字典——那本草绿

封面的六八年版。纸张泛黄了，纸边磨毛了，您说，用熟了，不愿再换新的。拿不准的字音，您定要仔细查过，再小心地注在剧本上；没有琢磨过的词，您决不张口就说。您让身边的年轻人懂得了，为什么说"成就是天分和勤奋的结合"。

我们一起配音、一起主持大型晚会、一起朗诵，我总为能和您这样一位大师合作而深感庆幸。平时您会和比您年轻的人一起说笑逗乐；工作起来，您却死死抓住我语音上的毛病不放，哪怕只是一个后鼻音。让我吃惊的是，有时您竟会找我商榷，讨论您对一个词的处理，征求我的意见，真正的"不耻下问"。您教会了我很多东西，从语言艺术到怎么做人。

我们曾合作录制过音乐广播剧《柴可夫斯基》、《歌曲之王舒伯特》，我这才知道您的音乐造诣有多么深；当您在录音现场弹着钢琴，用德文唱起了舒伯特的《鳟鱼》时，我还知道了您外文底子有多么厚。您满腹学问，却虚怀若谷。当今文艺圈里，明星满天下，我却觉得，像您这样的演员才称得上是真正的艺术家，艺术大家呀！

镜头闪回到十多年前，那时您刚满七十岁。您忽然对我说："我有很多计划：我一直想拍《三国》，已经做了很多年的准备，还想沿着三国时期的地图走一走，先拍一个纪录片；我想拍《詹天佑》，这是个了不起的人，对中国的科学进步作了很大贡献。怎么一过七十，我觉得已经没有多少未来了，真得赶快了！"

您同岁月赛跑，您向年龄挑战，在天寒地冻的外景地，您站在摄影机旁，岿然不动，没人能把您劝下火线。终于，历经三年，在党的八十大寿，您献上了电影《詹天佑》这份厚礼，这时候，您也已经年逾八旬！

镜头闪回到这里——上海图书馆，那次我同您一起来，您一直想在上海把朗诵活动推广起来，不但因为您喜欢朗诵，您还说，朗诵是一种能提高人们的文化修养，陶冶人们情操的高雅的艺术，上海真应该建立起朗诵艺术团，要有个能经常开朗诵会的场所。为此，您多处去奔走，筹集资金，寻找场地，我们找到了上海图书馆。现在，这里已经成为诗人和朗诵爱好者之家。

这次远行，您一定仍是带了很多计划，因为我知道，您是一个永远闲不住的人。

（本文为上海图书馆"怀念电影艺术家孙道临朗诵艺术专场"而作）

远逝的风铃

吴小如

2008·04·24

相交逾半个世纪的老友，真的愈来愈少了。今年新春伊始，久居沪上的谢蔚明先生又先我而去。蔚明年逾九十，已属高龄。他前年整寿时，我还写小诗祝他能活到一百二十岁。从他的体质看，他可以活得更长久些。回首前尘，如果他不经过北大荒二十年颠沛流离的苦难生涯，很可能活到一百岁。造化弄人，原不以个人意志为转移，愿他在泉下安息！

蔚明和我是皖籍大同乡，长我五岁。我们订交于上个世纪五十年代初，当时他正在文汇报驻京办事处当记者，借住在办事处。我们就在他寓室中见了第一面。我的第一本小书是由蔚明介绍，交上海出版公司出版的。彼时我们尚无深交，而他却为一个普通年轻教书匠出书的事殷勤奔走，仅从这件小事就可看出他是一位性情中的热心人。当然我们的友谊也很快地建立起来。上个世纪九十年代初，蔚明出版了一本回忆录，书名叫作《岁月的风铃》。拜读之后，我随即写了一篇小文，倾吐了我们经久不衰的深厚友谊。有些话这里不再重复。在他年近九十时，还说要写出一系列回忆文章，然后收辑成书，结果只出了一本《杂七杂八集》，便因记忆力衰退，愿望无法实现了。由此可知，蔚明不但经历过许多带传奇性的事，而且交游之广也是惊人的。作为新闻记者，交游广本不足为奇。但与一般人不同的是，同他有交往的人最初虽只是通过约稿组稿关系而相识，而最终却大都成为真正相知的好朋友。特别是蔚明离休以后，约稿关系早不存在，而友情却愈加深厚了。这应归之于蔚明所独具的人格魅力。他是那样地平易近人，对新老朋友始终洋溢着忠厚执着的热情，真正做到了"善与人交，久而敬之"。在目前以拜金主义为时尚的社会中，不少人都是势利之徒，当一个人在市侩们眼中认为已无使用价值时，乃翻脸若不相识，甚至还有落井下石的。每当闻见及此，我立即感到蔚明这一生为人处世值得学习的地方真是太多太多了，且令人心潮起伏难平。蔚明晚年常说自己提笔忘字，而我在惊悉蔚明溘然长逝的噩耗后，一直想写一点悼念文字，却是提笔不能忘情，总也写不下去。最近我住了半个多月医院，感到自己离终点站也不远了，从而产生紧迫感。尽管构思艰难，还是耐下心来把想说的话匆促写出来，免得留下遗憾。

在蔚明一生交往的友好名单中，有不少位是著名京剧表演艺术家。比如在梅兰芳先生的座上，蔚明一度也是常客。我和蔚明，以及另一位英年早逝的徐士年兄，曾经结伴学过几个月的昆曲。那是五十多年前，俞平伯先生主持组建的昆曲研习社成立不久，从南方请来一位辅导曲友拍曲的笛师。单靠研习社的工资养不活那位笛师，于是俞平老乃动员熟人学昆曲。由我倡议，我们三人合聘这位笛师为我们启蒙。规定每周至少学一次，由我们三人在各自家中轮流接待。记得学的是《长生殿·小宴惊变》一场唐明皇的第一支曲子，"天淡云闲"云云。学了一段时间，老师要我们"汇报演出"。我因自恃会唱几句皮黄，以为比他们两位略胜一筹。遗憾的是，老师表扬了蔚明和士年，却批评我唱得不及格。理由是：他们两位根本没有唱过曲子，老师怎么教，他们怎么唱，虽不到位，却有可造就的希望。而我，正因为会唱几句皮黄，唱出来却根本不是昆曲。老师打比喻说，他们两位都是从"零"起步，让他们往东，他们就跟着往东；而我却适得其反，竟走到西面去了。老师认为我必须从西面退到起跑点即"零"的位置上，把皮黄全丢开，然后再往东走。尽管大家事忙，学曲的事很快中辍，但这一次给我的教训太深刻了，故至今记忆犹新。

蔚明晚年又回到文汇报工作。他最大的贡献是与梅朵先生合编了一段时间的《文汇月刊》。这份月刊编得堪称有声有色，光彩照人。刊物上群贤毕至，佳作如林，影响很大。至今有人追忆，还赞叹不已。可惜当时改革开放不久，许多条条框框仍在束缚着办刊物的理念，使它无疾而终。而蔚明已经到了退休年龄，从此成为闲云野鹤。不过他的热心老而弥笃，只要有人找他办事（包括我本人），他总是全力以赴，期在事必有成。这一点，不少新朋友可能对他的印象更深。五年前我由上海回到北京，虽经常通电话，却没有再见面，遂成永诀。

蔚明病逝后，听说他晚景在经济方面比较拮据。我对此亦有同感。我们这一代人，可以说把一生都献给国家和社会，而得到的回报却不甚理想。举个最简单的例子，我的退休金还拿不到我孙女收入的数目，而她是新世纪初刚从大学本科毕业的。我还听说蔚明虽只有一个女儿，但他要不时接济的乡亲父老却不止一位。这也反映了蔚明为人的一个侧面。

我一直没有当面请教过蔚明，他的书名《岁月的风铃》究竟是什么含义。姑以意妄度之，大约是指他一生可回忆的人和事很值得记录下来，好比屋檐下的风铃铁马，微风起处，总要响几下。有时响得声音大些，有时不过微鸣几声。然而他所知道的人和事真是太多了，记录在文本上的寥寥无几。现在斯人已逝，不论风力大小，空气总在流动,而风铃却已哑掉,再也无法听到了。而留在人们心中的印象,却是一位从不知老之将至的、热心的忠厚长者!

二〇〇八年三月病中写讫,时在北京

精诚所至的思想者
——怀元化

鲲 西

2008·05·13

我是在清晨绝早被电话铃惊醒,被告知元化去世的噩耗的。相信与我同辈的人,元化的无数知交,还有更多相识或不相识的读者,此际同感悲痛。今年春初知道元化住院,还特意去看他,他的精神极佳,要不是医生阻止,他极想讲话。但我还是看到了烫金的莎士比亚研究集的精装本。时隔几时,元化终于走了,我深为生命的脆弱而悲伤。元化的化去是我们时代的损失,我们失去了一个能于高处瞻望未来的学者与思想家。

六十年交谊起于一九五二年公私合营新文艺出版社成立之际。六十载的岁月并不缺少惊涛骇浪,然而终于在改革开放之后带来了和煦的春风,这就是这三十年我又能读他的书,一聆謦欬。当我带着乡间的容色重回城市时,第一个访问的就是王元化,他倍加慰藉。正是这一次我借了他书架上的周学普译《歌德对话录》,以后写了《还书记》,成为我与元化的一段文事交往。

当知识界在感受和缓的心情时,不少人开始写反思的文章,甚或冠以"思痛"这样沉重的字眼。与此相反,元化在他那本《九十年代反思录》中显示了全不相同的境界。一些老一辈知识分子或学者在他们解除束缚之后就重拾旧绪,惟恐时光不再,而另一些年稍轻者虽然感受沉痛,但也仅仅揭示而已,并没有做到真正思想上的升华。相反元化却是在无形的禁锢尚在时,就开始了他的自我反省。这并不是他走在时间的超前点上,而正如他自己所说:"我为什么在这几年进行了反思呢? 这不是从书本得出或从别人那里学来的,而是完全出于个人的自觉。可能是由于思想受到生活的冲击,才引起痛定思痛的要求吧。"

这里不容忽视的一点就是元化利用受审查中的间隙耽读黑格尔的著述,黑格尔的书给他的不是文学上的启示,而是前所未见的思辨能力。这一巨大的知识力量,是他此后在各个学术领域取得成就不可或少的。

元化从青年时代的激进思潮进入后期所从事的著述,显示了他极高的颖悟天资。元化并非没有师承,但以他对中国典籍的理解,可以看出读古籍之难实不在于获取知识,而在是否善于辨别。所以,当他与海外学者进行学术交流时,他从不会失去自己的主见,可以认同,也可以坚持己见,这在当今中外交往上是一个卓越的范例。

我极欣赏元化写的《贺麟〈文化与人生〉》一文,以前仅知贺麟教授是开黑格尔哲学这一课程的,于此文中所涉及的事例如卢梭的"契约论"之类皆不甚了了,惟独对于末段最为动心:"贺文的特点,重在蕴藉,而不事雕饰,深意往往出于微言,书中各篇,率多此类。"我建议读者读此文的深意也在于此,这正可以显示元化自己文章中常常呈现的观察入微的分析,那许多谈剧谈戏的小文无不如此。

从反思到后来广泛的古典的历史的课题的探讨,甚至还写出如《郭嵩焘与湖南新政》这样属于近代史的文章,这说明他以反思为基础进而走上了由知识引导的路,而并非只受炽情的驱使;也因此,他在后来能更进一步以思辨的能力来探讨更为广泛或艰深的课题。我认为这是评价元化的成就时所不应忽略的一点。

最后让我引一段我自己读《清园谈话录》中关于果戈理短篇小说《旧式地主》这一篇的读后感。作者先是引别林斯基评莎士比亚笔下的罗密欧与朱丽叶这对恋人，让他们在年轻时双双死去，别林斯基以为这样的处理是值得称许的，因为难以想象罗密欧与朱丽叶都活到老，那时还有什么幸福爱情可言。元化于是讲述他旧时读果戈理《旧式地主》时觉得沉闷、枯燥、庸俗。此次重读，却发现小说中部出现了转折点：一个年轻人在恋人死亡未久重又再婚，全然忘记了痛苦，这恰恰与果戈理写的那对老年夫妇的老而爱情弥笃形成强烈对比。更有甚者，果戈理以第一人称于数年后再访已丧偶的老人，发现老人全然失去灵活的躯体，却依然一如既往想念着亡故的妻子。《谈话录》写重读此一情景时就像有巨大的情感揪住了他的心。如此剧烈的情感的震动，可以说是凡读作者的文集者所从未见过的。学者、读书人思维的运作是坦然无保留的，惟独感情多内敛，像这样一种情感的大爆发应该是精诚所至而坦然吐露了内心的世界。这是我所看到的文章中的元化令人感动的真情流露的一面，无疑也正如评论家所说，莎士比亚研究集是他和夫人张可的欢悦而忠贞不渝的感情的象征。读《清园谈话录》者无妨特别读一下关于《旧式地主》的这篇最感动人的短文。

康德说："崇高感的特性就是它们有着心灵的运动。"元化的所有遗著都是这一种心灵运动的结晶，他把他的一生都献给了这样的活动，这或许就是我们对他永远怀思与缅想的原因吧。

在哀伤的时刻，我愿所有的人都能铭记智者斯宾诺莎的那句名言："人最应沉思的是生而不是死。"

我心中的贾植芳先生

陈思和

一个多月来，不少在媒体工作的朋友约我写纪念贾植芳先生的文章，我都答应了，却迟迟地写不了一个字。头脑从未有过的迟钝，思绪从未有过的滞涩，我都尝到了。直到今天，谢天振教授建议并主持了先生的追思会。我在场内突然明白过来，我的无意识里，何尝不是在暗暗拒绝承认这样一个事实：先生真的离我而去了。

一个多月来，我昏天黑地地忙碌，差不多一直在外地跑来跑去，用紧张的工作去麻醉自己，努力不去碰这样一个事实。我希望先生还坐在他的书房会客，读书，写他的日记，发出他的朗朗笑声。先生高龄却无大病，性格豁达，看淡生死，晚年他的生活平静而幸福。他生前最后几个月一直住在第一人民医院的特需病房，享受着医院里一流的照顾。医生告诉我先生睡在病床上，伸手碰得到的地方全是书，始终关心着医院外发生的事情。十天前医生发现他有心脏停搏的迹象，中文系马上送去了费用为他安装起搏器，那天，去医院探望的是副系主任祝克懿老师，回来告诉我，先生的笑声响彻病房。当时我想，先生其实是老年性各种器官都趋向衰弱，并不是致命的病，即便是头疼医头脚疼医脚，大约也还可以维持较长一段时期。对于先生那样坚强的生命，任何奇迹都是可能出现的。但是我没有想到，十天以后，先生的肠道、呼吸都出了问题，突然间的，撒手离开了这个世界。

先生真的离我而去。校园里挂满了学生自发手叠的白色纸鹤。我走在那些白纸鹤行列之间，突然想起了先生曾经告诉我的一件事：

1966年五六月间,先生作为胡风冤案的"骨干分子"已经服刑后从监狱里释放出来,被安排在复旦大学的印刷厂,从事繁重的体力劳动。在一个很热的中午,先生赤裸上身,拖着一辆沉重的拖车,从学校的工会礼堂前走过去。正巧礼堂门口站着一群中文系的老教授,他们衣冠楚楚,从里面走出来,说说笑笑,不曾注意迎面走来的一个拖车夫。先生是远远地看见他们了,他们曾经是同事,是朋友,可是在1955年以后就再也没有见过面,这是他出狱后第一次竟以这种难堪的方式与他们劈面相对。先生说,当时他想回避,拖着车子绕开走,可是他的脚还是一直往前走着,终于走到了这群过去的朋友的面前。他们都怔住了,禁了口,惊恐地看着狼狈不堪的先生。先生说他还是抬起了头颅,默默地在同事们不同的眼神下走了过去。他心里在念叨,你们也许比我还要狼狈了。果然,不久后史无前例的浩劫开始了,所有的教授都在劫难逃了。

我想说的是,先生做人的坦荡。这是我从先生身上最强烈地感受到的一种品质。我们今天常常劝人走好一生的路,用"清清白白做人"来勉励自己或者别人,但我觉得,做个坦坦荡荡的人,比做个清清白白的人,更加坚强和不容易。清清白白,可以从消极的立场上去拒绝和抵制这个社会上的污浊,而坦坦荡荡的人是无所畏惧的人,他就是一脚踏进了污泥浊水,他还是能够坦坦荡荡,哪怕他坐在监狱里,受千百人的唾骂、侮辱、迫害,他仍然是个仰俯无愧的人。先生一生的命运总是与国家命运的多难联系在一起。抗战爆发,先生在日本大学攻读社会学,他为了抗战,毅然决然放弃了学位奔回祖国,在枪林弹雨的中条山战区出生入死;他的伯父身为买办,膝下无子,却广有家产,曾经对先生说,你一生奔波,几次入狱,还不如随我做买卖,继承家业。先生却对伯父说:您出钱供我读书,不就是想让我活得像个人样么? 如果您让我去做个商人,何必要我苦苦读书呢? 先生拒绝了商人伯父的规劝,结果为了支持复旦大学进步学生运动而再度入狱。1955年,他的朋友胡风等人被诬陷成反革命集团,先生又一次为朋友的牵连蒙受二十五年的不白之冤。今天,一个崇尚金钱万能的人很难想象,像先生那样一个人,一次次拒绝了命运本来给他安排好的外国名校文凭学历、高级白领、红色教授的道路,却投身到战场、监狱、运动……当然这不是他的有意选择,但是作为一个坦坦荡荡的人,在为国家尽忠诚,为知识分子寻理想,为朋友担道义等大节上,他只能做出这样的选择。

　　我感到奇怪的是,有过这样命运的老人,却在他的日常生活中,很少流露出苦难笼罩在他心里的阴影。我不是说先生的心灵深处没有这些苦难的阴影,但是他从未因为受了那些苦难而改变对生活的热情和善意。比如说,对人的信任和热情。先生这种性格特点在经历过苦难的一代老人中是很少见的。我们中文系有一位老教授,也是极有声望的老知识分子,性格非常豪放,他与先生经常在一起谈天说地,畅怀大笑,但是一旦有年轻人走近过去,他马上就闭口不言,匆匆而辞。先生告诉我,那位老人以前在政治运动中吃过年轻人的亏,从此就不再信任年轻人,后来连研究生也不再招收。我想这位老人的心灵一定是很寂寞的。而先生不是这样,他对人的信任有口皆碑。我亲身遇到过一件事:大约是八十年代,先生去苏州大学开会,会上有位来自广西的大学教师,回广西途中需在上海中转,他想在上海住几天,有人就介绍他可以住在先生家里,并且给先生作了说明。可是那次外出师母没有同去,先生耳背,根本没有听清楚是怎么回事,还以为那位教师是苏大安排送他回上海的工作人员。就这样,那位教师心安理得地在先生家里住了三天,先生也每天好烟好酒地招待,三天以后客人回了广西,他才疑疑惑惑地问我:那位客人是什么人? 为什么在他家里住那么久? 这时候我才发现,先生根本连客人的名字、身份、缘由完全都不知道。这种事情在俗人听来,简直是天方夜谭,但是对于一个坦诚君子来说,却是自然不过的事情。先生常常喜欢说一句江湖话: 出门靠朋友。他说他是十几岁离开家庭,在社会上闯荡大半辈子,靠的全是朋友的情谊和帮助,尽管"朋友"这层关系也给他带来了灾难，但这个责任不应该由朋友来承担的。先生对"朋友"这个称呼极为看重，如果谁被他称为"我的朋友"，那就意味着他将与你肝胆相照，赤诚以待。

　　正因为先生是个坦荡的人，所以他能够通达地放得开自己所经受的苦难，放得开一生所经历的大小恩怨故事，顾全大局，胸怀大的目标，从来不会在一些鸡毛蒜皮的所谓名利、面子、档次等一般文人最喜欢纠缠的小节上计较是非。我听说过一件事，先生陪几位外宾去某地参加一个活动，开饭时，当地主办单位的领导临时赶到，听说有外宾出席（八十年代外宾出席还是很少见的），就立刻安排另席招待，匆匆把几位外宾请走了。因为那位领导不认识先生，就没有顺手邀请，旁人可能感到有些难堪，先生却一点也不在乎，依然说说笑笑。一会儿，那位领导又匆匆赶来，原来他听说了先生在场，连忙赶来道歉，再请先生也过去用餐。照一般人想，先生也许会生气，拒绝参加，但先生毫不介意，照样开开心心地出席用餐了。那位领导才松了一口气。事后，先生从未与我说起这件事，倒是那位领导有一次感动地向我诉说了先生的高尚人品。我觉得，这就是先生的坦荡之处，他从来没有摆出老人的尊严，所以他精神始终年轻；他从来没有摆出名流的架子，所以他的朋友遍天下；他从来没有把自己曾经受过的苦难当作一种资本，愤世嫉俗，所以他笑口常开，仁者长寿。

　　先生这样的通达为人，绝不是乡愿处世的态度。经历过如此大风大浪的人，他对于世态看得非常清楚，只是不该计较的事情他决不放在心上。我可以说出许多这样的故事。如，他冤案平反不久，恢复了教授的身份，学校有关部门安排他去当图书馆馆长。我本以为先生会拒绝这样乏味的工作。因为听先生说，老校长陈望道曾经公开说过，先生是个"无政府主义"，上午让他当官，晚上就要下台。但没有想到"无政府主义"的先生还是接受了这项工作。我曾经表达了我的意思，先生笑着对我说，上面要落实政策嘛，就让他们落实一下，不要让他们为难了。他就认认真真地在馆长的任上工作了几年，还修建了文科图书馆大楼。过了一任，先生已经七十岁，学校里通知他要退休了。很多朋友为他抱不平，认为学校这样对待他是不公正的，梅志先生特意来信，劝他在退休前提出离休的待遇，还表示愿意为他写证明。先生也是笑了一笑，对我说，这种"干部档次"，我要它干啥？于是就坦然地按照一般高级知识分子的标准退休了。这两件事，看上去好像有相反的含义，但表现了先生对于名利、对于工作、对于个人的道德追求，完全是一以贯之的。先生善解人意，一般也不拒绝社会上对他的好意相助，但并不是没有原则，对于一些社会上流行的特权，他非但不屑于计较，而且有时候会表现出非常的独立性。

记得在几年前师母病重期间，先生每天要把大量的钱花在医药费用上，可能感受到经济上的压力，但是他从来没有向别人（包括他的学生）说过自己的困难，也从未有怨天尤人地抱怨命运不公（后来是我忍不住内心的感动才写了《感天动地夫妻情》一文，披露先生当时的困境）。而先生多次与周围的人说过，他是手里拿着几个铜元、一卷铺盖进入上海的，现在成了有家业有房产的"有产阶级"了，大不了再拿几个铜元卷了铺盖回山西老家去终老。所以我想，当时先生不是没有考虑过自己的经济状况，但他宁可准备卖房回老家来挽救师母的生命，也不愿意伸手求助。他的赤诚之心，终于是感动了上苍，师母的生命竟奇迹般地延续了整整三年。当最危急的时期过去后，先生又恢复了自信。最近我读了不少有关先生的文章，其中最让我感动的是潘真在《新民晚报》上发表的短文《贾植芳先生的一辈子像一堂课》，文章里说："我曾写过报道《资深望重的贾植芳月入仅二千，一批退休老教授渴望得到善待》。没想到见了面，贾先生竟安慰我，已经加了，他是复旦加得最多的，退休金加到2 000元，月收入有3 500元了。'任敏（陪他受苦受难一辈子的妻）也走了，不需要花钱了，够了。'"尽管我不认识潘真，但她所写的确确实实是先生说的话。先生的高贵和傲骨，就是这样隐伏在他的坦荡的襟怀里。

先生一生最重视的是知识分子的称号，这是他自觉履行五四新文学精神使命的最根本的动力。他所戚戚然的,总是天下的大事,而不是个人的命运。1996年我陪先生去台湾参加一个学术会议,轮到先生上台作报告时,台湾政治大学教授、著名的文学批评家尉天骢作讲评,他手里挥舞着先生的传记,高声赞美先生苦难而高贵的人生,全场掌声雷鸣,向先生致敬。先生耳聋听不见尉先生的话,紧张地东顾西看,不知发生了什么事。等他一走下讲坛,诗人罗门就跑去向他倾诉心里的感动。先生才明白刚才会场里的掌声是怎么回事。他松了口气对罗门说,做个知识分子,总是要像耶稣那样,一代代背着十字架往前走的。说得非常平常,但又是那样的沉重。正是因为有了这样的精神的准备,他才会这样举重若轻地对待人生——这超越了时间与空间的人生。

2008年5月28日写,31日修改毕

天堂一定会有电影
叶文玲

2008.10.22

对于逝者来说,猝然离去,是连弥留的痛苦都可以免除的轻松,可对于他的亲人他的朋友以及所有爱他的人来说,却是最大的残酷。

可是,逝者是谢晋。我相信,谢晋自己也会因这猝然,一百个不情愿。

因为,他还有许多事情要做。就在上周,他还交代杭州的朋友一一去做他已经筹备多时的几项影视活动。这个坚强的中国男子汉,眼看着已从两个月前痛失爱子的巨大打击中走出来,他已经有心情再次单身出门,已经可以为母校的百年校庆再去奔波,已经能够为与老友相聚而开怀畅饮……

与谢导自1980年结识交往至今,我多次想过要践诺——闲下心来为谢晋写部传记,就像我当初写秋瑾和常书鸿一样……2006年大年初二,应邀再次去上虞,是因为谢导让我帮他看看四川作者的那个剧本《江湖祭》,同时也是要与我商议,能否重拾十五年前旧话——他决心要拍《浪漫的黄昏》。在有着"东山谢氏"额匾的谢家小院,在大门口那块铭刻着徐锡麟史绩的老碑前,在那座业经修缮的谢氏老宅和祖传大书房中……,谢晋兴致高昂地向我述说他心目中的上虞,他的家世……最后又说:叶文玲,我郑重向你保证,我一定要拍好这两部电影,你要用最快的速度改好剧本,我们要以《浪漫的黄昏》,再写一笔人性的辉煌!

在旁的谢衍,也以那副酷似父亲的笑容,重述了他们这一深思熟虑的计划。

我又一次感动得无以复加,我无法不热血沸腾! 虽然二十七年前《心香》已成立摄制组却突遭撤班,虽然中篇小说《湍溪夜话》两次改编无果,虽然七届全国政协会议中,又一次因商议改编《浪漫的黄昏》而折腾得我昏天黑地,说到触电,真是千种苦辛,万般委屈……但是,只因为邀约的是谢晋! 我又一次将以往的艰难周折全抛在了脑后。

于是,又一次陀螺般地旋转,又一次夜以继日地沉埋案头,半年中,一稿、二稿……直至第八稿,最后,再次请出曾经的合作者程蔚东,第九稿、第十稿! 终于,谢晋绽出了灿烂的微笑。由老搭档们组成的摄制组,从初春到盛夏,温州、台州、临海、桃渚、玉环、楚门……一行白发苍苍人,红油白汗洒一路! 玉环楚门为保存剧中要用的水果文旦,挖了地窖留到第二年初夏;玉环越剧团的演员,至今念叨因为谢晋的到来和那番慰勉，使她们的经费奖金都翻了番；在清港农业园，谢导与我"合作"题写的字，被对方精裱，至今张挂在店堂里头！

不曾想，这次依然受挫——受挫原因很简单：万事齐备，投资方原来允诺的资金泡了汤！

这些年来，我无数次亲睹谢晋因为沉浸电影界美好往事的追忆时那天真烂漫的欢喜；见过他或困于经费或迫于某些不由自主的限制而使拍摄"事与愿违"时的怒发冲冠；也无数次亲闻他因缺乏雄厚资金而"空欢喜、白等待"，许多设想都成画饼的懊恼……当亲见中国影坛中的这头雄狮，因为这种种个人难以克免的困难而痛心扼腕而作虎啸狮吼时，无力相助的我们，也只能慨然长叹！

于是，尽管个人再三再四遭遇挫折，我依然无愧无悔，因为，我总觉得与谢晋结识而被他认作朋友，实属平生幸运。是谢晋切切实实教我体味了在电影创作天地试飞的滋味，是谢晋这样一只鼓翼翚翚的雄鹰，曾经带领过我搏击电影创作的长空……

就在上周，又有人认真转达了他对我的致意：替我问叶文玲好，我很对不起她，几次都没能完成与她的合作……

我心头发烫，差点当场泪下。他自己现在心情如此还记着我！我黯然自责：虽然得闻他的巨大不幸时我人在外地，曾想打电话却又作罢，他耳聋重听，一个电话怎说得清？可是，已经过了这些日子，我怎么就没能赶到上海去看看他呢？于是我想：下个月，等我的新作《无忧树》出来时，我一定去上海，送他这本新作。我知道，这比说没用的劝勉话语强。他一定会高兴地拍着书，然后说上一通只有他才会对我说的话……

可是，却还是没能等到让他再次开颜一笑，没有能够！

二十七年前他因为《心香》专程去郑州，在我家坐着半尺高的小板凳吃地道的"河南饭"；七年前，他在杭州我家尝了我炒的"米粉干"后，竟让后来去上虞拜年的周建平，给我捎回来一大碗他亲自下厨炒的菜香四溢的米饭。建平说：谢导说他就是要和你比比手艺！

我记得他教我掌握烹调霉干菜东坡肉的要领；记得他夸我做的"葱烤鲫鱼"有地道的家乡风味；我亲见他对老妻徐大雯的种种只能用相濡以沫形容的深挚情感；我更记得他在说智障儿子"阿三""阿四"在"文革"时的种种，那是催人泪下的故事，那是连声音都异样了的扯心连肺的疼……我记得他对所有得其亲炙的明星那种既严格又呵护的真心之爱，我更记得他对待遭遇挫折的演员和同事的那份肝胆照人的仗义和关切，那是情怀磊落雪中送炭的仗义和关切……大艺术家的谢晋，人格上也是大写的！

我沉痛且后悔。后悔那天晚上，当朋友替他道出对我的歉意时，我又一次说：谢导就像绘画大师柯罗，柯罗弥留之际曾说，我希望在天堂里也有绘画。我说，谢导也是个希望天堂也有电影的人……

我真是该打嘴！说这话，就在一个星期前呀，为什么要提这个谶语也似的"天堂"二字？难道除了这两个字，就不会说别的了？

也许，是因为二十年前他看了我为他写的那篇《走不进你的银河星系》，曾开心地说：这段结尾写得到位，你将柯罗的话赠予我，再好不过，柯罗这话，真也是我的心愿！

是这样。有太多工作计划的谢晋，就是这样的。二十多年来，我听过他倾心拨弹的无数拍摄奏鸣曲。在筹拍《心香》时，他曾经也想拍《杨花似雪》，他还想请《心香》的女主角一个人扮演姐姐和后来长大的弟弟两个角色；在拍了《牧马人》后，他还想拍张贤亮的系列作品；他想拍共和国领袖们的女儿《红色公主》；他想拍以控诉南京大屠杀为背景的《拉贝日记》；他要拍《舞台姐妹》《红色娘子军》的后续；他想为他喜爱的越剧演员茅威涛量身定做拍一个大戏……在商议拍摄《浪漫的黄昏》时，他一次又一次突发奇想，为请某个演员扮演其中的某个角色、为某个细节的成功改编开怀不已……而就在最近，我又一次听说，他念念不忘的、以造桥大师茅以升为原型的剧本，已经改编成功……

这就是谢晋。总是忘却自己年龄的"工作狂"谢晋啊!

这两年,我时而会为自己渐入老境,精力大不如前,不能像过去那样接连熬夜而生出几丝苍凉。可是,一想到谢晋,我就希望自己临终也不会停笔。只要谢晋还在,我想我至死都不会言老。

面对着他"已走"的噩耗,我无法排遣这难以形容的"空痛",真正是心不在腔的"空痛"呵! 于是,我翻出了前年出版的《六十年的原声带》一书,易名为《你的银河星系》的那篇小文中,有他与我的多张合影,有他去玉环看外景的照片,面对他笑口大开的生动面容,我再次悲恸难忍。

现在,当他驾鹤而去时,不管别人说了多少他离世前的情形,我仍然相信对谢晋而言只有这一种情形:他是一手挟着电影剧本一手拿着导演台本离世的。

因为我深知,谢晋不仅是希望过,而是确信:天堂一定会有电影。

2008 年 10 月 20 日凌晨,再改于白马公寓

域外风
YUWAIFENG

选自良友版木刻连环画《光明的追求》,麦绥莱勒作

日本的"间文化"
汪涌豪

2008·12·11

战后日本,民主渐起,个人隐退。虽然早在明治十七年(1884),"individual"一词已被引入,并译作了"个人",但他们仍坚持用日语原来的成词——"人间"(ningen)。以汉语的理解,这是一个非单体单数的复合名词。但受家元制度与村落秩序的影响,自来日本人都在关系(日语称"间柄")中论定个人,故恰恰是这个词,将日本社会个人隐于群体的特性表露无遗。

这里群体主要指"仲间"。相对于"身内"因是亲属,多可转圜,"他人"外在于己,也可放开,由同事、朋友构成的"仲间",在日本人看来是最为重要的人际关系。故重视团体中个人的位置以体现"存在感",协调团体内部复杂的人事以培养"连带感",然后共同维护团体利益,几乎成了他们终身的功课。尤其是日本男人,大半辈子陷身其中,更自觉将此历练到圆熟。

有此圆熟,彼此的"合意"就变得容易,乃至能够生出一种默契,日本人称此为"人间回路"。日本公司之所以拥有不同于西方的家族式的温情与依赖,日本的职场人生之所以能出现视工作为生命、视企业如祖家的"公司人"(日语自然唤作"公司人间"),有部分原因就出在这里。以后这些人老退为"窗边族",给后辈让出位置,但不必担心会遭解雇。倒是那些张扬个人、背离团体之人,常沦为彻底的失败者。他们得到的教训是,你越张扬自我,就越没有自我。

公司以外的整个社会也是如此。所有人都依照某种基准，或年龄，或地位，在深切体味排序关系的过程中自觉约束自己；在体察对方心情、立场的前提下，小心翼翼地把握自我表达与扩张的分际，即使心有怠惰，也不敢不打起精神，选用敬语崇人，省略主词卑己，然后以无言的暗示，要求对方视人如己。山田孝雄认为，这种措置语言的方式，正是日本人无我的表现。但必须承认，经由这种整塑，整个日本社会因此结成一"教养共同体"，人与人之间的一体感就此得到了确立，个人的权利也因此有了保障。对这样的社会，日本人仍用"人间"一词来表达（读作"ningen"）。外国人看了犯晕，搞不懂两者为什么可以这样转换。但日本人只是笑笑，并不解答。

学者与教授倒有解答，但是在书上。如明治末年，远藤隆吉就不无骄傲地将这种特质称为"日本我"，虽有神户正雄等人认为这正表明日本人不是"主我"的国民，但到上世纪七十年代，随着经济的高速增长，日本文明学派的代表人物、社会学家滨口惠俊再度肯定这种"日本我"，他认为西方一味以个人为中心，高明不过日本人的人际本位。他称这种"人际关系内化"的个人为"间人"，称由此构成的相互依存信赖的社会为"间人社会"，并有专著呼唤日本式信赖社会的复兴和"全球化的间人主义"的推展。

"人间"，抑或"间人"，像是文字游戏，但看剑持武彦《间的日本文化》就可知道，它的内里是幽邃的文化——"间"文化。在前述日本人好用敬语、省略主位的语言策略中，我们已看得到它。在其标志性的身体语言如鞠躬中，更可以深刻地体认到它。那种温雅而不失矜持的行礼方式，较之西方动辄接吻拥抱，是让人不得不庄肃以对的周到与刻意。它在全球通行握手礼外，独辟一个文化空间，正是"间"文化在人际交往中的无相妙用。还有日本的和歌、俳句，上下句之间，经常有视觉听觉的转换，歌者假此安顿"幽玄"，听者从中滋长"余情"，也是用"间"。至于音乐家中井正一分析过的日本音乐特有的"间"之美，不是用语言可以传达清楚的。或许，因建筑流动着音乐，我们可连带体会——日本的和室，隔扇与障子的自由拆分，天然予人一种连带感。那种封闭时成独立空间，开启后清风明月，自相往来，并屋内屋外，能闻其声，往来酬应，可通其意；特别是玄关与缘侧（和室外侧屋檐下的木制通道）的设计，让整所房子介于内外之间，既拥抱庭院的自然，又接应邻居的顾盼，活脱脱显现了"间"文化所特有的自在与圆融。它是隔离吗？抑或连带吗？其实既以隔离表示连带，又以连带体现隔离，所呈示的正是日本人最独特的心理基底。

只是有些可惜，时至今日，日本人似更深切体悟到它隔离的一面，而将其连带的一面给丢失了。"人间"一词还在，但"间人主义"像一件过时的衣衫，放在今天的日本，怎么看都不再合身了。

譬如，日本的公司再没了"拟似家族"的脉脉温情。几年前，索尼、东芝等大公司相继宣布采用美国式的经管方式，打破年功序列，崇尚能力第一。苛刻的业绩主义、过高的劳动定额、长时间的工作、增长不了的收入，让人际关系变得日渐淡漠，企业认同感日益稀薄，以致有的公司要设立"推进工作多样化本部"，尝试SOHO新模式，有的则每月拿出日元若干万，让员工"酌酒交流"，舒缓焦虑。不过尽管如此，还是有越来越多的人选择从职场退出。厚生省的计划，是全国所有的都道府县都要设立"地域援助中心"，把人重新拉回，但效果如何，没人敢乐观。

有的人更选择从社会退出，那一百多万每天需要母亲将饭菜放到卧室门口，整日与漫画、电玩为伍的男性"御宅族"就是。眼见去年早稻田大学推出一款可依声控指令做饭、谈话的机器人，手上还覆盖一层柔软的硅胶，与自己互动应够亲切？再加上第一款机器人性伴侣不是也已问世了吗？他们的想法，自己孤绝隔离的避世生活，应该可继续维持。女性也大抵同此，看看东京出现的一连串以漫画书为主题的餐馆，服务生书内扮样尚可理解，离奇的是，赶去光顾的她们居然也同样穿戴。而猫咖啡馆已经开到二十几家了，很快就在全日本遍地开花。试想，花500日元享受半小时由猫陪伴的闲暇，超过时间还得另外付费，仅仅是因为爱动物，或自己不方便养宠物？作为对这个衰败社会的另类回应，她们表达的是对"人间"的失望呀。

　　但所有的表达也仅止于此为止，所有的孤独者都选择忍受，并不期待人帮助。因为更让他们不堪承受的是与人应接的恐惧。这种人际交往的恐惧既体现为见生人就红脸，就视线飘忽，更体现为自觉貌丑、口吃与体臭，然后羞愧至于非得用杂志蒙住整张脸不可。这样的用"间"，真让人感叹。又由于他们中的大多数选择在隔离中克制，甚至视这种克制为美德，这让日本人成了这个世界上孤独感最强烈的民族——西方人常这么说。但个人看到的还有另一面：倘将其放置到一广远的空间，他们必定会感到一种无处藏身的窘迫。这就是他们只要一出国门，在"我族主义"的作用下，通常又会做回群居动物的道理。因为他们无法轻松地与陌生人沟通，无法找到彼此安定的"间人"。

　　由此联想到韩国人李御宁的《日本人的缩小意识》。他说日本人中有许多广场恐惧症患者，一到辽阔的地方，便像放了气的啤酒，失去判断力，坐卧不宁，不知所措。仅仅是不习惯放大吗？说到底，是因为"间"的失去，"间人"关系的失去呀。再想到多年前贺圣遂先生的笑谈。某次他在饭店大堂宴客，歌呼淋漓，宾主尽欢。不意旁边一桌日本人无端紧张起来，有一最紧张的还起身过来道歉，弄得他一头雾水。其实，那也是"间"呵。我断定当时那个日本人一定想到列岛流传的成言，"男人一出门，必遇七敌人"。那没有"间"的世界，哪里还是"人间"！

乡下阿姨斯黛拉

张 弘

2008.01.29

住在西半球一座小山脚下的斯黛拉阿姨，穿着灯心绒花裤子来到了上海。像一只慢蜗牛突然被卷进了一个加速器，哎呀，她的问题真多：什么是卡拉OK？人为什么要炒股票？为什么你不买东西离店时就看不到好脸？天哪，下次再不坐副驾驶座，快闭上眼睛，马路飞起来了！

若回到加拿大蒙特利尔的郊区，生活可完全不是这个样子。这位安徒生儿童文学奖的新科提名，每天一早来到画室，换上耐磨耐脏的厚灯心绒装，倒上一碗咖啡——注意喽，不是一"杯"，斯黛拉阿姨出生在一个传统的法国家庭，孩子们在家里说英语会遭来厉声呵斥，但是"生活嘛，别的就不太讲究了"——然后，日复一日，年复一年，二十多年来她一直在给全世界的孩子画图画故事。

薄薄的图画书，32页，她可以画上大半年。在一本叫《海洋之星》的图画书里，天、地和海，是仅有的三个故事发生地。但就是这三处的背景，她也不会马马虎虎对付：天，是一抹一个淡淡晕圈的水彩；海，是泛着迷人阳光的油彩；而沙滩和大地呢，她用了日本的绢纸做起了贴画。那时候她跑遍了蒙特利尔，终于搜来了她想要的日本绢纸。但是色调又不是她中意的，她甚至都说不出自己到底梦想要什么样的颜色。于是她将画室变成了染坊，把一张张绢纸染上几十种颜色，又在画室里拉起晾衣绳，看着滴滴嗒嗒的彩纸飘飘，在时间的魔法下变幻缤纷。

在飞驰的动车组列车上，斯黛拉阿姨悄悄移到最后一排，一个人在一本小本本上画呀画。画到得意时她跑过来"唰"伸一页到你眼前：啊，是她最喜欢吃的小笼包，一页，两页，十几页，竟然都是这小点心的速写，一笼笼热气腾腾，一个个鲜汁饱满，胖鼓鼓的身子，顶着带褶的脑袋。她带了相机出来旅行，但却很少拍照。她会盯着一壶慢慢泡开的菊花茶一愣好半天，然后长长吸一口气，长长一声"啊——"："都画进脑袋里去了……"

她走到哪里都会带上她的速写本，"但其实我很少出门"，每到构思成熟，备料齐全时，她就和先生以及两个儿子"躲"到法国的山谷里去，在"静得听得到远处湖水声"的小木屋里开始第一幅环衬的创作："那里没人能找到我。手机？ 哈哈，画画的、写字的不需要手机。"

除此之外，斯黛拉阿姨的旅行就是去全世界见喜欢她的小朋友。她去爱丁堡，推开一间教室，天，里面的孩子都和她画里的一样蓬蓬红头发，都大声喊："我们就是你画的斯黛拉！"还有一次，她从报纸上读到，远在美国旧金山，孩子们举行了一个特别的派对，每个出席的孩子都打扮成她故事里的一个人物，唱故事里的歌，玩故事里的游戏，吃原本是故事里才有的希奇古怪的东西。"这简直太不可思议了，你孤单地关在一间小房子里画呀写呀，慢慢地，那些画与话就从画室里飞了出去，绕着世界飞，飞进许多孩子的心里，它们简直活了起来！"

"斯黛拉阿姨"是我给加拿大著名儿童文学家、画家玛丽·露易丝·盖（Marie-Louise Gay）起的"外号"，因为她本人像极了画中斯黛拉，蓬蓬的头发，一颗纯粹简单的心。斯黛拉的故事已被翻译成了二十多种语言，明年，安徒生奖揭晓时，兴许她就在上面。但是斯黛拉阿姨私下有点不好意思地告诉我："其实我更喜欢以《夏洛特的网》的作者 E.B. 怀特命名的怀特奖，因为那奖牌比安徒生奖的有趣多了，是一圈圈绘上了蜘蛛网的。呵呵，我们乡下人，就是有这么点不开窍的……"

"魏玛实验"和"丝路计划"

任海杰

音乐,作为艺术的一种,除了让人欣赏、陶冶情趣,还能发挥什么作用呢?

先说两位大家。一位是当今世界乐坛著名的指挥家、钢琴家、音乐活动家丹尼尔·巴伦博依姆;一位是世界著名学者、教授爱德华·萨伊德,他著有多本在文化界颇具影响的书,如《东方学》《文化与帝国主义》等,而且还是一位具有相当鉴赏力的爱乐者,并写过一些有关音乐的文字。

巴伦博依姆是犹太人,而萨伊德是巴勒斯坦人。这两个知名人物原本并不相识。上世纪九十年代初的一天,两人在伦敦酒店的大堂邂逅,在偶然的交谈中,因为在音乐和思想理念上的相通,激起了强烈的共鸣,由相见恨晚而结成挚友。1999 年,在纪念歌德诞辰 250 周年之际,两人联合大提琴家马友友,在德国魏玛举办了一个音乐家短训班,将以色列、巴勒斯坦以及其他阿拉伯和德国的年轻音乐家集合在一起,组成了一个名为"西东合集乐团"(歌德晚年读了《可兰经》后,皈依伊斯兰教,学习阿拉伯语言,并写有一组"西东合集")。这就是在当时引起巨大反响的"魏玛实验",他们想"实验"一下,在这个音乐团体里,这群来自不同地区、来自原本相互仇视的民族的年轻人将会如何相处并将发生怎样的变化。刚开始,不仅以色列人与阿拉伯人互相抵触、互不理解、互不信任,就是以色列人与以色列人、阿拉伯人与阿拉伯人之间也互有戒备，关系相当紧张；更"好笑"的是，以色列人无法想象阿拉伯人会拉小提琴、大提琴，而阿拉伯人脑海中的以色列人是只会手持武器的士兵。

　　一个多星期后，奇迹发生了。以色列人、巴勒斯坦人和阿拉伯人不仅在一起和谐地训练、听课、玩耍、打球、游泳、交谈，而且还合奏出美妙的音乐。巴伦博依姆说，他们共用一个谱架，"一起演奏同样的音符，用同样的力度、同样的动作运弓，奏出同样的声音，使用同样的表情记号。……他们在一起做着他们共同关心的、能够引发他们激情的事情。那么，一起演奏出一个音符之后，他们对彼此的态度就和以前不同了。"

　　"实验"的过程令人感慨，而其结果是令人鼓舞的，现在，由巴伦博依姆率领的"西东合集乐团"已成为中东地区的和平使者（萨伊德不幸于 2003 年病逝，令巴伦博依姆极为痛惜），他们多次在以色列、巴勒斯坦、阿拉伯地区以及世界其他地区演出。我看过两张 DVD，记录了他们的"实验"历程和演出实况（阿姆安拉、阿尔汗布拉宫现场音乐会录像），真是难以想象，这么一群不同肤色、不同信仰、原先互相对立的年轻人，居然会如此和谐默契地演奏出感人肺腑、动人心魄的莫扎特、贝多芬、勃拉姆斯。那已不是一般意义上的演出，而是炽烈的热血沸腾的尽情喷洒！乐团所显示出的水准和表现，分明是训练有素、团结一致、朝气蓬勃。尽管以色列和巴勒斯坦目前还没有实现真正全面的和平，但西东合集乐团象征着一面交流、沟通与和平的旗帜，屹立在动荡的中东地区迎风飘扬！而由巴伦博依姆和萨伊德所倡导的"交流与和平"的理念也已赢得了国际社会的广泛赞赏和尊重，他们两人已多次获得国际有关机构颁发的和平奖和文化奖。

　　还应该说说马友友，他不仅参与了巴伦博依姆和萨伊德的"魏玛实验"，还于 1998 年起，开始实施由自己发起的"丝路计划"，并创立了一个"丝路合奏团"。这里的"丝路"，取的是中国汉代著名的

"丝绸之路"的意思，其主题是大交流、大沟通、大融合。马友友说，音乐不应该是互相隔绝和独自为尊的，而应该是互相交流沟通和不断创新的，应该是能够跨越时空、国界和种族，成为人类共通的一种文化交流。他说："我们生活在一个益发觉醒且相互依赖的世界，我相信音乐可以像一块磁铁一样地将人们吸引在一起。音乐是一种富于表情的艺术，可以到达每个人的内心深处。"为了达到这样的目的，马友友"丝路合奏团"的成员来自世界各地，所使用的也是各民族的乐器，演奏的是传统的各民族民间音乐和新创作的音乐（我国已有多位作曲家为此写过新作）。

从2001年8月起，马友友率"丝路合奏团"开始"上路"，几年来，他们在全球巡演，上海就已来过两次，我在上海大剧院欣赏过他们第一次的演出，舞台上有些民族乐器是我们从没见过的，而丰富多彩的洋溢着各民族风情的音乐，也是我们以前闻所未闻的，更重要的是，马友友所表达的音乐理念终于能够得以实现，他在舞台上与其他演奏员如兄弟朋友般的亲和，就像是一个大家庭一样互相欣赏和包容，那样的氛围已完全超出了一般音乐会的感受和意义，令人遐想无限。

巴伦博依姆、萨伊德和马友友，他们以自己的努力和实践告诉我们，在当今这个并不安宁、充满误解和隔阂的世界，我们可以尝试着用音乐这个特有的艺术表达方式，来进行化解、交流和交融；音乐，不仅仅是音乐，它是沟通人类心灵的桥梁和纽带。尽管这样的努力和实践非常艰难，有时甚至会遇到曲折，但它传出的是人类和谐、进步、文明和发展的声音。

精细化生活

戴 平

2008·11·17

女儿、女婿住在比利时弗拉芒的一个小镇，这儿安宁、静谧，在花园式公寓和别墅群落中，有几条街道延伸而出，直通镇外高速。不大的超市、加油站及酒吧、咖啡吧、食品店、杂货店错落其间。环境优美自不必说，令人惊讶的是，这个不见一个清扫人员的小镇（几天后方见一人在收拢路边落叶），出奇的干净，道路和房屋都像整体冲洗擦拭过似的，不见丁点浮尘和垃圾，清凉的空气直沁心脾，这种惬意是最愉快不过的。

女儿、女婿都在跨国公司作新产品研发，工作很忙碌，我们来后想帮他们分担些家务。女儿首先便告诉我们，要将垃圾分类放置。在她的厨房和储藏室里，放有"一罐一桶两箱"，是四个固定的"存放点"。灶台上带活动盖的罐子，专放蔬果皮（院里还有一个政府发的带密封盖的蔬果皮发酵箱，蔬果皮倒进去后会自动沤成有机肥）。放在储藏室的两个纸盒，一个专放玻璃、纸制品，一个专放金属、塑料制品，这些是可以回收的。剩下的不能回收的，他们称之为"综合垃圾"，便放在橱柜里的垃圾桶里，装满后就倒进车库里的大垃圾桶里。女儿说，能回收的垃圾，交时是不收费的；而"综合垃圾"是收费的，而且费用颇高，交一次要付2.5欧元。所以，能回收的垃圾大家都尽量回收，以减少"综合垃圾"。这样，他们家的"综合垃圾"产出量便不大，一般一个月才装满一桶，打电话请清洁站上门来拉一次。如果自己不加分类，每天都倒垃圾，那费用是很昂贵的。女儿还边示范边解释说:"垃圾分类处理,对家庭来说,是为了少交费,但对整个国家来说,意义就不一样了。拿这沤交有机肥来说吧,你想,家家都交有机肥,集中起来量是很大的,比利时已在逐步用有机肥取代化肥,既保护了环境,又保证农产品的安全,还降低了生产成本。因此,比利时公民都有交有机肥的义务。"

我这才豁然开朗,在这个小镇,正是家家都在家庭中对垃圾进行了精细化处理,从源头上杜绝了垃圾的孳生和流出,脏乱现象的绝迹也就很自然了。这不能不让人感慨。

由此,我们开始注意一些生活的细节,始觉"精细化"已融入到他们生活的方方面面。

每天早晨,当我和爱人在小镇上漫步时,见家家临街的窗户都朝里斜开着。我很奇怪这种开窗的方式。回到女儿家,见他们的窗子也可以这样。将把手向上旋成90°直角,窗子便可大敞;再向上旋成180°平角,向内拉,整扇窗便可斜着打开,把手随之锁死。窗子推平复原,把手又重新可以转动。窗子向内斜开30°,足可以畅通空气了,而外人又不可能逾窗而入。而我们国内,大凡三楼以下的房屋,对外的窗户,要么包上铁栅栏,要么就终日紧闭,这种尴尬困扰着很多人家。而这儿的外窗全都具有两种不同的开法,便没有这种苦恼的事。我们盖的被子,是女儿为我们准备的,时值秋季,这床羽绒被厚薄适度,松软宜人,我和老伴都夸这种被子舒适。女儿却笑着说:"这儿的被子多数都是两层的,你们盖的是春秋层,还有一层更薄一些,是夏天盖的。到了冬天,两层合在一起,就成了冬被。只需买一床被子,一年四季都有用了,收放也比较容易。"这床羽绒被,是女儿在打折时买的,花了150欧元,换成人民币还不到1 500元,不算贵,我和老伴都觉得很好,便嘱女儿下次回国探亲就给我们捎一床做礼物。女儿洗擦东西,现在也有些"欧化"了。她说,三分洗七分擦,擦比洗更费时。中国人早就明白这个道理,说"干干净净",没说"湿湿净净"。水迹残留在器皿上,一是孳生微生物,二是水的氢氧根具有很强的腐蚀性。她的婆婆擦东西最卖力。所以刀叉杯盘用了几十年还同新的一样，透明锃亮。同样，婆婆家的房子，是三十年前造的，因用得仔细，现在仍然很新。

　　小镇里有家超市，我们步行五六分钟便可到，闲来无事，逛超市便成了一件乐事。先前听人说，来欧洲都不敢花钱，一比九的汇差（我们去时的汇率），让人望价生畏。其实，并没有这么吓人，这是因为各种商品价格也是充分细化的。这儿的土豆、洋葱是成袋卖的，2.5公斤，3欧元左右，相当于人民币4元左右一市斤；猪肉糜一公斤也才6欧元。女儿开车去"大仓库"（仓储式商店）买了一袋去头的冻海虾，2.5公斤，才15欧元，折合人民币不到30元一斤。但这儿一盒老豆腐（分量与国内差不多）却要1.8欧元，一袋品牌娃娃菜，不过半公斤，居然标价4.5欧元，我因看不懂说明，买了一袋，算是买了一次"天价"菜。超市里的商品很齐全，各种商品中都有外包装上印有"365"商标的商品，这是比利时统一的"超市品牌"，即自产自销没有中间环节，所以售价比普通商品便宜30%-50%。这种商品从米面油蛋到点心香肠巧克力，样样都有，是面向普通消费群体和低收入家庭的，作为国家福利的一部分，在品质上绝对没问题，只是包装上简单一些。不过，比利时人很重视商品的品牌，一般中高收入的家庭，是不会购买"365"商品的，或者，只是搭配着购买一些。这样，实际上是提升了低收入人群的购买力。而且，每天都有促销商品，货架上醒目地挂上一块红牌子，你只要去看红牌子，便能找到便宜的东西。另外，新鲜的肉食品和熟食品，包括一些蔬菜，当天卖不完，隔日便打折处理，一般降低30%，仍然很新鲜。你只要早点去，就能买到价廉物美的东西。

　　比利时这个国家南北分为瓦隆和弗拉芒两个区域，尤其是北方原来比较落后的弗拉芒区，近三十年来经济发展很快，人均收入已超过了西欧的平均水平。尽管经济良好，但在社会福利方面，政府仍向低收入群体倾斜，除在食品外，在住房上也差异化。如这小镇，停车场周边,建有一些统一规格的公寓房,建筑标准并不低,是一层的平顶房,门前也有小花园和车库。女儿说,这是政府专门建的廉租公房,租金很低,但只有人均月收入800欧元以下的家庭,才有资格申请。几乎每座小城镇,都安排有这样的配套建筑,所以低收入的家庭并不担心住房问题,也都生活得很安宁。

我们住的小镇在比利时西北部,离海边不太远。比利时国家很小,总面积仅有三万平方公里,西部临海,海岸线长六十多公里,滨海有安特卫普、布鲁日、维纳等城市,为风景旅游区,有公路、铁路贯穿。周末,女儿、女婿驾车带我们去游览。在维纳城,这个只有几万居民的小城,码头却是按不同功能分置,客运、货运、游艇、渔业码头各自独立。这样带来很大方便,像渔业码头,由专业捕捞,发展到海产批发,再发展到海鲜餐饮,构成了海产品产业链,游人反倒纷至沓来,品尝海鲜。

现在,即便维纳这样的滨海小城,地价、房价也大幅上升,这是休闲度假及养老效应所至。房产商意欲向外突围。但在这儿,生态环境显然要重于房产开发,政府早早就对六十公里的海滨开发公布了"禁令"。当我们沿着海岸线驱车前行时,两边起起伏伏的丛林和草地,与高速公路两边的田野形态迥异——如果说,那边的优美具有人工匠心,而这边,秋林斑斓、草莽幽深,则完全自然天成。女婿说,为了不使海边的野草疯长失控,政府特地引进了爱尔兰野马,这种野马是杂食性的,各种野草都吃。这既限制了野草的生长,又增添了一种自然景观;同时,野马受到法律的保护,严禁捕猎。在这里,法律、法规虽然十分琐细(有时为很小的事也制定法律),但人们的法律意识都很强,凡有法规都认真遵守。所以,野马在野外悠闲自得。由此,我想到了国内对环境已有所威胁的水葫芦和一枝黄花,或许也应该想想这样的办法。

看来,在这个国家,"精细化"已成为人们的一种习惯,它不仅衍成了一种解决问题方法,更重要的,它已成为人们对生活的一种态度,一种方式,正是具有了这样的态度,人们便在不知不觉中提高了自己的生活质量。

在曼哈顿听虫观鸟

2008.12.25

麦克·格林伯格(丁骏 译)

  我在中央公园那一带闲逛有四十多个年头了。十四岁那年有一次我跟父亲大吵一顿,还在公园里头睡了两个晚上,在 74 号大街上的"航模池"里洗的澡,又在北树林里被一群少年打劫,他们挥舞着木条,上面歪歪扭扭地钉着些铁钉子。不过上个星期跟作家兼博物学家玛莉·威恩一起走在公园里,我感觉自己像是踏进了一个以前从未接触过的奇妙世界。我们走的是 77 号西大街上的"自然主义者大门",大约是日落前一个小时。玛莉两个肩一边背了一个袋子,脖子上挂着一个双筒望远镜。她一只脚在发炎,稍微有点跛,但仍然拒绝因此而缩短每日的探险行程。

  "那天晚上我听到一种奇特的昆虫叫声,并顺着它来到一棵桑树下面。但是我找不到那小家伙。要说是蟋蟀,可还不到时候。这声音一整个礼拜都在我耳边挥之不去。"玛莉疑心这是否是某种哭喊声——她对曼哈顿的野生动物用情至深,无数次为之或欢欣雀跃或心如刀绞。"中央公园完全自成一体,有时候简直就是悲剧,"她说道,"而这也恰恰是公园魅力与魔力的源头。"北美洲的八百种鸟类每年会有三分之一飞越此地，使得中央公园成了一处观鸟的宝地，跟佛罗里达的南部大沼泽地和约塞米提国立公园不相上下。

我们向北来到"龟池"，灰绿色的浮萍如地毯般铺在池塘的水面上，玛莉指着那里的一只黑头夜鹭给我看，它正叼着一条小嘴鲈鱼使劲地甩，接着咕噜一声吞了下去。玛莉见我一副兴奋吃惊的样子，也很欢喜，不过她自己似乎很平静。她认识这只鸟，还说记得有一回这家伙企图将在附近筑巢的一窝绿苍鹭的小宝宝当成一顿美餐。"宝宝的爸爸妈妈费了好大劲才把它赶跑。那一刻我们都急坏了。"

玛莉又领我来到一棵茂盛的菩提树底下，位于"大草坪"边上。她管这树叫"知更鸟男生宿舍"，她让我在一只长椅上坐下，然后观赏成百只知更鸟蜂拥到树枝上的奇观，"就像一股羽毛之烟"，争先恐后地抢一个落脚歇息的好位置，那临睡前的喧嚣刺耳不已。玛莉指给我看它们的红色胸脯：这些鸟都是雄鸟，被正在筑巢的雌鸟赶出来自己找地方睡，要到九月份才准许它们回家。"它们听起来像不像小男生？"九点的时候，知更鸟忽然集体安静下来，仿佛都在同一秒钟进入了梦乡。十几只浣熊侵入我们的长椅地带，一个个肥头大耳，厚颜无耻，它们把玛莉团团围住，玛莉从她的袋子里拿出一块曲奇饼干，掰成小块分给浣熊。"我办公室的那只老鼠对曲奇不屑一顾。它喜欢米饼。"浣熊们看起来还不满意，玛莉解释说它们是在找一个坐轮椅的俄罗斯妇人，她常常带一大桶的奶酪通心粉给它们吃。

我们的最后一站是"航模池"，一只黑色的剪嘴鸥悄无声息地掠过水面，它那橙黑掺半的喙在飞过处留下一道道剃刀般的波纹。玛莉看上去跟我一样如痴如醉，尽管这样的场景她已见了不下几百次，她扭过身去目送那只剪嘴鸥飞及水塘的边缘，一个大转身，优雅至极。"公园里会有剪嘴鸥真是不可思议，"她在最近出版的《夜幕下的中央公园》里这样写道，"没人知道它们从哪里来，抑或又将去向哪里。"她闭上眼睛，"如果你仔细听，你会听到它击喙的声音。"显然，一些纽约人在起身度假前会把他们的鱼饵罐子倒空，这便给剪嘴鸥提供了取之不尽的食物。

  这一晚的经历直到第二天仍然让我意犹未尽，我给玛莉写了封电子邮件道谢，她回信邀请我一起去看猫头鹰，"我们在 103 大街的那个门见。七点半。"我心说这可是一个礼遇。玛莉在《夜幕下的中央公园》里这样描写猫头鹰的习性，"猫头鹰栖息的确切位置从来不为人知"，唯恐有人决定趁它熟睡的时候一把将它从栖木上抱下来，落得一个做宠物的下场。我随玛莉走在一条狭窄的小路上，沿着一条名为"洛湾"的小溪，来到多沼泽的北森林，这里是公园内最为人迹罕至的地方，离我四十年前遭打劫的地方不远。有三位猫头鹰看客到得比我们早，是玛莉观鸟小组的成员。他们同我友好地打招呼，我猜玛莉之前跟他们提起过我。其中一位带着一架尼康相机，配的是狗仔队级别的 500 毫米镜头，对准了一排小树，那里是一家子锐鸣枭栖息的地方。太阳下山的时候，其中一只有了动静，开始热身运动，梳理羽毛。接着它一个迅疾的俯冲，飞了出来。一群气咻咻的嘲鸫对那只锐鸣枭发起群攻。那只猫头鹰离我们七英尺远，双目炯炯发光，它的家人从栖息的树上发出叫声，让它知道它们就在附近。鸟儿们或嘶鸣或啼啭，叫声各异。"宝宝们在寻找自己的鸣叫风格，"带相机的那位悄声道。随后天就黑了，我们也再辨不出猫头鹰了。

  我从玛莉的书里得知这些锐鸣枭得以幸存多少是个奇迹。中央公园以前一直都有很多锐鸣枭，从 1950 年代开始，它们逐渐被汽车消灭了。锐鸣枭在汽车面前如此不堪一击，是因为它们俯冲式的飞行一般离开地面只有两三英尺。八九年前，有人为了试图将它们重新引入中央公园，放飞了三十二只锐鸣枭，每一只都配了一个微型电波传导器，"装在一个迷你背包里，再用特氟纶丝带绑在鸟身上"。

  猫头鹰们花了大约一个月时间摆脱了这些背包，公园的守林人也好像对它们失去了兴趣。到去年初冬为止，已经很久没人见过一只猫头鹰了，人们推测它们都已经死了，要么被车子撞死，要么是自相残杀，也可能是被一只体型巨大的雕鸮给吃了，这只雕鸮原来是人养的宠物，出人意料地在公园里几乎闲逛了一整个冬天。玛莉用一只便携式录音机"播放锐鸣枭的叫声，从北森林一直播到南中央公园……连一只回应的鸟都没有"。然而，二月份的时候，玛莉跟她的同伙们发现了这一家子锐鸣枭。小鸟们是四月份孵出来的。玛莉还记得它们鸟喙光秃秃的样子。"我们的迷恋一如既往，"她说道，那时我们正徒步走回城里，只用了五分钟。

红胸知更鸟：英国国鸟，性喜独居，北美另有蓝胸知更鸟。其他的鸟类只会步行或者跳跃，而知更鸟却两样都会。

剪嘴鸥：世界上唯一一种下喙比上喙长的鸟类。它们觅食时贴着水面飞行，上喙略高于水面，下喙插入水中，以此捕鱼。它们也是世界上唯一一种瞳孔和猫的瞳孔相似的鸟类，据说这一结构有助于保护眼睛。

嘲鸫：精力充沛的嘲鸫整年歌唱是为了标明自己的领地，其英文名直译为模仿鸟，分布仅限于美洲，擅鸣，特别能模仿其他鸟类的鸣叫，甚至能模拟它听到的人声或机器发出的声音。

锐鸣枭、雕鸮：均为猫头鹰的一种。

文汇七十年
WENHUIQISHINIAN

选自良友版木刻连环画《我的忏悔》,麦绥莱勒作

牛奶箱与梧桐树

陈祖芬

2008·01·08

我嘴里嚼着上海五香豆,心里想着上海。

嚼五香豆,只是因为要写这篇文章。我的作文秘笈是:大吃大喝。喝咖啡并吃下各种手边有的零食。所以别人熬夜易瘦,我是越熬越胖。

从我有记忆起,就天天看到属于上海滩大亨杜月笙的一所大房子。房子的一个门在东湖路,一个门在新乐路。后来改作东湖宾馆。新乐路是一条上海法租界常见的窄窄的小马路,两边簇拥着我亲爱的梧桐树。大房子新乐路门的斜对面,有一栋小洋楼。那三楼窗口上,趴着一个小女孩,看着马路对面,记住了杜月笙这三个字。

那小女孩就是我。五十年代时,杜月笙这所房子改成市委招待所。陈毅市长常常住在里边,常常派小车来接我弟弟祖德去下围棋。那时候互通信息的手段太少,七八岁的祖德从来不善表达,陈毅市长也不知道我家就在马路对面。后来,七十年代末北京出版社一位编辑来沪出差,突然想看我,又不记得我家门牌号。他走到新乐路,心想问我人家不知道,问陈祖德家在哪或许有人会知道? 果然一问就有"牧童笑指杏花村"。原因还是在五十年代——常常有一辆小轿车停我家楼下。在那个年代,一辆小轿车,是足以引得满街尽知的。

新乐路的街角是襄阳公园。公园前有一个小书亭,我常常在书亭前一站半天地看书。书亭里的老伯伯从不阻拦我取书阅读。我到老大老大的时候,去年去上海,在街上看到维持交通的退休工人老伯伯,还是涌出一种难言的亲切。

那时我有一个心愿:买下全世界的童话书。因为,我以为全世界的书都在这个小书亭里了。

从我家西南的杜月笙的房子,到我家东南的襄阳公园小书亭,几乎就是我的全部世界了。我家那楼进门处楼梯角上,有个木制牛奶箱。楼门是不锁的,邮递员把报就放在那个牛奶箱上边。我每次取了报,就顺着木楼梯奔上楼,喊着报纸来了! 我讲的报纸,就是《文汇报》和《新民晚报》。难道世界上还有别的报纸? 还有《纽约时报》《泰晤士报》?

我想,牛奶箱上的报纸,一定如牛奶箱里的牛奶,每天一份伴着每天半磅,一起进入了我的身体。

从我认字或半认字就开始读《文汇报》。我不会记得我读了多少文字,同样我也不会记得后来我给《文汇报》(包括《文汇月刊》)写过多少文字。刚才《文汇报》的周玉明在电话里和我说起我从1980年开始在《文汇报》发表的这篇那篇的时候,我才想起了是有那篇这篇。《文汇报》于我是什么呢? 是楼下的牛奶箱? 是窗前的梧桐树? 是对面的杜月笙那有故事的房子? 还是公园前的小书亭?

我不可能说出我一共喝了多少磅牛奶,不可能量化我和牛奶的关系。我也不可能量化我和《文汇报》的情缘。我只是想,读《文汇报》的文字与给《文汇报》写文字,这一切的自然天成,如同法租界上自然要长法国梧桐,陈毅市长自然要住进杜月笙的房子。

1980年的10月1日还是2日,《人民日报》发了我的报告文学《祖国高于一切》。大约不多天,我在北京家中打开《文汇报》,吃惊地看到这篇文章整版登在《文汇报》上。粗大黑体字的通栏大标题下边还是上边,有一个醒目的编者按。我写这篇文章,并不觉得有什么好,甚至觉得人家很可能不发。因为不自觉地用了不少"怪怪的"

手法。譬如意识流、蒙太奇、相声。写完我想,这是报告文学吗? 我是 9 月 23 日给《人民日报》的,24 日上午就接到电话说文艺部都通过了,要在国庆节发。这是我的第六篇报告文学,是我以为不像报告文学的报告文学。人家那么快发我挺高兴。只是从小看《文汇报》长大,完全没有意识到《人民日报》的重要。《文汇报》一转载,我才想,这文章写好了?

于是知道了当时《文汇报》的总编马达。1981 年,《文汇报》请我去讲一次。我那时实在是个"小八蜡子"(上海话:小东西)。走进《文汇报》会议室,一屋子的名编、名记、前辈。我印象很深的,是一位叫郑重的前辈,还有一位已发过不少报告文学的周玉明。现在想来,在这么一屋子大家前,我怎么敢讲话呢? 而且,记忆中,好像也没怎么紧张。或许,《文汇报》原本就是我楼下的牛奶箱,我窗前的梧桐树?

1980 年底因多处要我,我倒想还是在我当时工作的文化馆蛮好。但有关领导还是把我调出文化馆专门写作,等手续办完便入北京作协。这,是因了首发我那第六篇报告文学的《人民日报》。

当然也因了倾情推荐的《文汇报》。

小平南巡的第六天,我也赶到深圳,然后把我独自"南巡"的种种写了一个版:《不要问我从哪里来》。为什么"不要问","我"又到底是从"哪里来",这一切,我自己又哪里说得清。我只是把我的脚走到的,我的眼睛看到的记录下来,然后对着我娘家的《文汇报》兴奋地絮絮叨叨。《文汇报》是看着我长大的,最能听懂我的不大有伦次更不能量化的语言。我想,这是小平南巡后最快的一篇写经济改革的报告文学了。

我为同一个地方写三次报告文学的,只有一处: 四川的攀枝花钢铁公司。第三次写的,是攀钢已退休几年的前总经理。报纸的新闻性是很强的。一个不在位也没有什么新闻的人,报纸能欢迎这样的文章? 但他的事迹太打动我了。他叫我想起一首实在"不相干"的志愿军老歌:"当祖国需要的时候,我们马上拿起枪。"他没有拿过枪,他把他可能做到的事,做到了最好、太好,当祖国需要的时候!

《文汇报》的"笔会",又以大大的标题打出《当祖国需要的时候》。刚才"笔会"的周玉明提醒我这篇文章得了什么金奖。我真不记得了。我只记得《文汇报》一直不厌其烦地听我絮叨。记得发我这篇稿和很多稿的编辑桂国强。

《文汇报》办过一本《文汇月刊》,在八十年代很有影响。

1981年国庆节我突然决定去兰州采访。到了兰州火车站已是晚上11点。一出车站黑压压的才觉得怕了。不知该住何处。只好返回火车厢,找到列车员,希望他能让我在停在车站的车厢里睡一晚。他说他知道我叫陈祖芬。因为他一直看《文汇月刊》的。这晚我真感激《文汇月刊》使我有了一个栖身之处。第二天早晨醒来,推开车厢门,怎么,门外没有了火车站,没有了火车? 只有我这一节车厢,被扔在不知什么地方的轨道上,天苍苍,地茫茫,我这是在何方?

我拎起旅行包急急下了车厢,我想,我想顺着铁轨走,总能走到兰州?

1981年我写了十一篇报告文学,除很少几篇给了《人民文学》和《北京文学》等,其余都给了《文汇月刊》。九十年代初《文汇月刊》不办了。1990年第3期,是最后一期。月刊的编辑罗达成,说最后一期也一定要办得漂漂亮亮的,一定要我一篇报告文学。我当时采访后气管炎很严重。天天咳到凌晨五点才能入睡。有一次罗达成又来电催稿。我说我快死了。罗达成说:你死也要把稿子交出来! 罗达成并不知道我咳成什么样,而且我和他太熟,这种语言只是友情和信任的一种变奏。我楼里一位女士会打针,我让她每天来我家给我输液,里边放上十针青霉素。我是医盲,只是希望大量进药把病止住好写文章。梦溪看我咳得要死,不让我写了。我把采访笔记和稿子藏在枕头下。他一出门,我就左手输着液,右手接着写。一个月下来,大量青霉素入体,咳嗽一点不减轻。写到最后一个句号,是凌晨四五点。

那夜梦溪一直陪着，怕我身体顶不下去，帮我把全稿改完——我所有的稿，只有这一篇是他动了笔的。我对梦溪说：我现在可以死了。

没想到的是，稿子改完，我不仅没有死，而且咳嗽开始减轻了，稀落了。

这篇四万五千字的稿，终于在《文汇月刊》终结号的头条刊出了。

《文汇报》的一代代、一任任、一个个编辑，和他们讲话，讲普通话时免不了转成上海话，讲上海话时又免不了转成普通话。两个频道切换自如，这种快感！ 我们之间，可能多少时间不通一个电话多少年也不见，上海人相交，相对地淡如水。但是一见面，就是娘家人，娘家的如水君子。

去年是《文汇报》的"笔会"和《新民晚报》的"夜光杯"创刊六十周年。他们来京召开一个座谈会。又见到周玉明我的南瓜妹妹。玉明的满腔热诚，自是像红红的南瓜。有一次她来我家，我俩见面开闸，说不完的话。我连水都忘了倒。桌上有一个大大的碗，碗里是两截吃剩的玉米和煮玉米的水。她说：我可以吃这两截玉米吗？ 我说可以呀！ 她呼呼全吃了。又问：我可以喝玉米水吗？ 我说可以呀。她端起大碗呼呼地把水全喝了。吃罢喝罢底气足了，她激动地讲起她采访的一件事。讲得直抹泪，又连连擤鼻涕。擤鼻涕的面巾纸正好又装满那盛玉米的碗。

去年周玉明被评上《文汇报》首席记者。我的南瓜妹妹，十六岁进《文汇报》。如果她少一份激情，如果她少一份坚持，都走不到今天。尤其是，如果没有《文汇报》，不会有她的今天。

那个六十周年的会上，报社请来的宾客大多远超过了六十周岁。吴冠中、吴小如、苗子、郁风、范敬宜、柳鸣九、黄宗江、袁鹰、方成……而王蒙和邵燕祥，几乎是小青年了。我望着我只能望其项背的一位位前辈，沧桑而温文，睿智而单纯，绚烂而浑成，独行而忠诚。我突然觉得，他们就是《文汇报》！

我一直以为自小就读《文汇报》，熟悉牛奶箱上的这份报纸，一如熟悉牛奶箱里的光明牛奶。但毕竟，我以前太小了。但毕竟，我曾经太傻了。此时面对《文汇报》，我心里涌着难言的感动！

《文汇报》已经七十岁了。编者要我写与报纸的情缘。我说写一千字吧。没有想到又絮叨上了。好像，不觉得是为《文汇报》写，而只是时光倒流写自己。写我的几十年，一千字能写得下吗？就算对老作者，奖励一点五香豆吧？

从风雨中过来

张煦棠

2008·01·17

我从走上记者工作岗位到离开岗位的四十四年中，有四十年是在文汇报度过的。那最后四年名义上是文汇报顾问，实际担任新闻报总编辑，即使这时，我还是以文汇报的风格来办新闻报的。精神上依旧是文汇报的。

什么是文汇报的优良传统呢？我想从我所亲见的文汇报三任总编辑说起。一个总编辑，堪称一张报纸的旗手，报纸的风格、特色，报纸优良传统的形成、延续、发扬，都离不开总编辑。

徐铸成是我进文汇报时的第一位总编辑。徐老1927年就进入了新闻界，先在大公报。1938年1月文汇报创刊，他就作了文汇报总主笔，当年2月8日，他写的《告若干上海人》，对那些投靠日伪的民族败类发出了严正的警告。结果是：9日文汇报就接到恐吓信，10日报馆挨了手榴弹，两位职工被炸伤。徐老一进文汇报，就是这么一位旗帜鲜明的无畏战士。

按照徐铸成自己的说法，他在文汇报有三个黄金时代，一是抗日战争胜利后的文汇报，二是创刊初期的香港文汇报，三是1956年第三次复刊后的文汇报。我是在他的第三个黄金时代才直接感知、认识、熟悉他的。我印象最深刻也对我影响最深远的，是徐铸成在文汇报复刊时向我们提出的，复刊后的文汇报务必努力做到："人取我弃，人弃我取，人无我有，人有我精。"他强烈要求文汇报人一定要有这样积极进取的独创精神。做一个记者，就要写独家新闻，要写与众不同的新闻，编辑也要独具一格。他特别提出，《文汇报》的一版，要办成一个"新闻橱窗"，让读者拿起报纸就有耳目一新的感觉，记者要提供精品，编辑要精编。1956年10月1日，第三次复刊后的第一份报纸，一版上横排八栏的崭新拼法，让读者耳目一新，新闻界则感到震惊。今天看来这似乎平平常常得很，可是在当年，翻开全国所有的报纸，编版都是一个模式，是从苏联《真理报》搬来的那副面孔。而我们文汇报的编辑们在作好复刊准备之时，把美国的报纸，法国的《人道报》，东欧国家的报纸，一张张拿来比较，然后取其所长，再结合中国直排的老传统，中国文字的特殊模式，最终以法国《人道报》为蓝本，形成了新的分栏法，而在标题的制作上，又灵活运用横排直题、对角题等，使整个版面和谐而跳跃。五十年过去了，今天中国的报纸，很多依然是用我们当年的这一拼版法。至于编辑们对新闻的处理，标题的制作，更可说是殚精竭虑，精彩纷呈。1957年4月30日晚，新华社发来的消息说，武汉正在紧张施工的长江大桥钢桥桁架已达六号桥墩，工人们已可在长江两岸来回走动。这就是说大桥合龙已指日可待。为了这条新闻，值班副总编辑刘火子把编辑拟好的标题否定了一则又一则，他自己冥思苦想拟就的标题也是撕了一张又一张，丢满了字纸篓。一夜过去，果真不负苦心，第二天见报的是一个极佳标题："五一前夕传喜讯有人信步过长江"，下面的副题是："大桥下桁架伸至六号墩"。这被许多人称为神来之笔。

当时我们采访部的十八个记者，每时每刻都以徐铸成先生的"人弃我取，人取我弃，人无我有，人有我精"策励自己的行动，面对新闻界同行，丝毫不敢懈怠。我是跑政法新闻的，政法新闻尽管很难有独家新闻，但是每有活动，总是力求与兄弟报纸记者有所区别。那年是孙中山先生九十诞辰，市政协举办座谈会，我一听说有位与孙中山在一起的同盟会员吴弱男，曾是章士钊先生的夫人，我立即赶到她的寓所作了专访，一版刊出；在市人代会上，荣毅仁刚刚当选为副市长，一休会，我立即找到他，就在大会的餐厅里，在代表们的餐桌上，对新当选的荣毅仁副市长作了独家访问，第二天又在一版刊出。1957年4月，苏联伏罗西洛夫到上海，刘少奇主席在上海迎送。送别了伏老，刘少奇临上汽车前看到旁边的新华社女记者余辉音，就主动伸出手说："再见，再见。"同行们见此情景，一哄而上，纷纷与刘少奇同志握手，少奇同志连连说："这几天你们辛苦了"。第二天，解放日报记者抓住这个动人的镜头，发了一则新闻。我们文汇报没有，这下我们"吃瘪"了，参加这次采访活动的四个人垂头丧气，深深自责。可文汇报记者是不服输的，采访部副主任全一毛提出：能不能设法补救？此话一出，大家议论纷纷，立刻议出了一篇"采访笔记"：《刘少奇同志印象片段》，用日记的形式，从少奇同志到机场迎接伏老写到最后送别伏老和记者们握别，第二天《文汇报》一版就出刊了这么一篇生动的笔记。北京《新闻实践》针对上海新闻界的友好竞争刊出文章，称赞文汇报"扳回一局"。文汇报从创办开始，是在日伪炸弹、恐吓下拼搏出来的，在国民党统治时期，是在特务的跟踪下求生存的，这是就精神层面说的。在物质上，徐铸成先生在大公报有富裕的待遇，到文汇报则只拿工资的四成；像我这样的后辈小子，进文汇报时，拿的是编辑部里的最低工资，我们的办公室我坐的椅子往后一靠就会从三楼跌入天井，我们的工会小组长不得不为我在窗上装一根铁三角，以防不测。那年月，我们的夜班编辑干了一个通宵，常常是结伴摸黑步行回家的。那时文汇报还是私营企业，我们的记者出去采访，常感低人一等……没有那种对事业的执著，对工作的万分精心，文汇报还能有立足之地吗？

文汇报的优良传统，正是由徐铸成、严宝礼、柯灵、陈虞孙、陆灏……等这样一批卓越的报人创建起来的。我们还拥有黄裳、叶冈、唐振常、郑心永、黄立文、梅朵、蒋定本、全一毛、陶颖昌、徐开垒、谢蔚明、杨重野、吕德润、姚芳藻……等一大批优秀报人、评论家、名记者，从报纸领导到这些办报能人，可以毫不夸张地说，他们中的每一个人都是一本耐读的书啊！

陈虞孙是我在文汇报时期的第二任总编辑。他出现在文汇报不是偶然的，1946年，他在上海做地下工作的时候，文汇报第二次复刊，他就是副总编辑。第三次复刊时他是直接参与者，是得力的社外编委。1957年，徐铸成先生离开报社，他就从上海市文化局调来主持文汇报的笔政了。

陈虞老是个文化人，也是一位学识修养深厚的报人。他的办报理念是："报纸要议论风生。"他要求编辑部"谈笑有鸿儒，往来无白丁"。他要求编辑记者都学点文史，为此，他举办系列讲座，请朱光潜先生来讲美学，请夏承焘先生讲词学，请荀慧生先生讲京剧，请赵景深教授讲戏曲史……编辑部里，文教界名流的专题和无题座谈会一个又一个，名家大家进进出出，学术气息浓而又浓。与此同时，报纸上是各类问题的讨论层出不穷，单是学术讨论，从1962年后的近三年时间里，涉及的问题就多达数十个，诸如关于语文教学的目的与任务、关于以欧洲为中心的世界史体系、关于生产力的二重性、遗传学问题、共振论问题、文法学科的定名问题、喜剧问题、历史剧问题、轻音乐问题、山水花鸟画问题，等等，这在上海乃至全国的学术界、教育界、文艺界引起了热烈的反响，大大地活跃了学术空气，调动了知识分子的积极性。

议论风生，除体现在学术版上热热闹闹的"百家争鸣"外，在新闻版面上，陈虞孙也要求张开"两只眼睛"，一只叫"石岱虚"，一只叫"闻亦步"，这是两个言论专栏的固定笔名。这两只眼睛大大张开，洞观世态，针砭时弊，以小见大。他一只手抓文艺部主任唐振常，一只手抓教科部主任全一毛，叫他们带头写，他自己则率先垂范。一次记者务虚，谈及一学校党支部书记去祝贺一个教师结婚，一看不少同事在场，待新房闹得差不多时，支部书记忽然说："趁现在人都在，就抓紧开个会吧。"一时传为笑谈。陈虞老一听，说："这题目好。"转身回到办公室，这里记者的务虚还没有结束，他的一篇文章就出来了，大家一看题目：《就汤下面》，顿时笑声一片。陈虞老文思之敏捷，我也曾亲身领教。1960年我采写工人王林鹤经过371次试验攻克高压电桥的先进技术，陈虞老就坐在值夜班的副总编辑刘火子的大写字台旁边，我一边写一边把稿子送火子和陈虞老看，三千字的通讯刚刚完成，陈虞老的一篇社论也写好了。

我在文汇报半个世纪，要说报纸的最辉煌时期，大概还是上世纪八十年代初。这也是我经历的第三任总编辑马达同志的时期。那是文汇报的一个非常特殊的年代，报纸刚刚从"四人帮"的控制下解放出来，报社同仁无不憋着一股子劲，要有所作为，要摆脱"四人帮"的阴影。而中央又吹响了改革开放的号角。新的总编辑马达，名副其实，开足马力，转动不息。他的办报理念是：加重，搞活；面向社会，面向群众，面向生活；思想性和群众性，统一于可读性；别具一格选头条，报纸一版琳琅满目，张开眼睛……

这样的办报理念，正是当年文汇报传统的继续和发扬，它得到陆灏、唐海等一班老文汇人的全力响应，并积极付诸实践。于是：讨论"真理标准"的文章见报了，"伤痕文学"问世了，《于无声处》全文发表了……而文汇报的一版，也敢于提出问题，提出批评：《环卫专家报国无门》上了头条,《五十个总工程师有职无权》上了头条,《浦东浦西能否一桥飞架》也上了头条……

那时节,不但传统的副刊"笔会"重放光彩,第一线的采访部门如政经科技部,也办起了全国第一家"周末"副刊,接着又办起了"法庭内外""向科技进军""市场信息"等专副刊。采访部门办副刊,有更强的新闻性,更贴近读者,贴近生活,可读性也更强。

那年月,整张《文汇报》真是红红火火,发行量突破100万,150万,直到171万份,创造了本报历史最高记录。

我们的文汇报从风雨中过来,在曲折中行进,文汇报的优良传统,是我们永远不可丢弃的宝贵资源!

总要想起圆明园路

袁 鹰

2008·02·27

近些年去上海,有两三次到威海路文新大厦访友,美轮美奂的高楼,宽敞明亮的巨厦,现代化设备办公室,都令人艳羡和赞叹。但是不知怎的,我总要油然想起圆明园路,想起149号那座经历无数风吹雨打的旧楼。圆明园路是一条靠近外滩的僻静小马路,地处外滩的楼群背后,北起苏州路,南到滇池路,大约三四百米,现在也许早已拆除,或者大大拓宽了。但是它镌刻下《文汇报》从"孤岛"上创刊第一天起的青春岁月,留下了几代读者的思念深情,包括我这个七十年前的老读者或许也可以忝为老朋友的人。

抗日战争爆发第二年春天,我随家从杭州逃难到上海不久,就在报摊上见到《文汇报》,家里订的是《申报》,《文汇报》只是偶尔看到,它的那些立场鲜明、笔锋犀利的时评和通讯,对初中学生当然深了些,但是副刊《世纪风》很有吸引力。可惜时间不久,它就停刊了。抗战结束后,1946 年我刚刚踏入新闻界,在姚苏凤、冯亦代两位先生主持下的《世界晨报》当记者和夜班编辑,报馆没有自己的馆舍,编辑部先在河南路桥北侧,后在武进路,经理部在圆明园路 169 号楼借用两间办公室。我们每周都有三四天中午就到那里吃"包饭作"送来的午餐。这样,就有机会在圆明园路上遇到隔壁大楼里《文汇报》的同行,有时候会上楼去看望徐开垒、唐海几位好友。

当年《文汇报》第三版唐弢先生主编的"笔会"和柯灵先生主编的"读者的话"是很受读者欢迎的副刊,我也是每天必读的。六十年前,我曾向"笔会"投寄些诗文习作。难忘的是一件小事:1946 年秋天,国共和谈被蒋介石发动全面内战的炮火轰毁,11 月,国民党军侵占华北解放区重镇张家口,蒋介石以为他那"三个月至六个月内全部消灭共产党"迷梦实现在望,悍然下令召开"国民大会",彻底关闭和谈的大门。以周恩来为首的中共代表团不得不从南京、上海撤退回延安。大半个中国的上空阴霾密布,人心沉郁。那几天,我写了一首小诗《送行》,反映一点自己和许多朋友悲愤悒郁的心情,寄给"笔会",表达一点真实的心情,最后有这样几句:

你走了/哪一天,哪一天/你会回来呢?/哦,是的/你是背着春天前的寒冷/暂时地/离开我们的/是不是/要等到那一天/当大地开遍了鲜花/你就会/踏着健壮的步子/和歌,和笑声/一起回到这儿来?

唐弢先生将这首浅显直露的诗发表在 12 月中的一期"笔会"上,似乎有意地放在版面左上角比较显著的位置。我当时的兴奋和铭感,绝不是一首小诗能发表，而是深切感到"笔会"主编和报纸同当时千万不相识的读者心意相通。

1947年上半年，上海人民反对内战、要求和平、反对独裁、要求民主的群众斗争彼落此起，渐入高潮，元旦"抗议美军暴行"大游行，2月"劝工大楼"惨案，到五月学潮，《文汇报》总是担当起号角作用。同《时代日报》《联合晚报》《新民晚报》和《文萃》等杂志，互为声援，形成一条反抗国民党当局专制压迫，表达民心民意的舆论战线。"笔会"上时时有名家诗文，表达进步作家要求民主进步，反对专制独裁的心声。

《文汇报》记者在学运高潮中遭到国民党军警残酷殴打，更引起广大正义读者的激愤。凡是与人民为敌的势力，总是不得人心，遭到人民唾弃的。到了5月24日那天，国民党军的当局一纸命令，三家报纸同遭厄运，《文汇报》和"笔会"不得不告别上海读者，直到两年以后上海解放。那两段短短的年月，《文汇报》给上海读者尤其是青年学生、职工和文化界、知识界人士留下深切难忘的印象。解放前一年一个冬日，我曾经走过圆明园路，伫立149号楼前仰望好久，不禁浮起一阵阵人去楼空的怅惘。

上世纪五十年代中到七十年代中，风雨雷霆接连不断的非常岁月里，《文汇报》曾经以它独特的风格和机遇引起千万读者的关注，当年圆明园路上，排演过多少喜剧、悲剧、闹剧、荒诞剧和活报剧，有时使人欢欣鼓舞，情绪激昂，有时使人张口结舌，怵目惊心，有时使人悲愤悒郁，有口难言。到"十年动乱"中，《文汇报》同当时包括我们《人民日报》在内的许多报纸一样，已经被迫变了质，很难说是人民群众的喉舌了。

我惦念着《文汇报》老朋友的安全，却苦于没有一点消息。1971年初春，我去看望寄居在上海外婆家治病的女儿，悄悄到圆明园路楼上找到徐开垒兄，在那间阴暗的小办公室里，劫后重逢，互道衷曲，实在是一种极大的欣慰，他叙述巴金、柯灵几位前辈的近况，彼此都忧心如捣。我说想去看望一下闻捷，不知他是否还在奉贤"五七"干校，不料开垒悄悄说："闻捷前些天刚去世。"又低声说了两个字："自杀"。我大吃一惊，从开垒的神情中看出事有蹊跷，不便多问，默坐良久。开垒送我下楼握别时，只能互道珍重，不敢多言。我在寒风料峭的圆明园路上黯然独立，欲哭无泪。

江青一伙覆灭，半年之后，晴空初现、阴霾尚未散尽之时，突然看到1977年5月25日"笔会"上发表了巴金先生十年动乱后的第一篇文章《一封信》。老作家在那篇五千字的长文中，真实地叙述了自己在"四害"横行年代的遭遇，愤怒地控诉了"四害"的罪行，说自己十年中除了"思想汇报"之外没有写一篇文章。这封信真如空谷足音，顿时引起了几乎被窒息十年的文学界和千万读者一片惊喜和热烈反响，有如从江南飞来的第一只燕子，报道了无限春光。有位朋友从上海来信，说看了《一封信》，忽然感到有一阵解放感。据徐开垒兄相告，报上一篇文章引起读者中那样广泛而强烈的反应，为他从事文艺编辑工作几十年来所罕见。《文汇报》用如此果断鲜明的行动，涤雪了多年来强加在自己身上的耻辱和污秽，我这个同行也深为感佩。

《文汇报》诞生五十周年时，我曾经小文一篇相贺，最后一段写着：

《文汇报》1938年在弥漫着乌烟瘴气的"孤岛"上创刊的时候，由于"英商"名义，所以它还有个英文报名：STANDARD。这个词在英语里有好几个意思：标准、模范、军旗、旗标、灯台、烛台、支柱、自然树，还有其他。对一张报纸来说，这些意思都可以有警策作用。那么，我作为一个从少年时代就相识，如今已经白了头的老朋友的衷心祝愿，祝愿它永远做一个事事在前的模范，做一盏熠熠放光的烛台，做一株郁郁葱葱的自然树，做一面时时挥舞的军旗吧！

二十年后重读这一段，仍保持同样愿望，因抄录如上，敬赠给报纸和读者们。七十年时光流传，人事全非。但是《文汇报》有许多宝贵的东西没有变，谭泽闿先生题字的报头没有变，鲁迅先生手迹的"笔会"没有变，为人民说话，为读者服务，广交朋友，贡献社会的宗旨也没有变。我常感谢上海三家报纸副刊一直有联系各地作者的好传统，得以常常读到平时难得相见的朋友诗文近作，犹如促膝谈心，快何如之。为此曾诌过两句诗："海内故人何处晤，朝花笔会夜光杯。"这自然只是个人的一点小小感受，却是真诚而充满谢意，从圆明园路时代结成的情缘，一直延续到如今，有生之年，还会连绵无尽。

一生的情缘

文洁若

2008·01·30

1938年1月25日，《文汇报》在已沦陷将近半年的上海创刊，我当即知道了。

那时，我正在坐落于东单头条胡同的北平日本小学读五年级。班长是日本学者桥川时雄（1894—1982）之女，叫桥川濯。父亲正失业，为了省点钱，我一向步行回家。濯和她弟弟每天有洋车接送。她奉家长之命，经常请我坐上他们那辆包月车。濯和我并肩而坐，比她小两岁的弟弟只好蜷缩在我们脚下。桥川一家人住在近代科学图书馆南头的小跨院儿里。该馆位于王府井大街北端，相隔一条马路就是华侨大厦。那是日本人用庚子赔款盖的。新中国成立后，易名为科学院图书馆，我曾在六十年代到那里借过书。

在车上，桥川濯总是有一搭没一搭地找话跟我说。一天，她告诉我："爸爸说，上海新近创刊的《文汇报》，文化、学术方面的文章很有特色，意趣清新。"我没吱声，却用眼神表示听懂了。我在这家小学四年，始终闷声不响。在四合院里骂日本侵略者骂惯了，到了学校，生怕言多必失，给全家人惹事。

1939年，桥川濯又对我说："《文汇报》被勒令停办。知识分子爱看的报纸，当局不喜欢。"

1940年3月，举行毕业典礼。4月，我入东单三条西口的圣心学校，攻读英语，与日本同学分道扬镳。

1945年8月，日寇无条件投降。转年，西南联大在解散前最后一次联合招生。我大姐文馥若自1942年秋起，就在伪北大西语系主任徐祖正手下当助教；1946年胡适就任北京大学校长，我大姐继续留任，直到1947年出国深造。我是念了六年日语、两年英语后才转入初三的，国语没有根底。多亏大姐把西语系订的《文汇报》上所载对我有帮助的文章要旨讲给我听，使我受益匪浅。我如愿地被第一志愿清华大学外国语文学系所录取。

1947年，国民党下令停掉《文汇报》。

1954年5月，我和萧乾结缡。他是老报人，但我白天搞业务，晚上抓业余翻译，没怎么跟他谈论过《文汇报》的事。1955年，《文汇报》第三次停刊，至1956年才第三次复刊。

1957年5月12日，萧乾写了篇《"人民"的出版社为什么会成了衙门——从个人经历谈谈出版界的今昔》，刊载于5月20日的《文汇报》。

三十年光阴转眼过去，1988年黄秋耘光临舍下，送给我们一本刚刚出版的回忆录《风雨年华》（增订本，人民文学出版社）。书上有作者的亲笔题字。在该书的 177 页上，作者描述了那年某晚九点二十分邵荃麟接到周扬电话的情景。

1976 年，大地回春，《文汇报》进入鼎盛时期。这家报纸的一大特色是充满了人文关怀：2 月 15 日《文汇·社会生活版》的征文"是否该对春节鞭炮'立规'"就是个活生生的范例。

一年一度的春节又要到了，我们究竟调查过没有放鞭炮的副作用呢？ 八十年代，我去过英、美、西德、挪威、日本、新加坡、马来西亚和回归前的香港。这几处的城市公民，纪律都比我们这儿强。风闻法国巴黎街上的狗屎比北京多，我未目睹过。在东京，我多次瞥见宠物的主人从怀里掏出雪白的卫生纸，将狗屎包起，带回家去处理。咱们中国呢？ 我倒是真瞧见一对年轻夫妇用大量白花花的手纸替爱犬揩屁股。擦净，连污纸带屎把人行道祸害得一片狼藉，说说笑笑，扬长而去。我真不知道，凭着这样的素质，北京人怎样接待来自世界各国的运动员和观众。

二十六年前，我陪着萧乾旅英期间的女友蒂娜走在建国门外大街上。那时车辆少，通衢大道还没设隔断。她突然撒腿就跑，冲过马路，将手里的一小包垃圾塞进垃圾箱，又折回来了。我暗想，倘若是遇到某些国人，说不定会把垃圾顺手丢在大街上。

去年春节到处放鞭炮，北京市大街小巷的残渣、纸屑泛滥成灾。环保工人任劳任怨，加班加点清扫。地面干净了，被污染的空气却无法净化。鞭炮厂的盈利可观。如果考虑到全球变暖、酸雨这些后果，即使国库财源滚滚，还是得不偿失。

感谢《文汇报》不断地出点子，促使读者关怀社会生活，国家大事。

七十年来，我伴随着《文汇报》成长。尤其是老伴儿去世后，我借着给《文汇报》写稿来续缘。《〈萧乾散文〉插图珍藏版问世》一文，登载在本月十二日的"文汇·书缘专刊"上，我的清华学长冯鐘璞（宗璞）立即打电话给我，说文中提到的萧乾纪念馆开馆时，请务必告诉她,她准去。

尽管孑然一身,每天都过得充实,有做不完的工作。中午,下楼取回报来,边吃边看。当然,看得最细的是"笔会"和"书缘"。还经常剪下来,剪报已存了好几纸箱。

老伴儿的最后两年是在北京医院度过的,他巴不得能"写到不能拿笔的那一天",这个朴素的愿望实现了。我不希望死在医院里,情愿在家中无疾而终,手持一张正读着的《文汇报》。

2008 年 1 月 17 日

生命在,情缘长在
周小燕

2008·01·15

如果我再读十年《文汇报》,我就是个实实足足的百岁老人了!

我比上海音乐学院大十岁,我任职的母校正举行八十周年校庆。

我比天天读的《文汇报》大二十岁。我和已故的老伴张骏祥是《文汇报》的忠实读者,他还是铁杆作者。我们自费订阅了半个世纪的《文汇报》,没想到《文汇报》也进了古稀之年,七十周岁了。

读《文汇报》,爱《文汇报》,是因为觉得这张报纸与我们知识分子贴心贴肉,这里有凝聚知识分子人心的磁场。

当年,张骏祥只要一给《文汇报》写文章,就不与我和孩子说话了。他躲进书房,进入角色,我们只听见他的脚步声,走过来,走过去。他每一篇都写得极其认真和投入。

　　设想一下，如果我的生活中没有《文汇报》，我的天地会变得多么狭小——除了教声乐还是教声乐。每天每天，给学生上完了课，休息时，我总会首先拿起新到的《文汇报》看。每天晚上，夜深人静时，我必须读完文汇报的"笔会"副刊才能安心睡觉。我也常笑言自己这把年纪，居然也充当了一回粉丝——我是"笔会"煮不烂的老粉丝，每晚必看，这和我每晚必吃安眠药一样。不同的是，"笔会"是让我吸收营养，开拓我思维空间的一帖清醒剂。读到让我激动感叹的好文章时，我还会情不自禁地拿起电话，给"笔会"的编辑——我戏称为我们周家五丫头的周玉明诉说读后感。我特别爱看吴冠中、流沙河等人的佳作。吴冠中也是留法的，画得这么好，文章居然也那么有冲击力。

　　是的，读《文汇报》让我夏天感到异样的清凉，冬天感到异样的温暖。让我的生命总是活在激情中，总是想飞翔，飞向我追求的梦想。

　　岁月流逝，梦想依旧，我只想在有生之年再多教出几个在国际声乐平台上能站住脚的优秀学生，能排出一部中国的歌剧……但我从未梦想成为"时代先锋"，是《文汇报》的宣传和推荐，让我措手不及地在2006年成了全国的典型，这让我深感自己所得到的和所付出的，收支太不平衡了。人民给予我的荣誉太多了，我从来不觉得自己是最优秀的，我知道自己就是一名很普通的老师，我一直在向报纸上宣传的周小燕学习（这不是笑话，这是真的），在努力找差距，以不辜负大家的期望。

　　今后的每一天，只要生命在，我与《文汇报》的情缘长在！

文汇报给我的三次感动

刘 翔

2008·01·18

在我小时候,《文汇报》是我心目中的一张办得比较严肃的报纸。看天下大势,了解时政新闻,那看《文汇报》,肯定没错,它是够权威的。但若想从《文汇报》上读出点市井故事或者各界明星、名人背后不为人知的逸闻趣事,可能就有点难了。但有三件事却让我改变了想法,并使我感动,我看到了《文汇报》深厚的底蕴下也有浓浓的人情味。这三件事可以说正好处于我运动生涯的三个阶段。

2001年,我还是个默默无名的小子,我参加了在北京举行的世界大学生运动会,得了块金牌。这是我国第一枚男子田径赛项目的大运会金牌。许多媒体都把报道的重点放在了我如何实现了我们国家在这一项目上的突破。而当我回到上海,我爸爸把一份《文汇报》摊到我面前,我被记者庄怀青写的一篇文章打动了——

我从小是奶奶一手带大的,我年少时奶奶就给我以无微不至的关怀,到我从事跨栏运动时她又给我以最坚定的支持,因此,我于奶奶的感情最为深厚。但那年夏天,奶奶生病住院,恰逢我跨栏事业的第一个冲刺点。那段时间我很忙,一直都没回过家,家人为了让我安心训练和比赛,就跟教练商量瞒着我这个消息。直到我在大运会上获得冠军,教练才告诉了我奶奶的事情,我们连夜赶回上海,我告诉教练说,我要把金牌献给奶奶。

原本这只是我的家事,并不被外界知晓。所以,当我看到《文汇报》的报道时非常感动,因为记者除了盯着赛场上的我,同时也十分关注我身边的人和事，换位思考一下，如果我是一名读者，也会非常希望从报纸上读到我喜欢的运动员幕后的生活。更令我感动的是，尽管描写我奶奶这件事的篇幅也就二百来字，但字字句句都说到了我的心坎里。有两句话我至今还记得："人世间情谊最重的莫过于亲情。当天晚上刘翔就与教练孙海平搭乘火车返沪，而他回沪的第一件事情，就是立即赶到祖母的病榻边，将金牌挂在奶奶的脖子上……"就是这篇既不在报纸头条位置也没有太大篇幅的报道，那时却被我们家传阅，我父母、祖父母，还有姑姑等人，看了都说：这份报纸，是值得我们收藏一辈子的。

文汇报给我的第二次感动，是2005年赫尔辛基世锦赛的时候。那时我已经拿了奥运会冠军，但在芬兰却跟金牌擦肩而过。说实话，我当时的心情并不算好，因为那一年很多社会活动打乱了我的训练日程，还压得我透不过气来。在决赛后那天，我从赫尔辛基打电话回家时，我爸爸特地告诉我："有篇报道，等你回来了你该看看，很有借鉴意义，可以让你知道今后的路该怎么走，才能避免昙花一现。"

那篇文章就是叶志明老师写的《从雅典到赫尔辛基的艰难历程——刘翔，在挑战中超越》，洋洋洒洒写了很多，每一句话我都读得很认真，因为都有感触，感觉就是我的心情写照。文章提到我从雅典回来后一下子成为一个被鲜花和荣誉层层包围的人，原来的生活也被彻底颠覆。太多的邀请活动真的让我产生过怨言："我情愿不拿那块奥运金牌！"叶老师的那篇报道先是很客观地指出我当时的生活状态，让我感受到媒体原来是这样理解我的；而他在文章中提出的"挑战荣誉、挑战失败、挑战对手"，更让我有一种豁然开朗的感觉。那么长的文章，我一口气读完，随后我就哭了。我非常感动于这份来自媒体的理解、宽容和支持。

还有就是2006年初，"文汇讲堂"策划了一次我没有意想到的活动。那时，我刚刚经历了2005年的不尽如人意（这一年我没有很抢眼的成绩），我也意识到太多社会活动让我分了心。所以，凡有媒体来邀请，我教练跟队里商量后，大多婉拒了。而我当然是听教练安排的。但那一次，我无意中得知，"文汇讲堂"十分有心，在邀请我的同时，还邀请了萨马兰奇和何振梁！我马上找到教练说："文汇报那个活动我要去，何振梁主席是我最尊敬的人。"

讲座当天，萨马兰奇主席因身体原因没能到场，但我还是非常庆幸，我见到了我最尊敬的人，当面聆听了他的教诲。雅典奥运会上，就是何振梁主席为我颁奖的。但自从那次以后，我们就再没见过面，一晃就一年半过去了，我有很多话想跟何振梁主席说。我没想到文汇报那样了解我，我感激文汇报给了我这样的机会。

三桩往事，都不是发生在我最辉煌的时刻，甚至有的还是在我最失落的时候，但失落时分的鼓励，小事件上的闪光，才真正让我受益匪浅。

是谁让我重归母语

2008·02·04

朱　萍

上世纪八十年代初，社会上流行"学好数理化，走遍天下都不怕"的说法。高中就分理科班和文科班。虽说我喜欢文学，但还是选择了理科班，接受了以数理化为主的教育。大学当然也就考了理工科。大学的课程以数字集成电路为主，没有语文课。学习之余，也看一些外国小说书，看《收获》和《萌芽》。九十年代初，我出国留学。为了尽快学习外文，融入异国环境，除了在校的学习外，平日里用外文与别人交流，尽量不说中文。九十年代后期，我从国外回到上海，在外资企业工作。上班时看的资料，工作中写的报告，基本都是用外文。为了记住它们，我也常看外文的报纸。偶尔也看一些世界名著，故事中的人物打动我的心，但因为不熟悉故事背景，整个小说像是隔了一层薄纱。

　　我们公司有几百人，有一个用作午间吃饭的休息室。公司的司机们经常在这里休息，看报纸。公司除了订外文报纸外，也订了《解放日报》和《文汇报》。我吃完午饭后，也顺便拿起报纸看，慢慢地，进休息室的第一件事情就是找报纸。有时候，找出好几天的一起看，窗外是悠悠的黄浦江，大小船只缓缓地行驶着，报纸在我手中一张一张地翻阅过去，我好像又坐在了教室里，那种感觉是温馨和惆怅的。这其中，"笔会"副刊的文章深深地吸引了我的眼光。和喜欢一个人一样，说不出为什么，每次看完后，有一种似曾相识的感觉。于是，我自己订了《文汇报》，每天下班到家后看。去年八月，从报上得知"笔会"创刊六十年，出了两本专辑：珍藏版《一个甲子的风雨人情》和青春版《你要爱你的寂寞》，我以邮购的方式买了这两本书，还报名参加了有关"青春版"的作者和读者座谈会。

　　会上，我倾听着大家的发言，在笔记本上记下每位到会作者的名字。座谈会后是国庆七天长假，我就从书上找这些作者的文章，仔细地看起来。我还把书中许多不熟悉的作者和事件一一记下，在网上搜索，并打印出相关的资料。资料只是个简单的介绍，要真正地了解他们，只有看他们的文章，我于是又一本一本地买了他们的书，一本一本地读起来。

　　我不知道我的身体怎么会如此听从我的呼唤的。每次我的眼睛接触到这些文字，一个个方块形的端端正正排列在纸上的汉字就跳起来，走向我，像久违的老朋友，我的脑子马上把他们印进去，并反映在我的心里。我经常拿一支笔，像找宝贝似的，在那些我以为有道理，或是写出了我的感受，或是让自己感慨一番的句子下面划一条线。时间也配合起我来，午间的休息，晚上，休息日，都成了我和这些文字见面的时光。当我的目光碰到它们时,想到我们分开得太久了,就更珍惜起在一起的时光。当日子一天天过去后,这些作者在我面前清晰起来。

最喜欢张伯驹的"予所收蓄不必终予身为予有,但使永存吾土,世传有绪"这句话,每次诵读,都有一种颤抖。虽不能完全理解冯友兰的"周虽旧邦,其命维新"之说,但永远记住了北京大学的三松堂。曹聚仁的每篇文章都带有一种悲伤,那是多年孤独生活的写照。冯亦代让我知道,写文章单凭灵感是不够的,还得有生活和知识的积累,文字的修养。沈从文的书让我为他的后半生而感叹。巴金的《随想录》让我记住他一生的愿望是看到所有的人都有饭吃。吴冠中的文字和他的画一样,有一种动感,连接着过去和现在,是一种浑然一体的享受。叶圣陶文集让我想起稻草人伸着手,孤独地站立着,默默地守护着一望无际的稻田。读丰子恺的书让我想起他的老师弘一法师李叔同,由他作词的《送别》成了我喜欢的歌曲……

这之后,我又看起了我们古人的文章。说来让人惭愧,中学里对古文的轻视,让我看不懂《古文观止》。我只能先看译文,再看原文,还是不懂原文,就再看译文。为了弥补历史知识的不足,我看了一些历史书,加深了对《古文观止》文章中出现的历史人物的了解。我怀着崇敬的心情,用每个文字里飘出来的泥土气味,把自己和遥远的过去连接起来,慢慢地习惯了原文的结构、用词、语调……

读书的日子是快乐的。它让你感到自己没有白白地过一天,每一天总有一点收获,或是知道了一些知识,或是懂得了一个人生的道理,或是了解了一段历史,这些收获支撑着你的心,让你在每天的生活中,坦然地面对一切。

生活依然是那样忙碌,但因为一张报纸,因为那副刊上的文章,让我重新融入了自己的母语,让我感受到了人生的滋味,我真不知道怎样表达我的感激的心情。如果我早一点接触这些文字,也许,我的生活就会和现在不同。